中国社会历史与文化研究

中古杜氏家族的变迁

王力平 著

商务印书馆
2006年·北京

"中国社会历史与文化研究"编辑委员会

顾问：刘泽华　南炳文　李喜所
主编：李治安
编委：(按姓氏笔划排列)
　　　　王先明　王　翔　白新良　刘景泉　许　檀
　　　　乔治忠　江　沛　李治安　杜家骥　张分田
　　　　林延清　赵伯雄　姜胜利　常建华

序

张 国 刚

  历史学是一门古老的学问,惟其古老,近代以来各种思想学说层出不穷,把史学的大花园装点得流光溢彩。但是,不管用什么样的理论或者方法,弄清基本的历史事实和脉络,提出自己的解释和观点,总是历史研究的不二法门。也正是在这些基本问题上,最容易判断一部史学论著是否具有原创价值。

  中古世家大族是一个学术积累丰厚、研究成果丰硕的研究课题,最近十几年来似乎尤其为文史学者所关注,研究士族个案和士族群体的论著层出不穷,粗精不一,但就城南杜氏除对杜甫、杜佑、杜牧等杰出人物有所论述外,还没有全面的综合性的研究专著。杜氏家族虽然郡望不及崔、卢、李、郑,在汉唐时代也是人物辈出,声名显赫。王力平博士的著作《中古杜氏家族的变迁》煌煌二十多万言,为我们追踪中古士族及社会的变迁提供了重要个案,是一部将该课题研究推进到一个新水平的具有原创价值的学术著作。

  京兆杜氏本得姓于上古的杜国,其初姓祁。自周宣王枉杀杜伯之后,族人离散于四方。到春秋时期的杜绰,杜氏家族的世系在唐宋诸家姓氏谱牒书中方有清晰的记载。及至汉代,杜周、杜延年

2　中古杜氏家族的变迁

父子本以文史起家,在"以经术润饰吏事"的世风之下,延年之子杜钦已经开始从刑名之学转而潜心经学,后来成为知名的经学家。魏晋时期,杜畿之子杜恕撰写《体论》,把德行、修身、经术、才能与入仕联系在一起,就体现了士族形成过程中的价值诉求。经杜畿、杜恕而杜预,京兆杜氏的《春秋左氏》之学已深得士林推重,杜氏官宦世家的地位也日渐巩固。其实,自从董仲舒提出"独尊儒术"之后,经学世家转化为仕宦世家便是汉魏以来历史发展的一个趋势。那些世代公卿、世代传经而又世出名士的家族,逐渐发展出一套把儒家经典融会于婚丧礼仪和家庭伦理生活的独特文化传统,并且被标榜为家法或者门风。陈寅恪说:"所谓士族者,其初并不专用其先代之高官厚禄为其惟一之表征,而实以家学及礼法等标异于其他诸姓。"① 也就是说,世代高门只是士族形成的外在政治标志,礼法及家学的传承乃是士族的内在文化特征。与城南杜氏家族的杜畿、杜恕、杜预一样,清河和博陵崔氏家族有崔骃、崔寔,范阳卢氏家族有卢植,河东裴氏家族有裴松之、裴骃,他们都是著名的学者或经学大师。钱穆说:魏晋南北朝的士族对门第中人,一则希望其有孝友的内行,一则希望其有经籍文史之学业。前者表现为家风,后者表现为家学。② 尤其精到的是,钱先生明确地指出:"当时极重家教门风,孝弟妇德,皆从两汉儒学传来。"③ 可以这样说,经学的研读和传家与儒家礼法门风的形成有直接关系。

---

① 陈寅恪:《政治革命及党派分野》,载《唐代政治史述论稿》,三联书店1957年版。
② 钱穆:《略论魏晋南北朝学术文化与当时门第之关系》,《新亚学报》5卷2期。
③ 钱穆:《国史大纲》,商务印书馆1996年版,第309页。

值得注意的是，当唐初"五经定本"和《五经正义》被确定为官方法定章句文本和解释体系后，经学的创新动力大为减弱，于是，诗文创作成为士人追求的新风尚，杜氏家族也顺应历史的潮流，逐渐改变了经学传统，初唐的杜易简、杜审言已是颇有诗名。到盛唐时期出了杜甫这样的大诗人，杜甫甚至说："诗是吾家事"，要求儿子"精熟《文选》理"。中唐以后杜氏家族又出现了杜佑、杜牧这样在史学史和文学史上彪炳千秋的伟大人物。

经学研究的衰退其实只是表面现象，表象的背后是体现礼法文化内涵的谱牒之学和书仪之学日益发展壮大的潮流。世族和士族是可以互换的概念，但其间也略有侧重点的不同：世族讲究谱牒，士族崇尚礼法。前者偏重于婚宦家世传承，后者偏重于礼法文化传承。经学被世家大族内化为礼法门风之后，士族之家各标榜其礼仪门风。当社会上有整齐士族家法门风的要求时，书仪便成为统一的范本。《新唐书·卢弘宣传》："弘宣患士庶人家祭无定仪，乃合十二家法，损益其当，次以为书。"这里清楚地指出，卢弘宣看到士庶之家在祭祀礼仪上各行其是，感到担心，于是对当时流行的诸种"家法"文本加以修订编集。我们没有发现卢弘宣编纂的重新统一吉凶礼仪的范本，只有在《隋书·经籍志》、《新唐书·艺文志》的史部仪注类著录了郑余庆、裴茝、裴度、杜友晋等人的书仪。这些著录与未著录的书仪，在敦煌文书中有所发现，包括张敖、郑余庆、杜友晋等书仪文本十余种。杜友晋就出身于杜氏家族，说明杜氏家族的礼仪被士庶之家奉为仪范。中古时期的世家大族作为中华传统礼法文化的弘扬者和实践者，其历史地位值得肯定。

王力平博士是一位治学谨严、为人谦逊的学者。她先后师从瞿林东先生和胡如雷先生攻读历史学学士和隋唐史硕士学位,受到了良好的史学训练。本书是其在南开大学在职攻读博士学位时完成的论文。博士毕业后五六年间又勤加修订,迄今已历寒暑十载,使本书在资料发掘上确实做到了穷尽其所有。坊间一些研究中古家族的论著,缀饰一些著名人物的传记事迹,连贯成书,对于士族历史本身的研究未能深入。力平博士的这本著作的主要贡献:一是对杜氏得姓之后世系以及各个房支谱系,钩沉索隐,颇见功力;二是对于杜氏历代人物及其家族门风,进行了细致的论述,颇有创获。力平通过对杜氏家族的全面研究,得出了一些重要结论。例如,此前人们大多依据唐人柳芳的观点,简单地把士族划分为山东、关中、代北、侨姓、吴姓等类型,力平通过杜氏家族的个案研究,纠正了这一片面的看法,认为中古士族源流十分复杂,杜氏就其郡望而言源于关中,但是其中襄阳杜氏属于侨姓士族,洹水杜氏属于山东郡姓,濮阳杜氏则本为虏姓之汉化者,虽然血缘上与城南杜氏无关,但是,它恰恰准确地反映了中古士族演变的真实面貌。书中附录对由胡姓演变而来的濮阳杜氏的族源、世系、人物、迁徙及其门风和宗教信仰特点所进行的考证,为中古胡汉文化的交融以及士族姓氏关系的复杂变化,提供了极为重要的一个例证。我一直认为,中古士族是中华礼法文明的形成和发展过程中的主要推动者,像杜氏这样的士族的不断迁徙,也在客观上将黄河流域兴起的先进文化逐渐地传播到其他有待进一步开发的地区,对中古时代的经济发展和文化传播都有积极贡献。

力平在完成本书的过程中,还整理标点了邓名世《古今姓氏书辩证》等著作,从而使她对中古士族的历史有通盘的了解,为杜氏家族个案的研究提供了坚实的基础。本书中的许多创见,也都是她在充分发掘史料、仔细加以论证的基础上提出的。书中提出,杜氏家族在汉唐之际的千余年间,先是为豪强世家,进而从刑名之学转而成为经学世家,并形成自己独特的家法门风,成为著名的士族,至唐代杜氏从科举入仕保持声望不减。力平博士总结杜氏这样一个从世家到士族再到士人的发展过程,也正是中古时期士族带有普遍性的演变轨迹。特别是她指出士族子弟科举入仕后,在"公卿子弟"和"科第之徒"之间角色认同上感到茫然,表现出士族子弟科举入仕后在价值取向和角色认知上的矛盾心态。这样一些重要意见对于我们准确和深入理解唐朝的政治文化史均具有很大的启发性。

《中古杜氏家族研究》是力平博士的第一本专著。期待她百尺竿头更进一步,在中古历史研究中取得更大的成就。

2006年元月22日于北京清华园

目 录

前言 …………………………………………………………… 1

第一章 杜氏家族的发源 ……………………………………… 6
  一、上古的姓与氏 …………………………………………… 7
  二、传说中的杜氏先祖与杜伯余胤 ……………………… 10

第二章 从杜衍到杜陵——汉代关中世家的形成 ………… 19
  一、杜周、杜延年父子及其时代 ………………………… 19
  二、杜陵杜氏——关中世家雏形初具 …………………… 28
  三、东汉诸杜的历史命运 ………………………………… 33
    1. 杜陵杜氏的衰落 …………………………………… 33
    2. 扶风、茂陵、汲郡、颍川、林虑以及南阳、缑氏
      诸杜 ………………………………………………… 36

第三章 郡望分立的时代——魏晋南北朝时期的杜氏家族 … 43
  一、杜畿、杜恕、杜预三代浮沉与宗族势力的滋长 …… 44
  二、永嘉之乱后杜氏南北诸郡望的分立 ………………… 55
    1. 京兆望诸房 ………………………………………… 58

2. 襄阳杜氏两房支——从"中华高族"到南渡
　　　　"荒伧" …………………………………………………… 67
　　3. 洹水杜氏 ……………………………………………… 79
　　4. 中山杜氏 ……………………………………………… 84
　　5. 蜀中杜氏（成都杜氏） ………………………………… 87
　　6. 扶风郿县杜氏 ………………………………………… 97
　　7. 陕郡杜氏以及上洛豪族杜窋 ………………………… 98
　　8. 交州杜氏 ……………………………………………… 100
　　9. 钱塘杜氏 ……………………………………………… 105
　　10. 庐江杜氏 ……………………………………………… 111
　三、自立于士族之林——杜氏诸郡望的仕宦与婚姻 …… 113
　　1. 仕宦 …………………………………………………… 114
　　2. 婚姻 …………………………………………………… 119

第四章　活跃在隋唐社会政治舞台上的杜氏家族 ………… 127
　一、京兆杜氏家族 ………………………………………… 130
　二、襄阳杜氏之杜审言、杜甫家族 ……………………… 173
　三、洹水杜氏家族 ………………………………………… 188
　四、河东、齐郡、安德（平原）、醴泉等杜氏郡望 ……… 199
　五、科举、仕宦与谱牒视角下的杜氏家族 ……………… 206

第五章　杜氏家族不同郡望的家学取向 …………………… 230
　一、京兆杜氏：从刑名到经学 …………………………… 231
　二、襄阳杜氏："诗是吾家事" …………………………… 237

三、中山杜氏:儒释道杂糅之学 …………………………… 240
四、洹水杜氏:文学相传 …………………………………… 247
五、京兆杜佑房:史学与文学 ……………………………… 252

第六章 杜氏家族的家谱与家礼 …………………………… 267
一、杜氏家谱与房望关系 …………………………………… 268
二、杜氏《吉凶书仪》与《杜氏四时祭享礼》 ……………… 279

第七章 从关中郡姓到吴越望宗——唐宋之际杜氏家族的南迁 ………………………………………………… 291
一、离乱播迁 ………………………………………………… 292
二、吴越新望——五代宋初浙中杜氏的崛起 ……………… 295
三、杜氏固有郡望体系的消失 ……………………………… 301

结 语:对中古杜氏家族千年变迁史的几点思考 ………… 305

附录一:濮阳杜氏:一个由胡姓演变而来的杜氏郡望 …… 312
一、濮阳杜氏的族源与世系 ………………………………… 313
二、濮阳杜氏的政治生涯 …………………………………… 324
三、从东郡走向长安 ………………………………………… 326
四、宗族生活与宗教信仰 …………………………………… 332

附录二:《元和姓纂》之杜氏郡望史料刍议 ……………… 342
一、《元和姓纂》记杜氏郡望周详、准确 …………………… 343

二、《元和姓纂》杜氏郡望史料的价值 …………………… 347

主要参考书目 ………………………………………………… 351

后　记 ………………………………………………………… 360

前　言

　　本书是对中古时期杜氏家族各个郡望及其房支历史变迁的全面考察。

　　家庭是社会的细胞，而宗族正是父家长制的大家庭，是个体家庭由以衍生的母体。宗族制度、宗族关系、宗族势力是中国数千年历史发展过程中最基本的社会存在。在不同的历史时期，宗族的存在方式及其在社会生活中的作用有所不同。中国古代秦汉至隋唐五代，是士族宗族兴起、发展壮大，直至走向衰落的时期。此时的士族不过是宗族的一种独特的形态。许多世家大族在这一时期社会生活的各个方面都留下了自己的印迹，对历史的进程产生了影响。因此家族个案研究应该是中国古代社会史研究的一个极为重要的组成部分。这一点，目前已得到史学界的普遍认同。

　　京兆杜氏家族是中国古代历史上一个绵延千载、人物辈出的家族。自汉代杜周、杜延年父子由文墨吏起家以来，魏、晋有杜畿、杜恕、杜预等人物光大门户，成为南北朝时期声名显赫的门阀。经过西晋永嘉之乱后的社会动荡，杜氏房望关系变动剧烈，渐渐分化为南北两大系统和14个郡望，即京兆、襄阳、中山、濮阳、洹水、陕郡、安德、扶风郿县、鄏师、成都、河东、齐郡、醴泉、河南。这些郡望散处今陕西、河南、河北、山东以及湖北、四川等地，其历史活动及社会影响已经远远超出了"关中"的范围。进入隋唐时期以后,杜氏家族的发展更呈现复杂局面,一大批杜氏家族的杰出政治家、文学家活跃在隋唐政治文化舞台上。而从唐末五代开始,伴随着士族的消亡,京兆杜氏家族的主干部分也逐渐迁徙到南方。追溯秦汉以来,尤其是隋唐时期世家大族的发展历程,认识这个群体在中古时期政治、文化生活中所发挥的作用和影响,京兆杜氏家族无疑是一个富有研究价值的个案,全面细致地解剖这个个案,对中古社会和士族家族的整体研究也是大有裨益的。

就国内史学界而言,从宗族史(家族史)的角度对士族家族的历史发展进行探讨,即士族家族的个案研究,在20世纪80年代以前还不多见。近年来,随着社会史研究的日益繁荣,士族家族个案研究取得了长足的进步,家族研究已经成为中国古代史研究中普遍受到关注,并取得突出成就的领域之一,学界对那些深负盛名的家族的源流、婚宦、文化传统等已有所梳理。譬如张氏、裴氏、萧氏、王氏、谢氏等,都已有专门的研究著作问世,在研究的深度和广度方面都达到了相当的水平。对此,容建新《80年代以来魏晋南北朝大族个案研究综述》(《中国史研究动态》1996年第4期)、常建华《二十世纪的中国宗族研究》(《历史研究》1999年第5期)已作了详细介绍,此不赘述。这里要特别提到田余庆《东晋门阀政治研究》一书,此书以东晋时代的门阀政治为中心,并非专门研究某一家族的历史,但对活跃于当时政治舞台上的若干个士族家族都有深入细致的研究,在方法上也给人以启发。此外,毛汉光《中国中古社会史论》中对士族家族个案的系列研究,也大多翔实可据。中国历史上的世家大族也为域外学界所重视。西方学者对中古士族的研究,如艾伯莱《早期中华帝国的贵族家族——博陵崔氏个案研究》、姜士彬《一个大族的末日——唐末宋初赵郡李氏研究》等,都是很有价值的①。日本史学界也较为关注地域社会和宗族问题的研究,取得了相当多的成果,除去从整体上考察中国中古家族制度与政治社会的著作外,还对一些家族个案进行了深入的探讨②。

上述著作,或在研究方法上有所长,或在理论上有建树,进一步拓展了中古世家大族的研究范围,同时也为本人的选题——杜氏家族的研究,提供了有价值的参考。

然而,就京兆杜氏的研究而言,真正从家族史的角度对杜氏诸郡望做出清晰梳理,勾勒此家族发展和演变基本脉络的著作还未曾见,这就为本人的研究留下了广阔的空间。而拙作的思路与方法,可以说是以对郡望的详细分析和考察为主要特点的。众所周知,在魏晋至隋唐这一历史时期,世家大族一般是被划分成若干"姓望"的,即唐人柳芳所谓"吴姓"、"侨姓"、"山东郡姓"、"关中郡姓"以及"虏姓"等若干系统。但柳芳的这个划分实际上只是就士族门阀的典型郡望而言的。而作为"关中郡姓"中的典型——杜氏

---

① 艾伯莱(Patricia Buckley Ebrey,又译作伊佩霞):《早期中华帝国的贵族家族——博陵崔氏个案研究》(*The Aristocratic Families of Early Imperial China: A Case Study of the Po-ling Tsui Family*),剑桥大学出版社1978年版。周一良《〈博陵崔氏个案研究〉评介》一文称本书为用社会学方法研究中国古代史成果中"值得注意的一部"(《中国史研究》1982年第1期)。姜士彬(David G. Johnson):《一个大族的末日——唐末宋初赵郡李氏研究》(*The Last Years of A Great Clan: The Li Family of Chao Chun in Late T'ang and Early Sung*),《哈佛亚洲研究杂志》37—1,1977年。

② 如池田温:《唐代の郡望表(上下)——九・十世紀の敦煌寫本を中心として》(《东洋学报》第42卷,1959年);谷川道雄:《中國中世社會與共同體》(日本国书刊行会,1976年)等。

家族,实际上包含了众多分支,它们分属于不同的类型,如京兆一支属于"关中郡姓",襄阳一支属于"侨姓",而濮阳一支则属于由鲜卑族改汉姓而产生的"虏姓"。因此,如果将杜氏家族的研究仅仅局限于一个地区、一个时期、一种类型,必然会流于概念化、简单化。也就是说,郡望研究是士族个案分析的基本环节,脱离郡望去谈著姓和士族,很难把家族史做到实处,更难于反映世家大族的真实的历史面貌。因此,本书的主要着眼点,在于综合考察杜氏一姓自秦汉以来特别是永嘉之乱后的分化、衍变和一些主干家族的变迁,而考察的主要线索是杜氏的各个郡望。当然,家族史的核心或灵魂应该是人。杜氏家族史本身丰富多彩,杰出人物亦灿若群星,因此本书对某一郡望的核心人物,也以一定的笔墨予以记述和评论,这也是由研究对象所具有的性质决定的。

作为家族史研究的基本范畴,如姓氏、宗族、家族、郡姓、郡望、房等等,拙作曾参考了许多研究成果。在具体的表述中,基本遵循这样的原则:上古时代多称杜氏宗族;汉魏以后,相对于其他大的姓氏,则称杜氏家族;而对于永嘉之乱后杜氏分化后所派生出的支系,则称郡望,如"京兆杜氏"、"襄阳杜氏"、"洹水杜氏"等;郡望之下一般称作房支或房。

本书所采用的方法,还是立足于传统史学的实证研究。首先对与杜氏家族有关的文献资料做全面的清理,力求探赜索隐,钩沉发微,在史料的辨伪和考证上倾注心力,厘清那些与杜氏家族有关的基本史实。同时,也尝试学习和运用社会学个案分析的方法,如先考察某个郡望,再考察郡望之下的某个房,在材料允许的情况下,细化到房下面的具体的家庭(比如对杜佑一支),以便于做更微观的研究。书中也在一些可以量化的问题上进行数据统计,以求具体确切地说明史实。

本书主要依据的文献资料,包括史传、诗文等传统典籍,而于唐人林宝所作《元和姓纂》,采摭较多①。《新唐书·宰相世系表》也是记载杜氏世系较为全面、系统的重要文献,对此本文也予以充分的重视,同时参酌采用各时代重要的谱牒姓氏文献。此外,晚近以来,各地出土了大量的唐人碑志,并在敦煌莫高窟发现了唐代谱牒姓氏写本的残卷,而这些新材料大多已刊布,并经由学者整理,如周绍良主编的《唐代墓志汇编》及《唐代墓志汇编续集》(上海古籍出版社),《全唐文补编》(三秦出版社),毛汉光主编的《唐代墓志铭汇编附考》(台湾中央研究院历史语言所专刊)等,为唐代士族家族的研究提供了第一手资料,弥补了许多为传世文献所忽略了的内容。以上各类文献构成本书的材料来源。

---

① 可参考本书附录之二:《〈元和姓纂〉杜氏郡望史料刍议》。

杜伯作叔祁尊鬲,其万年,子子孙孙永宝用。

——西周晚期青铜器"杜伯鬲"铭文

第一章　杜氏家族的发源

历史像一条割不断的河,尽管不同地段河道的形态会有千差万别——上游蜿蜒狭窄,两岸怪石嶙峋,下游平坦宽阔,荡荡水天一线——但任你随意掬一勺河水,都可以从中感受到源头高山上冰雪初融的澄澈与清凉。

本文考察的对象是中古时期的杜氏家族(宗族)。宗族,这个在中国历史上曾经发生过重大影响的社会组织,有着极强固的韧性,从三代到隋唐,尽管国家的形态发生了巨大的改变,社会的文明状态有了长足的进步,社会的宗族组织却始终存在着。人们常说中国封建社会是宗法社会,宗族组织的存在则是宗法关系存在的基础。因此,在我们着手考察中古杜氏家族之先,有必要追溯一下中国宗族组织的源头,追溯一下作为一支宗族的杜氏的(哪怕是传说中的)起源。

一、上古的姓与氏

上古时代(这里主要指夏、商、周三代),姓与氏是有着严格的区别的。典籍中常见的古姓,数量不多,有姬、姜、子、嬴、姒、妫、任、姞、妘、己等等。上古国都有姓,夏为姒姓,商为子姓,周为姬姓。那么姓究竟是什么呢?根据现代学者的研究,姓最初其实是原始时代的氏族的称号。一个氏族名"姬",它的氏族成员就以"姬"为自己的姓;一个氏族名"姜",它的氏族成员也就都以"姜"为姓。同姓意味着属于同一氏族,有着氏族血缘联系;同姓不婚,也就意味着氏族内部禁止通婚。但是根据摩尔根的研究,一个氏族的人数是很有限的,从北美印第安人的情况来看,一个氏族少则百人,多则千人,一般的氏族人口,都是以数百计的。中国古代的氏族,其规模也不会与此相距太远。那么,是不是一姓就只限于这一个氏族之内,或者说一姓就只有这几百人呢?显然,情况并非如此。实际上,氏族人口增加到一定的限度,就会有一部分人分裂出去,另组成一个新的氏族。新氏族既与老氏族有着血亲关系,往往也还使用着老氏族的名号。而伴随着氏族的分裂繁衍,"姓"也就变成了一个范围远比氏族广阔的血缘团体,称之为部落也罢,称之为部落联盟也罢,总之同姓的人有着共同的氏族祖先,这一点是确定无疑的。

上古的姓与国家有着不可分割的联系。前面说过,夏、商、周都有国姓,实际上不只这三国,当时存在着的众多小国也都有姓。国而有姓的现象表明了中国早期国家的一个特点,即国家在出现的时候是伴有血缘外壳的,居民的血缘纽带仍很强固,这一点已被越来越多的研究者所承认。至于上古的氏,也是一种血缘团体的名号,不过这种血缘团体比姓所表示的血缘团体范围要小得多,大量文献材料表明,西周春秋的"氏"是指一种父家长制的宗族组织①。

父家长大家族(宗族)是氏族下一级的血缘亲族组织。随着私有财产的增加和父权的扩大,大家族的父家长逐渐演变为氏族贵族。进入阶级社会以后,氏族组织主要是以宗族的形式表现出来的。在这个意义上,可以说氏是姓的分支。如果说同姓的人都有着共同的氏族祖先(由于时代久远,这一共同祖先已变得不那么清楚而实在了,有时甚至是假定的)的话,那么同氏的人则往往有着相对明确的、不容置疑的贵族始祖。在西周春秋时期,宗族是社会的基础,宗族首领也就是一个地方的政治统治者。由于不同宗族的社会地位、政治权利有着种种区别,因此作为宗族标志的"氏"就显得十分重要。在西周、春秋时期,有女子称"姓"、男子称"氏"的习惯,这在文献中可以找到大量的例子。例如鲁国的女子嫁到别国(一定是非姬姓国)去,一般称"某姬",因为鲁为姬姓国;齐国的女子则称"某姜",因为齐为姜姓国;秦国的女子则称"某嬴",因为秦是嬴姓国。"某姬"、"某姜"、"某嬴"等等之"某",为该女子之名或字或排行或母国之名或夫君之字、谥。至于男子则罕有称姓的,一般是氏、名连称,或氏、字连称,或氏、谥连称,氏总是放在前面。

---

① 参阅杨宽:《试论西周春秋间的宗法制度和贵族组织》,《古史新探》,中华书局1965年版。

例如魏绛,魏是氏,绛是名;季孙意如,季孙是氏,意如是名;管夷吾,管是氏,夷吾是字;赵宣子,赵是氏,宣子是谥。之所以会出现这种情况,是因为在那个时代,国与族是一体的,一国的族人,都是同一个姓的,故在同族之内,没有称姓的必要。而在一姓之下,又分为若干个"氏"族(宗族),这些氏(宗族)由于与国君亲属关系远近不同等种种原因,地位是不平等的,很有必要加以区分。知道了一个男子的氏,就知道了他的宗族归属,而一个人的宗族归属,在那个时代是头等重要的认知因素,因此男子都要称"氏"。女子则不同。由于"同姓不婚"的缘故,族内女子都是要嫁到外族去的,因此表明出身国族的"姓",对女子来说就显得非同一般了。此外,女子一般不参加政治活动,也没有财产权力的继承问题,故所属的宗族对她们来说并不重要。这就是女子称姓、男子称氏的由来。

父家长制大家族(宗族)长期地存在于周代社会之中,成为周代社会结构上的一个显著特点。这种父系大家族在中国古代文献中也称为"宗"。从字源学上来看,宗字从"宀"从"示","宀"是宫室的象形,"示"则表示其中的神主,故宗字的本义为宗庙。所谓宗庙,是祭祀父系祖先的地方。同一宗庙的人,当出自共同的始祖,故宗字转而表示有共同始祖的人群。宗族的始祖一般都是明确而肯定的。例如国君的嫡长子继立为国君,此后世代以嫡长子继承,他的其他儿子则分别受封为大夫,这些大夫就分别自立为一支宗族。而为了区分这些同姓下的不同宗族,于是出现了"氏"。氏的命名方式有多种,一般是由国君颁赐的,还有"以王父字为氏"的,即以宗族始祖的字为氏名,例如郑国的公子展被封为大夫,他的这一支宗族,自其孙辈起就被称为"展氏";以公子国为首的一支宗族,其后人被称为"国氏"。也有因居官有功而以官名为氏名的,例如司马、司徒、中行等氏。还有以宗族居邑得名的,如赵氏、魏氏、韩氏等。

在周代,国君在建立宗族的时候,往往赐予土地,就是所谓"胙之土而命之氏"①,因此,一支宗族往往是与一定的封邑连在一起的。由于宗族的世代延续,某氏与某地的关系往往变得十分紧密。这种地缘关系与血缘关系的重叠与混合,在当时是一种很普遍的现象。

战国以后,氏与姓的区别才逐渐消失,它们都变成了一种单纯表示血缘关系的符号。这种现象之所以发生,主要是因为生产力的发展导致社会结构发生了变化,贵族政治解体,作为平民的士阶层登上了政治舞台,人口开始流动起来,居民的血缘关系与地缘关系开始脱离。随着分封制的崩溃,土地也开始能够买卖。个体家庭大量地出现了。在这种情况下,国家已有可能完全按地缘来划分居民了。

二、传说中的杜氏先祖与杜伯余胤

杜氏在古为祁姓。祁是一个历史悠久的古姓。《国语·晋语》记载有黄帝二十五子的传说:

> 凡黄帝之子,二十五宗,其得姓者十四人,为十二姓。姬、

---
① 《左传》隐公八年。

酉、祁、己、滕、箴、任、荀、僖、姞、儇、依是也。唯青阳与苍林氏同于黄帝,故皆为姬姓①。

对于这一传说,我们可以从氏族分裂的角度来理解。黄帝可能是古代氏族部落的首领,因居住地邻近姬水,故得姬姓。炎帝则因居住地邻近姜水而得姜姓。炎、黄之争,应该就是两大氏族部落的争斗。"黄帝之子二十五宗",可以理解为姬姓氏族的分裂,而所谓"其得姓者十四人为十二姓",应该是指12个出自黄帝氏族的子氏族,祁姓显然只是其中之一。

根据典籍记载,杜氏为尧之后,属祁姓。大约从周成王时代开始,被封于杜②。如此看来,"杜"本是上古杜国之君杜伯的封地,而"杜氏"得姓之由,实因宗族与封邑相连,即所谓"胙之土而命之氏"③。《史记正义·秦本纪》引《括地志》云:"下杜故城,在雍州长安县东南九里,古杜伯国。"④可知古杜伯国故地大体位于汉唐都

---

① 《国语·晋语四》。
② 杜氏封地之始,《史记正义》(卷三九《晋世家》注):"《春秋》云……至周成王时,唐人作乱,成王灭之而封太叔,更迁唐人子孙于杜,谓之杜伯,即范匄所云'在周为唐杜氏'。"但有关"唐杜氏"的说法,古今学者意见不同,《左传》襄公二十四年杜预注云:"唐、杜二国名,周成王灭唐,迁之于杜,为杜伯。"《汉书注》卷一《高祖纪下》"杜在周为唐杜氏"条颜师古进一步解释曰:"唐、杜,二国名也。殷末,豕韦徙国于唐,周成王灭唐,迁之于杜,为杜伯……唐,太原晋阳县也。杜,京兆杜县也。"而清代学者孙诒让《唐杜氏考》认为,"唐杜"即"荡杜",在杜陵,非二国 (载《籀庼述林》卷一,1916年刊本)。
③ 《左传》隐公八年。
④ 《史记正义》引《括地志》:"杜陵故城在雍州万年县东南十五里。汉杜陵县,宣帝陵邑也,北去宣帝陵五里。《庙记》云故杜伯国。"

12　中古杜氏家族的变迁

城长安东南（今陕西省西安市东南），即汉杜陵故地①。祁姓杜国在西周诸封国中很有地位，考古发现的西周晚期青铜器中，至今还保留了几件与杜伯有关的器物，如"杜伯盨"即存 5 件②。

附图一：西周晚期青铜器杜伯盨及杜伯盨上的铭文
（北京故宫博物院藏）

附图二：杜伯鬲（北京故宫博物院藏）

---

① 《左传》文公六年。
② 罗振玉：《三代吉金文存》卷一〇·四〇，中华书局 1983 年版。

杜国属祁姓,更在考古发现中得到了证明——今藏北京故宫博物院的"杜伯鬲",是杜伯之女叔祁出嫁时的随嫁物"媵器",鬲口沿处有铭文,共2行、17字,全文为:"杜伯作叔祁尊鬲,其万年,子子孙孙永宝用。"①"杜伯鬲"铭文中"祁"为杜伯女之姓;"叔"则为该女子之字或排行;而"杜"则是此女之母国,即杜伯之封国。

然而,到周宣王时,杜国与周王室之间产生了尖锐的矛盾,周宣王以莫须有罪名杀害了杜伯②,杜伯的挚友左儒也为之死义,刘向《说苑·立节》记载了此事:

> 左儒友于杜伯,皆臣周宣王。宣王将杀杜伯而非其罪也,左儒争之于王,九复之而王弗许也,王曰:"别君而异友,斯汝也。"左儒对曰:"臣闻之:君道友逆,则顺君以诛友;友道君逆,则率友以违君。"王怒曰:"易而言则生,不易而言则死。"左儒对曰:"臣闻古之士不枉义以从死,不易言以求生,故臣能明君之过,以死杜伯之无罪。"王杀杜伯,左儒死之。

---

① 杨树达:《积微居金文说》(增订本),中华书局1997年版,第123页。
② 杜伯究竟缘何得罪了周宣王,文献中并没有明确的记载,只有《太平广记》卷一一九《杜伯》条引颜之推《还冤志》云:"杜伯名曰恒,入为周大夫。宣王之妾曰女鸠,欲通之,杜伯不可。女鸠诉之宣王曰:'窃与妾交。'宣王信之,囚杜伯于焦,使薛甫与司空锜杀杜伯。"据《四库全书总目》卷一四二《子部·小说家三》云:《还冤志》三卷,隋颜之推撰。《新唐书·艺文志》作《还魂志》,"魂"字误。《文献通考》因旧本首题"北齐黄门侍郎颜之推撰"作"北齐《还冤志》",亦误。是书所记上始周宣王、杜伯之事,其中许多史事与正史吻合,"其文词亦颇古雅,殊异小说之冗滥。存为鉴戒,固亦无害于义矣"。可见《还冤记》一书虽不属乙部要籍,但亦不同于一般小说家言,姑备一说。

14　中古杜氏家族的变迁

据《国语》有关记载推算,此事大约发生在周宣王(姬静)四十三年,即公元前785年。杜伯被杀后,其子杜隰叔被迫流亡晋国[1],周宣王不久也遭到报复而死,据《墨子·明鬼》引《周春秋》云:

> 宣王杀杜伯而无辜。后三年,宣王会诸侯,田于圃。日中,杜伯起于道左,衣朱衣冠,操朱弓矢,射宣王,中心折脊而死。

杜伯的鬼魂于三年后将宣王射死,显然是夸张的神话,但可以想见当时周、杜的矛盾是何等尖锐。杜伯之死在当时是一重大政治事件,有关西周历史的文献几乎都记载了此事[2],睡虎地秦墓竹简之《日书》甲种也有"田亳主以乙巳死,杜主以乙酉死,雨帀(师)以辛未死,田大人以癸亥死"的记载[3]。甚至还有学者将《诗经》中的某些篇章与杜伯一族的遭遇相联系,如明儒何楷认为:杜伯之子隰叔,因父亲被宣王无辜杀害,故"避谗去国",于是做《沔水》之诗,抒发幽怨:

> 沔彼流水,朝宗于海。鴥彼飞隼,载飞载止。
> 嗟我兄弟,邦人诸友。莫肯念乱,谁无父母?
> ……

---

[1] 《国语·晋语》:"宣子问于訾祏,訾祏对曰:'昔,隰叔子违周难于晋国。'"韦昭注云:"隰叔,杜伯之子;违,避也。宣王杀杜伯,隰叔避害适晋。"

[2] 《国语·周语》。

[3] 《睡虎地秦墓竹简》,文物出版社1990年版,第226页。

后隰叔出奔晋国,立志光复故国,因作《黄鸟》以表达"复我邦族"之志:

> 黄鸟黄鸟,无集于榖,无啄我粟。此邦之人,不我肯谷。言旋言归,复我邦族①。……

当然何楷对诗意的发明或许有牵强之处②,但杜伯为周宣王迫害致死一事确实影响很大,《国语·周语》甚至认为宣王之举直接带来了周的衰落,有"周之兴也,鸑鷟鸣于岐山;其衰也,杜伯射王于鄗也"之叹。到汉代,在杜陵故杜伯国遗址上,还建有"周右将军杜主祠"四所,此"杜主"即杜伯,在汉代仍为人们所祭祀③。

大约在周宣王杀死杜伯后,杜国就灭亡了。入春秋后,文献中已经难见杜国的踪影,族人也分散于四方。杜伯之子隰叔子逃到晋国避难,并在晋国做到了"士师"的官位,繁育子孙后代,生蔿(即《国语·晋语》中之子舆)④。蔿也官士师,因有功于国,此后这一支杜氏遂以官为氏,为"士氏"。士蔿生成伯士缺,士缺生武子士会。后士会因故稽留秦国仕宦,在秦的部分杜氏子孙,后来又以刘为氏⑤。

---

① 《诗经世本古义》卷一七,《文渊阁四库全书》本。
② 《四库全书提要》卷一六经部三《诗经世本古义》。
③ 《汉书》卷二八《地理志》;《汉书》卷二十五《郊祀志》颜师古注。又《史记》卷二八《封禅书》云:"其在秦中,最小鬼之神者。"《索隐》曰:"谓其鬼虽最小,而有神灵者也。各以岁时奉祠。"
④ 《国语·晋语八》:"訾祐曰:'隰叔子违周难于晋国,生子舆为理。'"《春秋左传补注》卷二"士会注隋季也"条下惠栋据《世本》曰:隰叔生子舆,即士蔿也。士蔿生士榖、士缺,士缺生会,食邑于范,是为范武子。《古今姓氏书辩证》卷二八范氏条曰:蔿,字子舆。
⑤ 《新唐书》卷七二《宰相世系表》刘氏;《古今姓氏书辩证》卷一八刘氏条。

虽然杜伯之子隰叔一支归晋后逐渐分化,但留在晋国的杜伯子孙大部分还是以杜为氏,如晋文公曾娶"杜祁"为妾①,并生下了晋公子雍。据说杜祁有德行,谦恭礼让,在晋国臣民中享有很高的威信,因此杜祁母子都得到晋文公的偏爱②。需要说明的是,此"杜祁"即出自祁姓杜国之女子,也以杜伯后人自居,但与前面提到的杜伯鬲铭文中的杜伯女"叔祁"并非同一人,两位杜氏女生活的时代,前后大约相距近百年。

除杜祁外,在晋的杜国后裔还很多,如曾充任晋大夫韩厥之御的杜溷罗③,晋太子申生之傅杜原款,平公之宰夫杜蒉④,等等。这些人有可能都是隰叔子之后。而见于《左传》的其他各国的杜氏,还有秦国的杜回,为秦国大将⑤。此外,见于《礼记》的,还有鲁国的杜桥⑥。战国时代的赵国也有杜氏的分支⑦。

杜伯后裔杜赫,是战国时代影响最著的杜氏人物。杜国灭亡后,子孙流散。在鲁国的杜洩,本为鲁大夫叔孙穆子家臣,《左传》

---

① 《左传》文公六年杜预注云:"公子雍,文公子,襄公庶弟,杜祁之子。……杜祁,杜伯之后,祁姓也。"
② 《左传》文公六年杜预注。晋襄公卒后,灵公尚年少,晋人以国难之故,欲立长君。赵孟极力主张立公子雍,他认为:公子雍"好善而长,先君爱之";其母杜祁亦有懿行,"以君故,让偪姞而上之;以狄故,让季隗而己次之,故班在四,先君以是爱其子"。
③ 《左传》成公十六年。
④ 《古今姓氏书辩证》卷二四杜氏条。
⑤ 《左传》宣公十五年记载杜回事迹:晋魏颗与秦军交战于辅氏。班师而还,有一老者,结草以拦秦力士杜回,回因绊倒在地而被俘。
⑥ 《礼记·檀弓上》有"季武子成寝,杜氏之葬在西阶之下,请合葬焉"一事,未知是否即杜伯后代。
⑦ 赵国杜氏见于金文的有杜生,见王襄剑铭文,为赵国石库冷铸作坊工师;还有曾任赵国守相(代理相邦)的杜波。见《三代吉金文存》卷二〇·四七·一。

称杜洩忠贞耿介,后为躲避季平子之难,逃奔楚国。杜洩生杜绰,为楚大夫。杜绰生杜段,杜段生杜赫。杜赫为杜洩曾孙[1]。杜赫的行踪频繁出现在周、齐、楚等国[2],是一位机敏睿智,极尽纵横捭阖之能事的说客。贾谊《过秦论》言及秦孝公后"诸侯恐惧,会盟而谋弱秦"时,将杜赫与六国谋士宁越、徐尚、苏秦相提并论[3],足见杜赫的确有不凡的声望与影响。杜赫后为秦大将军[4]。

1973年,西安市郊发现了一枚战国"秦杜虎符"[5],现藏陕西历史博物馆,虎符高4.4厘米,长9.5厘米,厚0.7厘米,背面有槽,颈有一小孔,呈猛虎疾走之势,虎身有错金篆字铭文9行40字。虎符是国君或皇帝授予下级调动军队的信物,多以青铜铸造,其状呈虎形,由左右两半组成,铭文完全相同;君臣两符若合,即可调兵。秦杜虎符上的铭文如下:

> 兵甲之符,右在君,左在杜,凡兴士披甲,用兵五十人以上,必会君符,乃敢行之,燔燧之事,虽毋会符,行殹[6]。

秦杜虎符是目前存世的3件同类虎符中文字保存最完整,工

---

[1] 据《元和姓纂》卷六杜氏。
[2] 《战国策注》卷五《楚策》鲍彪认为:《齐策》、《楚策》皆有杜赫,其活动见于周显王(前368—前321),齐威王(前356—前320),因此战国时代应有二杜赫,其一为"楚杜赫"。待考。
[3] 《史记》卷六《秦始皇本纪》引贾谊《过秦论》。又《史记索隐》引《吕氏春秋》"杜赫以安天下说周昭文君"后有高诱语云"杜赫,周人也"。
[4] 《新唐书》卷七二《宰相世系表》杜氏;《古今姓氏书辩证》卷二四杜氏条。
[5] 详见《西安市郊发现的秦国杜虎符》,《文物》1979年第9期。
[6] 参阅马非百:《关于秦国杜虎符之制作年代》,《文物》1982年第11期。

艺亦最为精湛的一件无价之宝。

附图三：秦杜虎符(陕西博物馆藏)

秦杜虎符铸造的年代，学术界一般认定为公元前338—前325间秦惠君统治时期；而虎符的持有者，即铭文中"右在君，左在杜"的"杜"，是当时驻扎在杜县的秦军事长官，这与新郪虎符、阳陵虎符之"新郪"、"阳陵"均为地名意义相同。但从杜赫活动在周显王(姬扁，前369)至齐威王(前320)之间推算，他也有可能驻扎在杜县，为秦大将军。倘如此，铭文"左在杜"的"杜"所指就是人名了。当然，这只是笔者的大胆想象而已。无论如何，传世文献与出土文物都为我们留下了有关先秦杜氏活动的历史踪迹，为我们提供了认识和探求杜氏这个古老家族的珍贵资料，正如杜伯鬲铭文所说的那样，"其万年，子子孙孙永宝用"。

公之华宗,自汉建平侯徙杜陵,三守本封,几乎千祀,故城南墟里,多以杜为名,逮今郊居,不忘厥初,又以见积厚流泽,此焉回复。

——权德舆:《司徒岐公杜城郊居记》①

第二章 从杜衍到杜陵
——汉代关中世家的形成

杜赫以后的杜氏世系,据《元和姓纂》、《新唐书·宰相世系表》以及南宋邓名世《古今姓氏书辩证》等文献,大体可以勾勒出较为清晰的脉络。秦汉之际,杜赫子孙承前人余绪,"食采邑于南阳衍邑,世称为杜衍"。杜赫少子杜秉,为上党太守,生南阳太守杜札,杜札生杜周,杜周生杜延年。杜周、杜延年父子再以文吏起家,筚路蓝缕,成为杜氏家族历史上一代开山之祖。

一、杜周、杜延年父子及其时代

在杜氏家族汉晋以来的发展脉络中,杜周发迹的历史无疑是

---

① 《权载之文集》卷三一,《四部丛刊》初编本。

其中重要的环节。杜周(？—前95)，字长孺[①]。对杜周是否为杜赫曾孙，《史记》、《汉书》的杜周本传都没有明确记载，也没有提及杜周的祖父杜秉、父亲杜札，这与两书对同时代、同类人物的记述方式有很大不同，如《汉书·张汤传》称张汤之父为"长安丞"；又如《汉书·杜邺传》称杜邺"祖父及父，积功劳皆至郡守"。而班固在《杜周传》中谈到东汉建武年间杜氏"爵乃独绝"时，称杜氏"自谓唐杜氏苗裔，岂其然乎"，似乎对杜氏出自唐杜氏表示了怀疑。

那么，杜周是否为杜赫曾孙？是否出身于南阳豪族之家呢？《元和姓纂》卷六杜氏条云：

> 汉御史大夫周，本居南阳，以豪族徙茂陵；子延年，又徙杜陵；延年孙笃，入《后汉(书)文苑传》。笃曾孙畿，河东太守；生恕，弘农太守；生元凯，晋荆州刺史、征南大将军、当阳侯……

《元和姓纂》只记载了杜周原本居住在南阳，后以豪族迁徙茂陵，至于他是否为杜赫之后，则没有明确说明。《元和姓纂》宋以后即非完帙，在杜赫与杜周之间有可能存在脱简的情况。而据《新唐书·宰相世系表》和邓名世《古今姓氏书辩证》，自杜周曾祖杜赫开始，已经有子孙"食采邑于南阳衍邑，世称为杜衍"。以上记载，也与《史记·杜周传》中杜周少时成长于南阳杜衍的说法相吻合。

在南阳郡杜衍(今属河南南阳)定居后，大约在武帝元朔(前

[①] 《史记》卷一二一《酷吏列传·杜周》正义。

128—前123)前后①,杜氏家族的境遇有了很大的变化。当时义纵为南阳太守,遂以杜周为爪牙,委以吏职。汉承秦制,选吏制度十分健全,吏是职业性行政文官,有较高的社会地位,因此朝廷对文吏有很高要求,不仅能书会计,还要颇知律令②。而欲进入吏途,必先通过官学或私学接受为吏的基本训练。杜周能通过吏途渐渐发迹,至少说明他出身于有文化背景和社会地位的家庭。另据汉初的法律,商人子弟不得为吏③,这就又排除了杜周出身商人之家的可能。其次,早在汉高祖刘邦时期,就曾采纳娄敬的建议,迁齐、楚大族昭氏、屈氏、景氏、怀氏、田氏等十余万口移民关中,并赐予良田美舍,以加强对旧贵族势力的控制。至武帝营建茂陵(位于今陕西省兴平市北)时,又先后三次迁徙各地豪杰、富商至茂陵护园,第一次迁徙为初置茂陵之年,即建元二年(前137)或三年(前136),但此时杜周尚在南阳为吏;第二次迁徙为元朔二年(前127),"又徙郡国豪杰及赀三百万以上于茂陵";第三次迁徙为太始元年(前96)④。杜周一支大概就是在元朔二年以后迁徙到茂陵的,因为至太始年间,杜周已在京师为御史大夫。从汉初迁豪的三项标准——豪杰(或称"豪侠"、"豪强")、吏民(两千石身份的官员)以及

---

① 《资治通鉴》卷一九元狩四年(前119):以定襄太守义纵为右内史,其在定襄任前为南阳太守。

② 参阅阎步克:《士大夫演生史稿》第一章第二节《问题:学士与文吏的分与合》,北京大学出版社1996年版。

③ 《史记》卷三〇《平准书》曰:"孝惠、高后时,为天下初定,复弛商贾之律,然市井之子孙,亦不得仕宦为吏。"

④ 《汉书》卷六《武帝纪》。

"訾三百万以上"者来看①,一般贫民和身份不合者是不能轻易移民的②。也就是说,从汉初徙民诸陵的特殊身份来看,杜周应该出自南阳太守杜札之后,在南阳有一定的社会地位。

由南阳杜衍徙居茂陵,杜氏家族开始步入一个新的发展阶段。杜周迁居茂陵后,正值张汤为御史大夫,权倾一时。经过义纵的推荐,张汤以杜周为廷尉史。大约在元狩元年至元封二年间(前122—前109),杜周为御史中丞十余载,在汉武帝时期的政治舞台上扮演了一个相当重要的角色。

文景之治后,早在景帝末年就已相当严重的皇室和官吏的腐败愈演愈烈,加上武帝"外攘四夷,内改法度",致使"民用凋敝,奸轨不禁"③,社会矛盾开始激化。朝廷也一改刑政简约的做法,大力推行酷吏政治,以强化皇权。杜周生逢其时,在以下几方面显示了自己的才干:

首先,他制定了当时的刑律,即《大杜律》。秦律是中国古代法律的源头。在湖北云梦睡虎地出土的秦简中,有许多秦律的内容,如《盗律》、《贼律》、《捕律》等,内容涉及行政、经济和民事等,大体反映了战国末年至秦始皇时期的法律概况,对汉初的法律也产生了重要的影响。汉律究竟包含了哪些内容,《晋书·刑法志》有简略的记载:

> 汉承秦制,萧何定律,除参夷连坐之罪,增部主见知之条,

---

① 《汉书》卷六《武帝纪》、卷二八《地理志下》。
② 《汉书》卷九二《游侠传·郭解》。
③ 《汉书》卷八九《循吏传》。

益事律《兴》、《厩》、《户》三篇,合为九篇。叔孙通益律所不及,傍章十八篇。张汤《越宫律》二十七篇,赵禹《朝律》六篇,合六十篇。又汉时决事,集为《令甲》以下三百余篇。及司徒鲍公撰嫁娶辞讼决为《法比都目》,凡九百六卷。

这里提到了叔孙通、张汤、赵禹编制的部分法律,但却没有提到杜周及其《大杜律》。关于杜周之订刑律,《史记》和《汉书》也未有更多记载,但在后世文献中尚留下一些线索,如宋洪适《隶释》卷七《车骑将军冯绲碑》,提及东汉冯绲:"少耽学问,习父业,治《春秋》严、《韩诗》仓氏,兼律《大杜》。"同书卷一二《荆州从事苑镇碑》,也称荆州从事苑镇,"肇建仁义之基,始创五福之衢,韬律《大杜》,宗皋陶、甫侯之遗风"云云①。对此,清代学者惠栋解释曰:

> (杜)周所定者,为《大杜律》,《荆州从事苑镇碑》云"韬律大杜"是也;其(子)延年所定者,为《小杜律》,丹阳太守郭昊碑云"治律小杜"是也②。

冯绲、苑镇均是东汉人物,他们钻研的《大杜律》俨然已成为一门独立的学问,说明两汉时期《大杜律》还是一直受到重视的。至于《大杜律》何时失传,史传均无明确记载,只有佛教文献《弘明集·正诬论》言及古代德与刑时,在赞赏春秋时代那些"不苟淫刑极武,胜则

---

① 《隶释·隶续》,中华书局1983年影印本,第86、138页。
② 《后汉书集解》卷三六《郭躬传》王先谦引惠栋语,中华书局1984年影印本,第155页。

以丧礼居之,杀则以悲哀泣之"、以德治见长的诸侯时,提到"是以深贬诱执,《大杜》绝灭之原"。按《弘明集》所收多为萧梁以前及萧梁时期文论①,由此看来杜周的《大杜律》只流传于两汉时期,最终因"深贬诱执",用刑苛刻而"绝灭",以至在西晋初年修订法律时就已经失传了。

其次,杜周在聚敛财富、以广国用的过程中,发挥了重要的作用。武帝时期,富商大贾"因其富厚,交通王侯"②,"或蹛财役贫,转毂百数,废居居邑,封君皆低首仰给"③,试图通过控制经济命脉以支配政治权力。朝廷为抑制商人势力、筹集军费,颁行了算缗、告缗法。在当时,"杨可告缗遍天下,中家以上大氐皆遇告"。杜周则"分遣御史廷尉正监分曹往各地","治郡国缗钱,得民财物以亿计,奴婢以千万数,田大县数百顷,小县百余顷,宅亦如之。于是商贾中家以上大氐破,民媮甘食好衣,不事畜臧之业,而县官以盐铁缗钱之故,用少饶矣"④。

然而,杜周治狱"少反者(即少从轻者)",其深刻酷虐,尤为史家所贬指,如荀悦《前汉纪》云:

> 周……为廷尉,诏狱繁多,二千石系者,新故相因,不减百余人,郡国一岁或千余。章大者连罪证案数百人,小者数十人,远者数千里,近者数百里。会诏狱,因责章告,不服,以掠

---

① 陈垣:《中国佛教史籍概论》,上海书店出版社2001年版,第39—40页。
② 《汉书》卷二四《食货志》。
③ 《史记》卷三〇《平准书》。
④ 《汉书》卷二四《食货志》。

答而定之,于是闻有罪者皆亡匿。系狱久者十余年,赦而相告言,大抵尽诋,以为不道。廷尉及中都官诏狱,罪至六七万人,吏所增加十余万人。尝冬狱未竟,会立春,有宽大令,周蹶地叹曰:"复假吾数十日,足吾事矣!"其酷暴如此①。

就在杜周苛政已怨声载道之际,其家族成员又频出丑闻。杜周共三子:延寿、延考、延年②。在杜周为御史大夫时,三河太守——河南、河东、河内三郡位居汉王朝腹地——是汉王朝中央权力的重要支柱,而除去河东太守为丞相石庆子孙所任外③,杜周二子延寿、延考分别担任了河南、河东太守④,权倾一时,赀累巨万,家族势炽,盛极一时。元封五年(前106),武帝"初置刺史部十三州"以监察地方⑤,延寿、延考因肆行货贿,"为政酷暴",受到刺史田仁的弹劾,据《史记·田叔列传附田仁》之"褚先生曰":

> 田仁上书言:"天下郡太守多为奸利,三河尤甚,臣请先刺举三河。三河太守皆内依中贵人,与三公有亲属,无所畏惮。宜先正三河以警天下奸吏。"是时,河南、河内太守皆御史大夫杜父兄子弟也,河东太守石丞相子孙也。是时石氏九人为二千石,方盛贵。田仁数上书言之。杜大夫及石氏使人谢,谓田

---

① 《前汉纪》卷一五《孝武六》,《四部丛刊》初编本。
② 《史记》卷一二一《酷吏列传·杜周》;《汉书》卷六〇《杜周传》。
③ 《史记》卷一〇四《田叔列传》正义云:石丞相,谓石庆。
④ 《史记》卷一〇四《田叔列传》集解。
⑤ 《汉书》卷六《武帝纪》。

> 少卿曰:"吾非敢有语言也,愿少卿无相诬污也。"仁已刺三河,三河太守皆下吏诛死。

尽管杜周上下斡旋,但延寿、延考终被剪除。

杜延寿、杜延考之死,使杜氏家族受到沉重打击。直至昭帝年间,杜延年入仕并逐渐致身通显,家族声威才得以重振。

杜延年(?—前53),字幼公,他子承父业,亦著有刑律,时人为与其父杜周之律相区别,称杜延年所定之律为《小杜律》。《小杜律》流传亦广,但较之《大杜律》的深刻酷虐,用法宽平仁恕,为时人所传习。如东汉循吏郭躬,家世衣冠,其父郭弘"习《小杜律》,太守寇恂以弘为决曹掾,断狱至三十年,用法平,诸为弘所决者,退无怨情,郡内比之东海于公"[①]。郭躬少传父业,讲授《小杜律》,徒众常数百人。宋儒叶适曾这样评论《大杜律》与《小杜律》的不同:

> (郭)躬论秦彭得专杀,孙章为误诏,且言"周道如砥","君子不逆诈"。躬习《小杜律》。杜周以深刻著,而其学乃与经同意,何也?岂延年行宽厚能改父说乎?汉儒用《春秋》甚于法吏。如躬父子所言,虽未及皋陶、周公,视董仲舒、公孙弘则贤矣[②]。

可惜以"行宽厚"著称的《小杜律》今也失传,具体内容也无从考察。

---

① 《后汉书》卷四六《郭躬传》。
② 《习学记言》卷二十五《后汉书·传》,《文渊阁四库全书》本。

第二章 从杜衍到杜陵——汉代关中世家的形成

杜延年的仕进与父亲杜周的郡守自辟除不同,是循着"以三公子吏材有余"的"任子"制度得补"军司空"的①。更重要的是,由于兄弟遭遇挫折,杜延年的仕途较为迂回曲折,他先是担任大将军霍光的属吏,昭帝始元年间,因告发上官父子与盖主、燕王谋反有功,被封为建平侯,擢太仆右曹给事中。此后愈得到霍光的赏识,渐渐接近中枢重务。宣帝即位后,杜延年又因拥立之功,"益户二千三百,与始封所食邑,凡四千三百户"②。由于"久典朝政,上任信之,出即奉驾,入给事中,居九卿位十余年,赏赐赂遗,訾数千万"③。霍光卒后,延年先后担任北地太守、西河太守,因选用良吏,捕击豪强而"行宽厚"④,复得宣帝信任。五凤年间,入朝为御史大夫。甘露元年(前53)卒⑤。

较之杜周,杜延年"德器自过"⑥,因此班固将其与张安世、赵充国、魏相、邴吉、丁定国五人并列为汉代"名将相"、"皆有功绩"⑦,这个评价大体可以反映杜延年在昭、宣时期政治生活中的地位和影响。

---

① 《汉书》卷六〇《杜周传》。
② 同上。
③ 同上。
④ 《前汉纪》卷一五《孝武六》。
⑤ 《史记》卷二二《汉兴以来将相名臣年表第十》。
⑥ 《汉书》卷六〇《杜周传》赞。
⑦ 《史记》卷一一二《平津侯主父偃列传》。

二、杜陵杜氏
——关中世家雏形初具

在杜延年功业始就、家族势力稍稍恢复之际,杜氏家族又由茂陵迁往杜陵。杜陵,本属秦京兆杜县,即古杜伯之封国所在地。秦汉之际,杜陵一带"有鄠、杜竹林,南山檀柘,号称陆海,为九州膏腴"①。宣帝刘询很喜欢在杜鄠一带游猎,少年时曾"数上下诸陵,周遍三辅,而尤乐杜、鄠之间,率常在下杜(即杜县)"。元康元年(前65)春,宣帝以杜东原为初陵,更名杜县为杜陵,同时"徙丞相、将军、列侯、吏二千石、訾百万者杜陵"②。杜延年大概在此时以列侯、二千石身份由茂陵移居杜陵。此外,汉宣帝前后,在围绕京师长安周围的诸陵,已经聚集了来自不同地区的数支杜姓家族,如在武帝时就由魏郡繁畤迁居茂陵的杜邺一支③。此外,还有富商杜陵杜氏和安陵杜氏④以及闻名遐迩的游侠、灞陵杜氏杜君遨等⑤。总之,这几支杜氏或为豪杰,或为富商,与杜延年一支同被称作"西道诸杜"⑥,其中杜周、杜延年父子虽几经顿挫,但仍旧是最具政治

---

① 《汉书》卷二八《地理志》。
② 《汉书》卷八《宣帝纪》。
③ 《汉书》卷八五《杜邺传》。《西京杂记》卷三(《文渊阁四库全书》本)载杜邺事迹:"杜子夏葬长安北四里。临终作文曰:'魏郡杜邺,立志忠款。犬马未陈,奄先草露。骨肉归于后土,气魂无所不之。何必故丘,然后即化。封于长安北郭,此焉宴息。'及死,命刊石埋于墓侧,墓前种松柏树五株,至今茂盛。"
④ 《史记》卷一二九《货殖列传》。
⑤ 《汉书》卷九二《游侠传》。
⑥ 同上。

第二章 从杜衍到杜陵——汉代关中世家的形成

地位和社会影响力的一支,子嗣亦最为兴旺。

自汉武帝时期始,大官僚阶层依靠政治关系发展家族势力的现象十分普遍,士人与宗族的结合十分紧密①,为家族置产业、通过婚姻建立广泛的社会关系翕然成风。势单力薄的文吏,通过个人仕宦的成功而将整个家族带进食禄阶层,最终发展成世卿世禄之家者,更不乏其人。比较典型的,是汉成帝时丞相张禹竭力为家族谋求利益的例子——张禹政治上得势后,便"多买田至四百顷,皆泾、渭溉灌,极膏腴上贾,它财物称是",待其年老,自治冢茔,起祠室;又向成帝为女婿与儿子谋得弘农太守、黄门郎给事中等职,此后,张氏家族势力显赫,长子为太常,三弟皆为校尉散骑诸曹②。另一方面,大的宗族在逐渐拥有政治地位和社会声望后,往往更易于促成家族其他成员在社会上取得功业。杜氏家族的情况即如此。杜周始为廷尉时,相传仅有"一马且不全"。及为御史大夫十余年后,杜延寿、杜延考二子分别担任西河、河东太守,杜延年则与破羌将军辛武贤联姻③,辛氏以"武勇显闻","数子皆有将帅之风,宗族支属至二千石者十余人"④。总之,杜氏父兄子弟在官僚贵族甚至皇室中间建立了广泛的社会关系,包括与三公有亲属关系⑤。随着杜氏父子权倾一时,杜氏家族的势力范围愈加扩大,家族的经

---

① 参阅余英时:《东汉政权之建立与士族大姓之关系》,《中国知识阶层史论》(古代篇),台湾联经出版事业公司1971年版。
② 《汉书》卷八一《张禹传》。
③ 《后汉书》卷八〇《杜笃传》。
④ 《汉书》卷六九《辛庆忌传》。
⑤ 《汉书》卷一一四《田叔传》。

济基础也发生了根本性的变化,成为"家訾累巨万"①、富埒王侯的豪门世家。汉元帝时,谷贵民流,西羌叛乱,杜延年长子杜缓"辄上书入钱谷以助用,前后数百万"②,在皇室面临困境之时,杜氏家族以自己雄厚的财力,成为皇权背后强大的支柱。

从杜衍到杜陵,杜周、杜延年一支迅速滋长壮大,究其原因,有如下几方面:首先,从个人材具来看,杜周、杜延年父子皆通刑名之学,善断狱,机敏变通,在"吏材"方面有可称道者,如霍光秉政时,以杜延年"吏材有余"而予以提拔重用③。历代史家多以杜周为"酷吏"典范,而对杜周父子的吏材有所忽视。其次,从汉代统治者的指导思想来看,武帝一朝是儒家思想开始确立统治地位的时期。但董仲舒所倡导的儒术也包含有刑名思想,其推崇"天道之常,一阴一阳。阳者天之德也,阴者天之刑也"④;"天道之大者,在阴阳。阳为德,阴为刑;刑主杀,而德主生"⑤。此外,公孙弘也提出了"仁、义、礼、术"四种治国之法,其中"擅生杀之柄"谓之"术",主张四者不可偏废⑥。在董仲舒、公孙弘受重用的时期,朝政带有"以经术润饰吏事"的特点,即以儒家经典治狱,实质上仍着眼于"吏事"⑦。在这样的政治环境中,必然会有一批既精于刑律吏事,又通晓儒学的人涌现出来。史称"仲舒在家,朝廷如有大议,使使者

---

① 《史记》卷一二二《酷吏传·杜周》。
② 《汉书》卷六〇《杜周传》。
③ 同上。
④ 《春秋繁露·阴阳义》,《文渊阁四库全书》本。
⑤ 《汉书》卷五六《董仲舒传》。
⑥ 《汉书》卷五八《公孙弘传》。
⑦ 《汉书》卷八九《循吏传》。

第二章 从杜衍到杜陵——汉代关中世家的形成

及廷尉张汤就其家而问之,其对皆有明法"①。在儒术大兴之际,酷吏似乎也大行其道,正是武帝政治的一大特点。宣帝继承了武帝的衣钵,强调以"霸王道"("霸"即法家暴力和权术之义,"王"则为儒家思想)治国②。在受到宣帝褒奖的"循吏"中,"若赵广汉、韩延寿、尹翁归、严延年、张敞之属,皆称其任,然任刑罚,或抵罪诛"③。可见,宣帝朝也有酷吏"任刑罚"的特点。据此可以推断,在武帝身后,酷吏政治没有被完全否定,因此杜延年也并未受到杜周及兄弟的牵连而遭贬抑,杜氏家族势力得以继续发展。

杜延年身后,子孙繁衍滋盛,家道继隆。延年共7子,即杜缓、杜继、杜他(佗)、杜钦、杜绍、杜续、杜熊④。长子杜缓,历谏议大夫、雁门太守、太常等职⑤。在杜缓6个弟弟中,"五人至大官,少弟熊,历五郡二千石、三州牧刺史,有能名"⑥。中弟杜钦,虽仕宦未达,但最有名于时,对此,《汉书·杜钦传》有生动记载:

> 钦字子夏,少好经书,家富而目偏盲,故不好为吏。茂陵杜邺,与钦同姓字,俱以材能称京师,故衣冠谓钦为"盲杜子

---

① 《汉书》卷五八《董仲舒传》。
② 《汉书》卷九《元帝纪》。
③ 《汉书》卷六〇《杜周传》。
④ 据《汉书》卷六〇《杜周传》、《新唐书》卷七二《宰相世系表》:杜延年有六子——缓、继、佗、绍、续、熊。而《古今姓氏书辩证》卷二四杜氏条称杜延年七子,除"他"(佗)作"纻"外,另有"绲"。据《汉书》杜周传所附子孙,杜钦为杜延年诸子中最有名望者,但《元和姓纂》卷六杜氏条、《新唐书》卷七二《宰相世系表》、《古今姓氏书辩证》卷二四杜姓条等书均未载杜钦。疑《元和姓纂》杜氏条有阙文,而诸书本之,故缺。
⑤ 《汉书》卷六〇《杜周传》。
⑥ 同上。

夏"以相别。钦恶以疾见诋,乃为小冠,高广财二寸,由是京师更谓钦为"小冠杜子夏",而邺为"大冠杜子夏"云。

杜钦的名望,实际上反映了这个时期杜氏家族正在发生某些重要的变化:其一,杜钦"少好经书",似乎改变了杜周、杜延年两代治刑名之学的传统,更加趋向于崇尚经术的时代潮流。汉自元帝、成帝始,为经学极盛时代,"天下学士靡然向风。元帝犹好儒生,韦、匡、贡、薛,并致辅相,自后公卿之位未有不从经术进者","四海之内学校如林。汉末太学诸生至三万人,为古来未有之盛事"①。杜钦身上所反映的杜氏家学取向的转变,与儒士取代法吏、经术取代刑名的时代潮流甚为契合。其二,杜钦以"家富"而闻名,杜氏家族经济力量强大,社会地位亦很稳固。其三,杜钦"以材能称京师",其个人和家族都有了相当的社会影响,此时杜氏家族已经以世家的面貌出现,"小冠杜子夏"甚至成为时尚的引导者。

总之,杜钦之成名,标志着杜氏家族发展过程中的一个重要阶段,即此时杜氏已经完成了从势单力薄的文吏之家向豪门世家的过渡。在杜钦时代,杜氏家族开始具有稳固的政治地位,较为明确的学术专长,强大的经济实力和社会影响力,开始兼有豪门与儒门的特点。而这些因素,既是汉末世家的基本特征,也是将要出现的魏晋门阀士族的基本条件。汉代朝野已普遍流传一句谚语:"城南

---

① 皮锡瑞:《经学极盛时代》,《经学历史》,中华书局1959年版,第101页。

韦杜,离天尺五。"① 其原意不仅是指杜陵位于长安城南,密迩皇宫,恐怕还有隐喻韦、杜二家政治地位崇重,贵为天子股肱之深义。这些信息都表明,西汉末年的杜氏已经初具了世家大族的雏形,为魏晋以后家族的兴盛奠定了重要的基础。

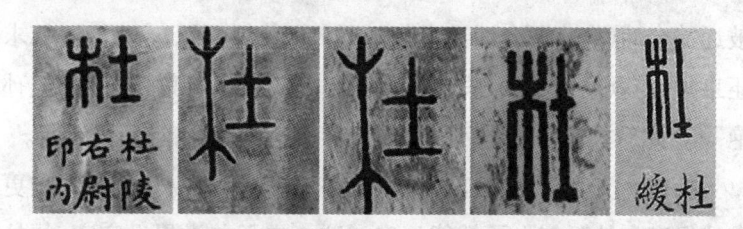

附图四:汉印中的"杜"字②

三、东汉诸杜的历史命运

西汉末年,杜氏家族继续繁衍壮大,如杜延年第四子杜钦一房,"子及昆弟支属至二千石者且十人"。及至杜钦兄杜缓之子杜业时期,家族的发展出现了新的变化。

1. 杜陵杜氏的衰落

史称杜业因"有材能,以列侯选,复为太常",汉成帝将自己的

---

① 史念海在《长安史迹丛刊·代总序》(《游城南记校注》附,三秦出版社2003年版)中指出:此谚语出《辛氏三秦记》,而是书不见载于《隋书》及两《唐书》的《经籍志》、《艺文志》,但《水经注》(卷四、卷一九)、《三辅黄图》、刘昭《续汉书郡国图志》皆征引过《辛氏三秦记》,而诸书所记,皆为秦汉都邑宫室园囿地理,盖此书当出于汉时人士手笔,成书的时间应在汉代。

② 有关汉代杜氏印见罗福颐:《汉印文字征》,文物出版社1978年版;《汉印文字征补遗》,文物出版社1980年版。

妹妹颖邑公主嫁给了杜业,因此杜业又有了皇室驸马的身份①。此后,杜氏家族的社会地位和影响日益提高。但至成、哀之际,皇权旁落,"朝无骨鲠之臣,宗室诸侯微弱",杜业"数言得失,不事权贵",指斥丞相擅权,因而受到权臣之党的打击。至王莽当政,杜业被远徙合浦(今广西合浦县东北),不久即忧惧而死,家人"上书,求还京师,与颖邑公主合葬",亦遭拒绝,惟"赐谥曰荒侯,传子至孙绝"②。此后杜业一支子孙失去了贵族身份的荫庇,遂湮没无闻。

杜业一支衰落后,杜氏家族在东汉的政治地位和社会影响更多地保存在杜延年少子杜熊一房。这一支子弟尚累世官宦,如杜熊子杜穰,任谏议大夫。杜穰子杜敦,任西河太守、汉阳公③;杜敦子杜邦,任中散大夫。杜宾子杜翕,任太子少傅④。以上诸人,虽然没有位至卿相者,但也不乏二千石郡守等重要职位。因有杜穰、杜笃、杜邦等人支撑门户,杜氏家族尚能维持西汉以来形成的世家格局。

杜穰另一子杜笃,是东汉时期杜氏家族的代表人物。杜笃字季雅,"少博学,不修小节,不为乡人所礼"⑤。东汉初年,杜笃离开故里京兆而移居美阳(在扶风郡武功县),后因"与美阳令游,数从请托,不谐,颇相恨",为县令迫害入狱。时值大司马吴汉去世,光武帝诏群儒献诔,杜笃于狱中作诔文,为刘秀所赏识,以文辞最高,

---

① 《汉书》卷六〇《杜周传》。
② 同上。
③ 《元和姓纂(附四校记)》卷六杜氏条。
④ 《古今姓氏书辩证》卷二四杜氏条。
⑤ 《后汉书》卷八〇《文苑·杜笃传》。

"赐帛免刑",得以逃脱牢狱羁绊。但杜笃的仕途始终蹭蹬坎坷,成就主要在文学方面。如其为郡文学掾时,每以献赋参预朝政,其为谏"改营洛邑"而作的《论都赋》,"欲令车驾迁还长安,耆老闻者,皆动怀土之心,莫不眷然伫立西望",在社会上反响很大①。杜笃因患眼疾,终未显达,寄居扶风20年,"不窥京师"②。有趣的是,擅长文学的杜笃,社会关系却多为东汉朝中军事贵族,如外祖系陇右大姓辛氏,辛武贤为东汉破羌将军,以武略闻名;另外,杜笃妹嫁给扶风望族马氏。建初三年(78),杜笃姻亲、车骑将军马防击西羌,杜笃投笔从戎,为从事郎中,战死于射姑山。

与祖先的功业相比,杜笃常抑郁感叹:"杜氏文明善政,而笃不任为吏;辛氏秉义经武,而笃又怯于事。外内五世,至笃衰矣!"③其实,杜笃文学成就十分突出,是杜氏家族历史上第一位文学家,在东汉文学史上占有一席之地。除《后汉书》本传所提及的作品之外,《隋书·经籍志》著录《杜笃文集》一卷,在《艺文类聚》、《文选》、《北堂书钞》、《太平御览》等文献中,还保存了多种杜笃的作品。

杜笃子孙史传无名,惟知杜硕喜货殖,未入仕途,其后嗣亦不兴旺④。直到杜笃第十二代孙杜辟、杜整一辈出仕北周、隋⑤,家族声威始得重振。

---

① 《后汉书》卷七六《循吏·王景传》。
② 《后汉书》卷八〇《文苑·杜笃传》。
③ 同上。
④ 同上。
⑤ 《元和姓纂(附四校记)》卷六杜氏条。

2. 扶风、茂陵、汲郡、颍川、林虑以及南阳、缑氏诸杜

东汉时期,杜陵杜氏家族并非一枝独秀,当时还有汝颍、南阳、扶风等杜氏其他支系也活跃在社会政治舞台上。

茂陵杜邺一支,其先本居魏郡繁阳,大约在西汉武帝时迁居杜陵,因此也自称"魏郡杜邺"①。杜邺字子夏,即前述与杜延年子杜钦同姓字、"俱以材能称京师"的"大冠杜子夏"②。杜邺祖父皆官至郡守,其母为汉宣帝朝京兆尹张敞之女③。只是杜邺父亲早逝,自幼即师从母舅、张敞之子张吉,学有所成。西汉成、哀间,杜邺为凉州刺史,有嘉誉于时。

杜邺之子杜林,亦为东汉初年著名学者。杜林少即"好学沈深",因家富藏书,又得到舅父、人称"博学文雅过于(张)敞"的张竦指教,博洽多闻,时称通儒④。光武帝刘秀继位后,经"王莽、更始之际,天下散乱,礼乐分崩,典文残落",而刘秀"爱好经术,未及下车,而先访儒雅,采求阙文,补缀漏逸",结果四方学士"自是莫不抱负坟策,云会京师",杜林也与范升、陈元、郑兴、卫宏、刘昆、桓荣等一道,"继踵而集"京师。刘秀为振兴学术,"立《五经》博士,各以家法教授";又立十四博士,《易》有施、孟、梁丘、京氏,《尚书》有欧阳、大小夏侯,《诗》有齐、鲁、韩,《礼》有大小戴,《春秋》有严、颜,由"太常差次总领焉"⑤,一时间东汉学术欣欣向荣。而《尚书》之学勃

---

① 《汉书》卷八五《杜邺传》;《西京杂记》卷三"杜子夏"。
② 《汉书》卷六〇《杜周传》。
③ 《汉书》卷八五《杜邺传》。
④ 《后汉书》卷二七《杜林传》,《隋书》卷三二《经籍志》:"梁有《苍颉》二卷,后汉司空杜林注,亡。"
⑤ 《后汉书》卷七九《儒林传序》。

兴,蔚为大观,如"北海牟融习大夏侯《尚书》,东海王良习小夏侯《尚书》,沛国桓荣习欧阳《尚书》"。杜林初为郡吏时,值王莽败后赤眉军起事,兵众百万,所向无敌,杜林与弟杜成避难河西,于西州(今新疆境内)得漆书《古文尚书》一卷,异常珍爱,虽颠沛流离而终不离怀。杜林为《古文尚书》作注,其同郡学者贾逵为之作训,并有名儒马融作传,郑玄注解,《古文尚书》得以流行于世①。此外,杜林还通晓小学,是东汉著名的文字学家。早在汉宣帝时,"《苍颉》多古字,俗师失其读",宣帝为此征齐人能正读者为师,而杜林的外曾祖父张敞曾经师从齐人学习过《苍颉》,他将这门学问传给了杜林②,后来杜林"正文字"的功夫又超过了父亲杜邺、舅父张竦,"故世言小学者,由杜公"③。杜林著有《苍颉训纂》一篇、《苍颉故》一篇,从应劭《风俗通》和颜师古《汉书注》中大量征引杜林的训诂来看,此书应是东汉小学的权威著作。

杜林之仕途稍有顿挫。赤眉之乱后,杜林曾为隗嚣所拘,但隗嚣素仰杜林志节,许以高位禄食,杜林终不屈服。战乱平息后,杜林还京辅,刘秀立即以名德征用,先后为侍御史、光禄勋、皇太子王傅、大司空等职。杜林曾参议郊祀仪制,力倡宽刑德政,蠲除苛政,多有建树。至于举荐人才,奖掖后进,内奉宿卫,外总三署,周密敬慎,选举公平,士多归心,人称"任职相"。建武二十三年(47)杜林去世,光武帝刘秀亲为其致哀送葬,并以其子杜乔为郎,官丹水县长。

---

① 《后汉书》卷七九《儒林上·杨伦传》。
② 《汉书》卷三〇《艺文志》。
③ 《汉书》卷八五《杜邺传》。

河内郡汲县人(今属河南)杜诗,字公君,少有才能。建武(25—56)时为侍御史、南阳太守。杜诗性节俭,为政清平,在任七年间,谠言直谏,切中时弊,正直之声闻朝野。又诛强暴,省民役;兴水利,治陂池,铸农器,广拓土田,郡内殷足。因其惠爱百姓若父母,人称"杜母"①。杜诗于建武十四年(38)病逝,其事迹身后曾广为流传,成为一代良吏典范。

颍川郡定陵(今属河南)人杜安,少有志节,号太学奇童。杜安子杜根,举孝廉,顺帝时为济阴太守。杜根子杜袭,也有名于时②。

另有颍川阳城人杜密,字周甫,曾为太山太守、北海相,有政声,曾"到高密县,见郑玄为乡佐,知其异器,即召署郡职,遂遣就学",后郑玄成为一代名儒。桓帝时,杜密历任尚书令、河南尹、太仆,与李膺、荀翌、王畅、刘祐、魏朗、赵典、朱寓号称"八俊"。灵帝建宁初,朝廷党锢事起,杜密与李膺等俱被牵连,时称"李杜",以"钩党"罪名下狱,"死者百余人,妻子徙边,诸附从者,锢及五属"。此后,"制诏州郡大举钩党,于是天下豪杰及儒学行义者,一切结为党人"③,杜密于狱中自杀④。

河内郡林虑县人(今属河南安阳)杜乔,字叔荣。据《续汉书》记载,杜乔"累祖吏二千石,乔少好学,治韩《诗》、京氏《易》、欧阳《尚书》,以孝称。虽二千石子,常步担求师"。杜乔曾为诸生,举孝廉,司徒杨震辟为府属,入拜侍中。汉安元年(142),杜乔为光禄大

---

① 《后汉书》卷三一《杜诗传》。
② 《后汉书》卷五七《杜根传》。
③ 《后汉书》卷八《灵帝纪》建宁二年十月条。
④ 《后汉书》卷六七《杜密传》。

第二章 从杜衍到杜陵——汉代关中世家的形成

夫,巡察兖州,表奏太山太守李固政为天下第一,同时揭发陈留太守梁让等赃罪千万以上。顺帝初年,又以光禄大夫为八使,巡行郡国。时朝政腐败,外戚梁氏专政,而忠臣"李固见废,内外丧气,群臣侧足而立,唯(杜)乔正色无所回桡。由是海内叹息,朝野瞻望焉"①。桓帝建和元年(147),杜乔以大司农为太尉。但不久杜乔也与李固等人一起受到梁让之侄、大将军梁冀的迫害,最后惨死狱中②。

南阳郡冠军县(今属河南南阳)人杜茂③,武人出身,光武帝刘秀建武年间,拜大将军,封乐乡侯④。因击"五校贼"有战功,为骠骑大将军。后于晋阳、广武等地开屯田,兴转运,经营边防,增封邑,后因过免官,削减户邑。杜茂建武十九年(43)卒。其子杜元嗣爵,但不久因参与东平王等谋反事件被除去封国。其孙杜奉,永初七年(113)封为安乐亭侯⑤。

缑氏人杜子春。缑氏的地理位置应即今河南洛阳附近,据《史记·周本记》正义引《括地志》,所谓"故城在洛州缑氏县东二十五里,滑伯国也。韦昭云:姬姓小国也"。唐人贾公彦《周礼注疏·序周礼兴废》引《马融传》曰:"有里人河南缑氏杜子春尚在,永平之初,年且九十。家于南山,能通其读(按指《周礼》),颇识其说,郑众、贾逵往受业焉。"⑥可知杜子春大约活动于东汉初年,即光武

---

① 《后汉书》卷六三《杜乔传》。
② 同上。
③ 《后汉书》卷一一二《地理志》,《隋书》卷三〇《地理志》有南阳郡冠军县。
④ 《后汉书》卷二二《杜茂传》。
⑤ 同上。
⑥ 《文渊阁四库全书》本。

帝建武年间至明帝永平年间(25—75)。又据《隋书·经籍志》称："河南缑氏及杜子春受业于(刘)歆,因以教授。是后马融作《周官传》,以授郑玄,玄作《周官注》。"① 则杜子春师承于刘歆,后有马融、郑玄继传斯学,应是东汉经学中承上启下的重要人物。杜子春的学术成就颇受后代重视,唐贞观二十一年(647),朝廷下诏将杜子春与左丘明、卜子夏、公羊高、谷梁赤、伏胜、高堂生、戴圣、毛苌、孔安国、刘向、郑众等21人并列于太学,"代用其书,垂于国胄,自今有事于太学,并命配享宣尼(按即孔子)庙堂"②。咸淳三年(1267),南宋朝廷诏令以"缑氏伯杜子春"与彭城伯刘向、中牟伯郑众、良乡伯卢植、司空王肃、司徒杜预等52人,并陪祀诸神祠③。杜子春《周礼杜氏注》一书后亡佚,清人马国翰《玉函山房辑佚书》有辑本二卷。

由于文献记载的欠缺,目前尚无法确定东汉扶风、茂陵、汲郡、颍川、林虑以及南阳、缑氏诸杜的族源,以及这些家族与杜周、杜延年一系的关系。仅从居住地区来看,他们大都集中在当时的政治、文化中心地带,而从门风来看,他们也大多学术传家,儒门特征更为突出;特别是东汉首都洛阳附近的杜氏如杜林、杜抚等,素以经学传家,为东汉一代学术巨擘,杜林等人被称为"汝颖奇士"。在政治地位方面,杜密为桓帝尚书令,跻身要职。这些人物中,还有部

---

① 又同书同卷著录《礼记要钞》十卷,曰"缑氏撰"。据前引贾公彦《周礼注疏·序周礼兴废》、宋王与之《周礼订义》,均称唐以前有杜子春、郑兴、郑众、郑玄等数家,则《隋书》卷三二《经籍志》中"缑氏撰"后应缺"杜子春"三字;"河南缑氏及杜子春"之"及"字,应为衍文。
② 《旧唐书》卷三《太宗本纪》贞观二十一年二月条。
③ 《宋史》卷一〇五《礼仪志·诸神祠》。

第二章 从杜衍到杜陵——汉代关中世家的形成

分参加了体现士人觉醒和独立意识的"清议"活动,为东汉一代士人翘楚。总之,扶风、茂陵、汲郡、颍川、林虑以及南阳、缑氏诸杜,在东汉政治、学术舞台上扮演了重要的角色,留下了深远影响,如果不是因党锢之祸牵连等原因遭致子孙离散,到魏晋时代,以上数支杜氏也许会像杜陵杜氏那样世代簪缨,公卿继世,成为门阀士族阶层的重要组成部分。倘如此,一部杜氏家族的发展史将更加丰富多彩。

附图五:东汉杜氏铜镜①

---

① 周世荣:《铜镜图案》,人民美术出版社 1986 年版。在有关两汉杜氏的考古发现中,带有"杜氏作"铭文的铜镜无疑是很重要的。台湾学者林素清《两汉镜铭集录》,集录了汉代 1700 余枚铜镜铭文,其中带有"杜氏作"的铭文很多,如西汉杜氏镜铭文:"杜氏作珍奇镜兮,世之未有兮。"东汉的杜氏镜铭文如:"杜氏作镜自记:长保二亲利儿子,浮由天下之四海……"(详见台湾中央研究院历史语言研究所简帛金石资料库 ihp@mail.ihp.sinica.edu.tw)。"杜氏作",即铜镜的纪念铭文,一般被认为是制镜人的姓氏,因此有可能铜镜是由杜氏专门委托定做并以之作为家族的标志。无论如何,数量繁多、带有杜氏字样的铜镜铭文的存在,从另一个方面表明了这个家族在两汉时代所具有的影响。

42　中古杜氏家族的变迁

附汉代杜氏世系表①：

```
……杜泄—杜绰—杜赫      ┌杜延寿
                        ├杜延考—杜缓
            杜秉—杜札—杜周┤杜延年—杜继
                        │       杜佗
                        │       杜钦—杜业……
                        │       杜绍
                        │       杜续
                        └杜熊—杜穰 ┌杜敦—杜邦 ┌杜宾 ┌杜翕
                                  └杜笃—杜硕 ├杜宏 └杜崇
                                            └杜繁
```

---

① 据《史记》卷一二一《酷吏列传·杜周》、《汉书》卷六〇《杜周传》，以及《新唐书》卷七二《宰相世系表》杜氏、《古今姓氏书辩证》卷二四杜氏条编制。

> 是时,四海既困中平之政,兼恶(董)卓之凶逆,家家思乱,人人自危……名豪大侠,富室强族,飘扬云会,万里相赴。
>
> ——曹丕:《典论自序》[①]

第三章　郡望分立的时代
——魏晋南北朝时期的杜氏家族

　　东汉末年,军阀混战,中原百姓于焦土之上,锋镝之余,纷纷背井离乡,流离失所。而杜氏家族所在的关中地区所遭受的战争破坏更加严重,如当时人卫觊所说:"关中膏腴之地,顷遭荒乱,人民流入荆州者,十万余家。"[②] 及至永嘉末年,匈奴贵族刘渊、刘曜父子挥鞭南下,克洛阳、下长安,西晋遂亡。其后北方中国战乱相仍,大批士族纷纷避乱江左,形成了汉末以来又一次移民大潮。伴随着频繁的社会动荡,杜氏家族进入了郡望分立的时期。

---

① 《汉魏六朝百三家集》卷二四曹丕《典论自序》,《文渊阁四库全书》本。
② 《三国志》卷二一《卫觊传》。

一、杜畿、杜恕、杜预三代浮沉
与宗族势力的滋长

杜畿(162—224),字伯侯,为汉末魏初著名政治家。对杜畿的家世,文献中极少周详、明确的记载。《三国志·杜畿传》引《傅子》说杜畿为汉御史大夫杜延年之后,未言及父祖辈身份。《元和姓纂》杜氏条称杜笃为杜畿曾祖,但未提及杜畿祖父和父亲的名字。岑仲勉认为:"笃生光武(刘秀)之世,畿仕曹魏,以年代计之(按:此间约有200年之久),畿断非笃之曾孙。"因此怀疑《元和姓纂》在杜笃与杜畿之间缺失一代。《元和姓纂》自宋以后即非完帙,其人物世系自不免断缺割裂,难于连缀。《新唐书·宰相世系表》杜氏部分则以杜畿为杜笃之兄杜敦玄孙,至于杜畿之父,则为杜崇(字伯括、司空掾)。这个结论从辈分关系上符合岑仲勉关于杜笃与杜畿之间至少应有五代人的结论,有一定的合理性。南宋邓名世《古今姓氏书辩证》一书沿袭《新唐书·宰相世系表》颇多,但在此处却独以杜崇之兄杜禽(字伯括,太子少傅)为杜畿之父。杜禽不见载于汉魏文献,不知邓氏所据为何。东汉历史上虽亦有一杜崇,但此人官"中郎将",和帝永元七年(95),因侵扰匈奴罪被朝廷诛杀[①],此时杜畿尚未出生,因此这个"中郎将杜崇"与杜畿应没有关系。综合诸家记载,杜畿的父祖仍难确定,但《新唐书·宰相世系表》之说,似

---

① 《后汉书》卷四《孝和孝殇帝纪》、卷一一九《南匈奴传》;《后汉纪》卷一三《孝和皇帝纪》。

第三章 郡望分立的时代——魏晋南北朝时期的杜氏家族　45

乎稍多一些史事的依据。

无论如何,杜氏家族至杜畿时代,已家道中衰。史称畿少孤贫,自幼有孝行,20岁时即为京兆郡功曹、守郑县令。时"县囚系数百人,畿亲临狱,裁其轻重,尽决遣之,虽未悉当,郡中奇其年少而有大意也"①。杜畿这个时期的活动,还可以在出土碑刻中找到一些踪迹——现藏西安碑林博物馆的《司马芳(防)残碑》,其碑阴上半部有汉献帝时期雍州京兆尹司马芳(防)故吏的题名,共14人,其中第二行、也是第二位故吏的题名为:

　　　　　故吏□(主?)簿杜县杜畿,字伯侯。

图一　司马芳残碑碑阳　　　　图二　司马芳残碑碑阴
附图六:《司马芳(防)残碑》

---

① 《三国志》卷一六《杜畿传》。

按司马芳(防)即晋宣帝司马懿之父,此碑碑阴所刻杜畿职衔和"杜县",证实了杜畿籍贯即长安杜陵,以及他与司马芳(防)之间的门生故吏关系。如此说来,司马氏与杜氏家族间的渊源可以上溯到汉末①,此后,"杜"与"马"这一特殊关系又因联姻而不断深化,甚至一直影响到魏晋时代乃至东晋南朝杜氏家族的政治命运。

东汉末年黄巾起义后,天下大乱,杜畿弃官客居荆州,躲避战乱②。直到建安初年,关中与荆襄间关禁开放,杜畿始归乡葬母,回到长安,初为京兆尹张时属下卑官。但杜畿志向远大,不甘久为僚吏③,不久即前往曹魏政治中心许昌。经荀彧推荐,为司空司直。时值曹操平定河北,而高干于并州叛乱,河东郡将卫固、范先等人暗中与高干勾结,形势危急,曹操遂以杜畿为河东太守④。

杜畿能得到荀彧的推举与曹操的重用,都不是偶然的。早在东汉时期,社会上就已经出现了一批政治地位和文化修养优越于一般门户的大姓或冠族,他们垄断了地方政治,这些大姓中的才俊之士,即使是在东汉政权瓦解后,仍然是各割据政权的骨干。因此,当曹操积极网罗人才时,必然首先将目光投向这个群体⑤,如《三国志·荀彧传》裴松之注引《荀彧别传》:荀彧曾先后向曹操推荐

---

① 按此碑高 106 厘米,宽 98 厘米,1952 年西安市广济街出土,现存西安碑林博物馆。因碑身残裂为三,通称《司马芳残碑》。碑阳、碑阴存近 400 字,碑额篆书《汉故司隶校尉京兆尹司马君之碑颂》。目前学界已考定碑主司马芳即司马懿之父司马防,参阅杨励三:《司马芳残碑》,《文物》1965 年第 9 期。
② 《三国志》卷一六《杜畿传》。
③ 《三国志》卷一六《杜畿传》裴松之注引《魏略》。
④ 《三国志集解》卷一六《杜畿传》,中华书局 1981 年版。
⑤ 参阅唐长孺:《东汉末期的大姓名士》,《魏晋南北朝史论拾遗》,中华书局 1983 年版。

第三章 郡望分立的时代——魏晋南北朝时期的杜氏家族

过司马懿、华歆、王朗、郗虑、孙资、仲长统等"命世大才",这些人大多出自郡内大姓,"当世知名"。荀彧以"智策"之材向曹操举荐了杜畿。同大批两汉名门子弟一样,杜畿也被吸收进曹魏政权,并成为其中的骨干分子。

杜畿到河东后,果然不负众望,他首先平定了卫固,稳定了河东分崩离析的政局。同时力倡宽刑惠政,大兴文教,开学宫,亲自执经教授。又广开屯田,为曹操经略汉中、蒲阪提供了有力的保障,"军食仰给,有余蓄二十余万斛"①。杜畿在河东16年,考绩为天下最,时郡县残破,而河东最先实现了安定富庶,为曹魏以后河东地区的经济文化开发做出了贡献。魏文帝曹丕即位后,杜畿愈受重用,被征为尚书司隶校尉。文帝为征讨孙吴,又以杜畿为尚书仆射。不久,文帝出幸许昌,以杜畿居守洛阳。大约在黄初五年(224)七八月间,杜畿受诏造御楼船,在孟津试航时,不幸遇风浪溺水而死,享年62岁②。杜畿虽未能实现其辅佐魏室一统天下的政治理想,但他有大功于魏,在汉末魏初的历史上泽被当时,享誉后世③。

杜畿长子杜恕,字务伯,生于建安三年(198)④。杜畿卒后,杜恕继承了父亲爵位。虽然生长于贵胄之家,但杜恕入仕较晚,直至

---

① 《三国志》卷一六《杜畿传》。
② 《三国志》卷二《魏文帝纪》;同书卷一六《杜畿传》注引《魏氏春秋》。
③ 《魏故太原太守穆公墓志》(载赵超编:《汉魏南北朝墓志汇编》,天津古籍出版社1992年版)有"昔侯、黄两霸,妙辩烹鲜之术;诗、畿二杜,深达制锦之方"句。按"诗、畿二杜"一指东汉良吏杜诗,人称"杜母",一指杜畿。
④ 《三国志》卷一六《杜畿传》裴松之注引《杜氏新书》:嘉平元年(249)恕为程喜所谮徙章武郡,是时恕作《答宋权书》,自称年52,杜恕生年即据此推知。

而立之年,才以门荫为散骑黄门侍郎。据《三国志·杜恕传》注引《杜氏新书》记载:杜恕与冯翊李丰俱以父荫入仕,两人自幼即为好友,然而"及各成人,丰砥砺名行,以要世誉,而恕诞节直意,与丰殊趣。丰竟驰名一时,京师之士多为之游说。而当路者或以丰名过其实,而恕被褐怀玉也。由此为丰所不善。恕亦任其自然,不力行以合时",因此,"丰已显仕朝廷,恕犹居家自若。明帝以恕大臣子,擢拜散骑侍郎,数月,转补黄门侍郎"。杜恕为人磊落正直,言行不加文饰,他不仅入仕晚,仕途也颇多坎坷,在朝8年间,每"论议亢直","不结权贵",表现出可贵的政治品质,他在议刺史不领兵、议考课不如人尽其才、抨击尚书郎廉昭失职怠政等奏疏中,呼吁加强皇权,反对弱干强枝,鲜明地表达了自己的政治主张,"每政有得失,常引纲维以正言","专心向公,推诚以质"①。在魏末政坛中,难得有杜恕这样振聋发聩之声。然而杜恕狷介不群,以致"每与朝士不合,故屡在外任"②。他先后出任弘农太守、河东太守、幽州刺史等职。而与其父杜畿相比,杜恕"所在务存大体而已,其树惠爱、益得百姓欢心,不及于畿"。嘉平元年(249),因幽州军将误杀鲜卑边人,杜恕为征北将军程喜陷害,"下廷尉,当死"。司马氏因感念杜畿"溺水殉公之功",免杜恕为庶人,徙北边章武郡(今属河北)③。杜恕在章武,仍著述不辍,撰《体论》八篇、《兴性论》一篇。

---

① 《三国志》卷一六《杜畿传》及裴松之注。
② 同上。
③ 但也有史家认为杜恕实被司马氏迫害,如余嘉锡:《世说新语笺疏》(中华书局1983年版)"方正第五笺疏"云:"盖恕之得罪,实出懿意。杜氏子孙不欲言其祖与司马氏不协,故讳之耳。"

第三章 郡望分立的时代——魏晋南北朝时期的杜氏家族

嘉平四年(252),杜恕卒于贬所。

杜恕之子杜预(222—284),字元凯,自幼"博学多通,明于兴废之道"①。由于父亲杜恕被远谪章武,幽死他乡,杜预的成长伴随着家道中落,充满艰辛和挫折。史称杜预"少贱,好豪侠,不为物所许",故在仕途上"久不得调"②。时司马懿擅权,"内忌而外宽,猜忌多权变……大行杀戮。诛曹爽之际,支党皆夷及三族,男女无少长,姑姊妹女子之适人者,皆杀之"③。身处凶险的政治倾轧和异常奢靡腐败的上层社会中,杜预曾受到孤立和排挤,但他的政治禀赋和才能,还是得到了司马氏的赏识,大约在司马昭称晋公时(约为曹魏元帝景元四年),杜预娶司马懿之女、司马昭之妹高陆公主为妻。虽然他与司马懿的翁婿关系仅存在二三年,为时短暂④,但婚姻纽带进一步深化了杜氏家族与司马氏政权的联系。此后杜预渐渐显露出多方面的才干,并很快继承了祖父杜畿的爵位,进入了西晋政治权力的中枢。

在晋初政治生活中,杜预担当了重要的角色,他的政治作为,远过于王佑、贾充、裴秀甚至功勋卓著的羊祜等人。如他参与了晋初典章制度的创置和修定,与贾充修定了律令,并于泰始三年颁行

---

① 《晋书》卷三四《杜预传》。
② 《世说新语》卷中之上"方正第五"杜预条云:"杜预之荆州,顿七里桥,朝士悉祖。预少贱,好豪侠,不为物所许。杨济既名氏,雄俊不堪,不坐而去。"刘孝标注引《语林》曰:"中朝方镇还,不与元凯共坐。预征吴还,独榻,不与宾客共也。"(《四部丛刊》初编本。)
③ 《晋书》卷一《高祖宣帝》。
④ 《陈书》卷一七《袁敬传》:"当晋武践祚,而主已亡。泰始中,追赠公主,元凯无驸马之号。"又《晋书·杜预传》,预尚主在司马昭称晋公时(大约在263年),武帝司马炎即位在265年,时公主已亡故。

天下①。泰始年间,杜预出任河南尹,在职期间,以"京师王化之始,自近及远,凡所施论,务崇大体",成为各地官吏的表率②。此后杜预为度支尚书,治西北边事,共提建议50余条,皆为朝廷所采纳,诸如立籍田、建安边策、兴常平仓、定谷价、较盐运、制课调等等。此外,杜预还在富平津上建造桥梁,平吴后在江汉地区开辟屯田,兴修水利,"激用滍淯诸水以浸原田万余顷,分疆刊石,使有定分,公私同利"。又兴工开发汋汉达江陵故道,"开杨口起夏水,达巴陵千余里,内泻长江之险,外通零桂之漕",表现出锐于探索的精神③。杜预在朝多年,"损益万机,不可胜数",朝野称美,民谣称颂,誉之为"杜武库","言其无所不有",无所不能④。

杜预在西晋的最重要的贡献,还在于力主伐吴,并积极设计谋划,最终促使晋武帝坚定了伐吴的决心。太康元年(280),杜预拜征南大将军,陈兵江陵,率樊显、尹林、邓圭、周奇等部循江而上,旬日间即平定了孙吴政权,实现了全国的统一。杜预也因平吴之功,进爵当阳侯,增食邑至9600户。西晋武帝太康五年(284)末,杜预受征为司隶校尉,加位特进,在前往邓县的途中病卒,享年63岁。

从杜畿到杜预,杜氏三代以武功文略彪炳于世,到杜预建功西晋之际,杜氏家族也再次步入繁荣兴旺的时代。

早在东汉末年,世家大族的经济力量已呈现快速增长之势。在当时,世家子弟一方面通过跻身官僚阶层以获取俸禄,另一方面

---

① 《晋书》卷三〇《刑法志》。
② 《晋书》卷三四《杜预传》。
③ 同上。
④ 同上。

第三章 郡望分立的时代——魏晋南北朝时期的杜氏家族

则利用原有的经济基础进行更大的扩张,广占田亩,吸纳依附农民,世家大族富埒王侯的情况已很常见。而面对社会动荡不安的现实,强宗大姓往往聚族而居,亦耕亦武;渐渐地,一些大的宗族具有了既是经济生活共同体,又是战时自卫武装的功能,例如《三国志·田畴传》所记载的田氏宗族:

> 畴得北归,率举宗族他附从数百人,扫地而盟曰:"君仇不报,吾不可以立于世!"遂入徐无山中,营深险平敞地而居,躬耕以养父母。百姓归之,数年间至五千余家……畴乃为约束相杀伤、犯盗、诤讼之法,法重者至死,其次抵罪,二十余条。又制为婚姻嫁娶之礼,兴举学校讲授之业,班行其众,众皆便之,至道不拾遗。

再如《三国志》中李典之家族:

> 时太祖与袁绍相拒官渡,典率宗族及部曲输谷帛供军。绍破,以典为裨将军,屯安民……典宗族部曲三千余家,居乘氏,自请愿徙诣魏郡。太祖笑曰:"卿欲慕耿纯邪?"典谢曰:"典驽怯功微,而爵宠过厚,诚宜举宗陈力;加以征伐未息,宜实郊遂之内,以制四方,非慕纯也。"遂徙部曲宗族万三千余口居邺。太祖嘉之,迁破虏将军。

田畴庇护下的宗族,多达 5000 多户(包括为大姓所荫庇的部曲等),而田畴为之立法制、定仪规、兴学校,实行有效的管理。李典的大宗族人口也多达3000余家,并有武装,曾援助曹操击败袁绍。田、李两大宗族的生存模式表明,汉魏之际的世家大族,不仅宗族的凝聚力加强,规模也更为扩大,因而能在动荡不安的社会环境中顽强地生存下来。

京兆杜氏家族的发展,也大致符合这个时期整个世家大族的发展轨迹。

以杜畿房为例。如前所述,东汉末年,杜畿是以孝廉进身的孤寒之士,即便家族先祖声威犹在,但经济生活并不富裕,据《三国志·杜畿传》裴注所引《魏略》称:曹魏初年,杜畿由荆州护母丧归杜陵,途中遇盗,因身无财物,才幸免于难。及杜畿在曹魏政权中地位稳固后,封关内侯,始有封邑100户。杜恕继承父爵后,也致力于宗族的发展。明帝嘉平年间,杜恕一度以疾离职,在宜阳一带经营"一泉坞","因其垒堑之固,小大家焉"①。宜阳毗邻当时的首都洛阳,一泉坞原为历史悠久的军事要塞,"城在川北原上,高三十丈,南北东三箱,天险峭绝,惟筑西面,即为固"②。杜恕扶老携幼来此定居,一定还有部勒宗属、聚族自保的目的。虽然文献中没有关于当时杜氏家族人口、田产数目的详细记载,但从前所引《三国志·魏志》中田畴、李典的情况可以推知,至少在杜恕时期,杜氏家族拥有了自己的坞堡———一泉坞,并在此集中了宗族田产和大批部曲,开

---

① 《三国志》卷一六《杜畿传》裴松之注引《杜氏新书》。又《水经注·洛水》,"一泉坞"作"一合坞",而《三国志》卷一六《杜畿传》裴注、《晋书》卷六三《魏浚传》并作"一泉坞";《读史方舆纪要》卷四八"一泉坞"亦名"乙泉坞"。

② 《元和郡县图志》卷五《河南道·福昌县》"一全坞"条曰:"今县城即魏一全坞,城东南北三面天险峭绝,后周置重兵于此,以备高齐。"又见《通典》卷一七七《州郡·河南·福昌县》。

第三章 郡望分立的时代——魏晋南北朝时期的杜氏家族

始形成了规模可观、能耕能战的宗族坞堡。

杜恕晚年被谪放章武、褫夺了爵位,直至甘露二年(257)乐祥上疏缅怀杜畿功绩,朝廷才封杜预为丰乐亭侯,食邑100户。此后杜氏家业的复兴十分迅速,特别是在杜预为晋文帝驸马后,又因出任镇西长史,"寮佐并遇害,唯预以智获免"之功,增食邑至1300户。待平定吴国,又增邑至9600户,其少子杜耽也因此而受封为亭侯,食邑1000户。从杜氏家族这些数以万计的食邑户的存在,以及在法律内所应享有的占田荫客特权来看,西晋初年杜氏家族的祖业得以光复,其宗族规模之庞大,经济实力之雄厚,都是不难想象的,而这些因素,奠定了京兆杜氏在魏晋之际享有崇高社会地位,并能自立于门阀士族之林的重要基础。

汉代以来,世家大族曾经表现为强大的地方势力,他们在原籍的田园产业成为其社会地位和政治地位的坚固基石。而祖先坟墓往往又与家族地产相联系,某一宗支的家业在哪里,其不祧之祖的坟茔往往也在哪里。祖茔或墓田,代表着世家大族在乡间的经济、社会基础,丘垄成行,象征着家族的地方根基已相当深厚,正如陈寅恪《论李栖筠自赵徙卫事》一文所指出的:

> 吾国中古士人,其祖坟住宅及田产皆有连带关系。观李吉甫,即后来代表山东士族之李党李德裕之父所撰《元和郡县图志》,详载其祖先之坟墓住宅所在,是其例证。其书虽未述及李氏田产,而田产亦当在其中,此可以中古社会情势推度而知者[1]。

---

[1] 陈寅恪:《金明馆丛稿二编》,上海古籍出版社1980年版,第2页。

杜氏家族的情况也大体如此,据《通典》卷一七七《州郡》河南"福昌县"条注云:"魏尚书仆射杜君畿、幽州刺史杜君恕墓并在今县北。"按福昌本属东汉宜阳县,即杜氏家族的坞堡—泉坞的所在地。杜畿、杜恕父子死后,均葬在这里。只是至杜预时,情况稍有变化,即杜预生前就自己选定了河南偃师之首阳山为墓地,据《晋书·杜预传》:

> 预先为遗令,曰:"……吾去春入朝,因郭氏丧亡,缘陪陵旧义,自表营洛阳城东首阳之南为将来兆域。而所得地中有小山,上无旧冢。其高显虽未足比邢山,然东奉二陵,西瞻宫阙,南观伊洛,北望夷叔,旷然远览,情之所安也。故遂表树开道,为一定之制。至时皆用洛水圆石,开隧道南向,仪制取法于郑大夫,欲以俭自完耳。棺器小敛之事,皆当称此。"子孙一以遵之。

杜预因身为西晋勋贵之首,故有陪陵之义,因此将茔墓选定在洛阳东北,按《通典》卷一七七《州郡》河南"偃师"条:"有首阳山……晋当阳侯杜元凯墓在西北。"也证明了杜预葬在首阳一事。魏晋时期杜氏的祖茔大体围绕在洛阳一带(杜畿、杜恕墓在洛阳西南,杜预墓在洛阳东北),这个事实说明,魏晋时期杜氏家族的社会经济基础集中在洛阳一带,其更深刻的内涵,是杜氏家族政治上与魏晋王室的密切关系。直到西晋永嘉之乱爆发,杜预子孙星分南北,杜氏家族这种以河洛为中心建立茔地的格局才彻底改变。

二、永嘉之乱后杜氏南北诸郡望的分立

自西晋永嘉末年开始,北方的匈奴、羯、氐、羌等少数民族政权日渐强大,匈奴贵族刘渊、刘曜父子乘西晋"八王之乱"后朝政失驭之机,率数十万大军南下中原,先攻克洛阳,继下长安,掳晋愍帝至平阳,西晋遂告灭亡。其时,中原涂炭,干戈扰攘,北方中国战乱频仍,民众迁徙之频繁,士族籍贯变动之剧烈,几乎是前所未有的。铁骑兵燹后,"洛京倾覆,中州士女避乱江左者,十六七"①,"中原冠带,随晋室渡江者百家"②。一大批士族纷纷挟宗族、部曲南渡,形成了东汉末年以来又一次移民大潮③。

汉魏关中著姓杜氏家族,也未能免此劫难,据《晋书·载记第六·石季龙》:

> 镇远王擢表雍、秦二州望族,自东徙以来,遂在戍役之例,既衣冠华胄,宜蒙优免。从之。自是皇甫、胡、梁、韦、杜、牛、辛等十有七姓,蠲其兵贯,一同旧族,随才铨叙。思欲分还桑梓者听之。其非此等,不得为例。

按此事发生在后赵石虎建武四年(338),文中的王擢为石虎大

---

① 《晋书》卷六五《王导传》。
② 《北齐书》卷四五《文苑·颜之推传》颜之推《观我生赋》自注。
③ 又如《晋书》卷六七《郗鉴传》:永嘉之乱后,鉴率乡里千余家,避难于鲁之峄山,三年间,众至万人。后郗鉴又率众屯广陵。

将①,"镇远"似为"镇远将军"②。京兆杜氏与雍、秦二州的望族皇甫、胡、梁、韦、牛、辛等17姓,同被强制迁徙,沦为石赵奴役下的戍卒,直到王擢表奏此事,以上几家"衣冠华胄"的处境才得以改变,不仅被免去了兵籍,还被准许返回故里。而这一支杜氏的遭遇,仅仅是当时淹留北方的士族家族多舛命运的一个缩影。

值此多事之秋,杜预家族原有的宗族生活土崩瓦解,子孙辗转流徙,星分南北,如杜预诸儿孙流散四方,渐渐形成了南北两系以及若干个新的郡望。据林宝《元和姓纂》记载,杜氏共有14个郡望,即京兆、襄阳、中山、濮阳、洹水、陕郡、安德、扶风郿县、偃师、成都、河东、齐郡、醴泉、河南③。但钩稽考索文献,还会发现实际存在的杜氏郡望更多,还有如交州、钱塘、庐江等杜氏的存在。这些郡望分布在今陕西、河南、河北、山东以及湖北、四川、江西、浙江等地。其中的大多数郡望一直存在并发展到隋唐时期,个别的如交州杜氏早在南朝就已经没落了。

杜氏诸郡望的划分,如依地域,可为南北两大系统;若从血缘,则可区别为出自杜预系统、后被视为杜氏本宗的京兆郡望,和出自其他支系如洹水、中山以及其他族源未明的郡望。本书即结合以上两个方面,分别考察南北朝时期杜氏各郡望的历史变迁。

---

① 《晋书》卷八《孝宗穆帝纪》:永和八年秋七月,大雩。遣使请降,拜王擢为征西将军、秦州刺史。

② 《晋书》卷一一六《载记第一六·姚苌》:"貳城胡曹寅、王达献马三千匹。以寅为镇北将军、并州刺史,达镇远将军、金城太守。"又同书卷一一七《载记第一七·姚兴上》:"乞伏乾归以穷蹙来降,拜镇远将军、河州刺史、归义侯,复以其部众配之。"但"镇远将军"历朝均设,驻地也不固定。这里王擢所在的地区,似在河西陇右。

③ 《元和姓纂》所记杜氏中,由独孤浑氏改姓而来的"河南望"或即濮阳望,详见本书附录一:《濮阳杜氏:一个由胡姓演变而来的杜氏郡望》。

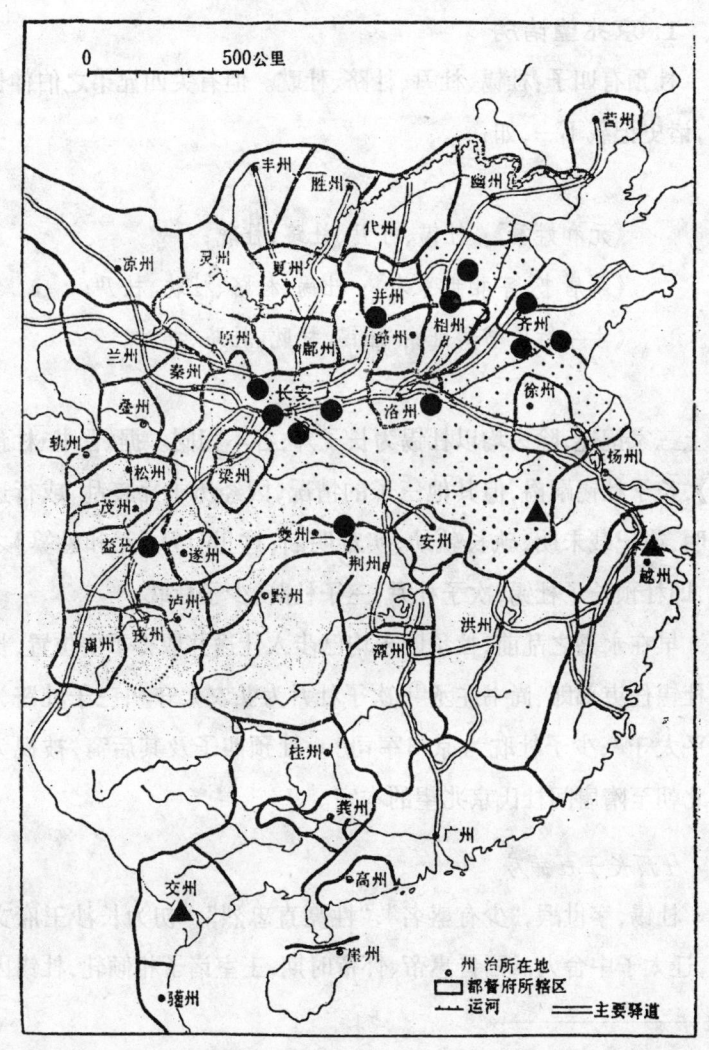

第三章 郡望分立的时代——魏晋南北朝时期的杜氏家族 57

按：原图根据严耕望《唐史研究丛稿》第237—284页绘制的《唐代中国图》，作者添加了郡望标识：

- ● 《元和姓纂》中的杜氏郡望　　▲ 实际存在的杜氏郡望

附图七：杜氏诸郡望分布示意图

1. 京兆望诸房

杜预有四子:杜锡、杜尹、杜跻、杜耽。但有关四兄弟之伯仲长幼,诸史记载不一,如:

《元和姓纂》:杜锡、杜尹、杜跻、杜耽;
《新唐书·宰相世系表》:杜锡、杜跻、杜耽、杜尹;
《古今姓氏书辩证》:杜锡、杜耽、杜跻、杜尹。

以上三家记述,除去均以杜锡为长子外,各不相同。据《晋书·杜预传》,长子杜锡嗣爵,但其他三子的情况,因经历永嘉丧乱,或行迹不明,或记载未明,孰长孰幼,实难明断,这里且从《元和姓纂》之说,即杜预长子杜锡,次子杜尹,三子杜跻,少子杜耽。

早在永嘉之乱前,杜预四子均已步入仕途并取得重要位置,长子杜锡任吏部郎、尚书左丞①;次子杜尹为弘农太守②;三子杜跻为新平太守③;少子杜耽为凉州军司④。杜预四子及其后裔,被视为南北朝至隋唐间杜氏京兆望的本宗。

杜预长子杜锡房

杜锡,字世嘏,"少有盛名","性亮直忠烈"。初为长沙王府文学,迁太子中舍人。西晋惠帝、怀帝时期,王室诸子相倾轧,杜锡因

---

① 《晋书》卷三四《杜预传》。
② 《晋书》卷六三《魏浚传》。
③ 《元和姓纂(附四校记)》卷六杜氏条。
④ 《晋书》卷八六《张轨传》,《元和姓纂(附四校记)》卷六杜氏条作凉州刺史。

第三章 郡望分立的时代——魏晋南北朝时期的杜氏家族

"屡谏愍怀太子",为太子所忌,虽官至吏部郎、尚书左丞,但由于中年早逝,杜锡一生未能有更大的作为,似乎也没有经历永嘉之乱①。

杜锡子杜乂(？—321),字弘治,青年时期随晋王室南渡。东晋政权建立之初,受到大批南渡士族的拥戴,根基逐渐稳固,因此积极网罗北方士族中的"贤人君子"②,所谓"王与马共天下",以王导为首的士族集团与司马氏政权密切合作的"士族政治"就出现在这个时期③。杜乂没有更多地涉足政治生活,他承父祖余荫,袭封当阳侯,辟公府掾,在东晋士族中始终保持着玄学名士的身份,"才名冠世"④。史称杜乂"性纯和,美姿容","有盛名于江左",王羲之曾称赞他:"肤若凝脂,眼如点漆,此神仙人也!"司徒蔡谟也十分器重杜乂,逢人便称"恨诸君不见杜乂也"⑤。可惜杜乂与其父杜锡一样早卒,没有著作传世。

东晋一朝,杜乂一支仍保持着汉魏旧族的煊赫声望,其婚姻状况和社会关系都充分反映了这一点。杜乂妻子裴氏⑥,为晋末河东名士裴遐之女,东晋名士、太尉王衍之外孙,所谓"中表之美,高于当世"⑦,"裴、王二族于魏晋之世"贵盛,"时人以八裴方八王",

---

① 《晋书》卷三四《杜预传》。
② 《晋书》卷六五《王导传》。
③ 参阅田余庆:《释"王与马共天下"》,载《东晋门阀政治》。
④ 《晋书》卷七三《庾亮传附庾翼》。
⑤ 《晋书》卷九三《外戚·杜乂传》。
⑥ 按《晋书》卷三二《后妃下·成恭杜皇后》曰裴氏名穆,同书卷九三《外戚·杜乂传》则曰谥穆,两存之。
⑦ 《晋书》卷三二《后妃下·成恭杜皇后》。

以裴遐比王导①。而裴氏同时又与晋王室联姻,如裴遐从妹为东海王司马越妃子。杜乂自己不仅与河东大姓裴氏联姻,还通过妻族与司马氏、琅琊王氏建立了社会关系。杜乂卒后,遗孀裴氏继续得到东晋王室的封赏,享荣华富贵多年,"立第于南掖门外",世人称之为"杜姥宅"。至晋成帝时,杜乂与裴氏所生之女、杜预曾孙女杜陵阳,又以"奕世名德"被选为晋成帝皇后,即成恭皇后。而当时成帝尚幼,王敦、庾亮辅政,因此这桩婚事极有可能是由王、庾促成的。继杜预为西晋王室驸马近百年之后,杜氏家族与司马氏再度联姻。

杜锡后裔杜悫房

在《晋书》等史传中,杜预长子杜锡的后嗣似乎只有杜乂一人,但据《元和姓纂》卷六杜氏条记载:

……元凯,晋荆州刺史、征南大将军当阳侯,长子锡,曾孙悫,生楚、秀,秀玄孙杲②,后周尹兴太守。

按晋史记载,杜锡之子杜乂无子,因此《元和姓纂》记载的杜锡"曾孙悫"一支,应非出自杜乂,也就是说,在杜乂之外,杜锡至少还有一子,即杜悫的祖父,但此人名字、身世不详,只知其永嘉之乱后也

---

① 《晋书》卷三五《裴秀传》。
② 关于杜悫二子的情况,《元和姓纂》杜氏条与《新唐书》卷七二《宰相世系表》、《古今姓氏书辩证》杜氏条所记略同,惟杜秀之子,《元和姓纂》作"杜果",其他二书均作"杜杲",且以杜杲为杜秀子。岑仲勉《元和姓纂》校记据《金石萃编》卷四四、《周书》卷三九《杜杲传》中"杲字子晖"断定作"杲"是。今从岑说。

第三章 郡望分立的时代——魏晋南北朝时期的杜氏家族

留在了北方。杜恕生杜楚、杜秀。在杜秀的子孙中,颇多有名望者,如杜建、杜皎、杜瓒、杜杲及杲兄长晖,均是北魏、北周政权中有影响的人物,如杜建为北魏辅国将军;杜皎,仪同三司、武都郡守;杜长晖,北周仪同三司。至于杜杲,则学涉经史,有当世干略,深得族叔杜瓒的赏识,称他为"吾家千里驹"。杜杲入仕北周后,曾奉命使陈,"陈文帝大悦,即遣使报聘,并略黔中数州之地,仍请画野分疆,永敦邻好"①。入隋以后,杜杲加开府仪同大将军,进爵为侯,邑1300户,不久又进爵为公。开皇初年,杜杲迁工部尚书、除西南道行台兵部尚书(北朝以来,行台往往专理一方军政,权力崇重,隋文帝时期的行台尚书省,则多以皇子杨广、杨俊等担任),为隋廷重用。《周书·杜杲传》"史臣论曰"在评价北朝京兆杜恕及其家族时,将其与梁昕、皇甫璠、辛庆之、王子直同作为"或纡组登朝,获当官之誉;或张旃出境,有专对之才。既茂国猷,克隆家业",在北朝周隋颇有政治作为的"关右之旧族",一并称美。至唐代,杜杲后裔仍余绪绵延,人物辈出。

杜恕之外,北朝诸杜中与鲜卑王室联姻、政治地位较高的人物,还有杜杲族叔、后魏始平公杜瓒及其一房。杜瓒,北魏新丰公主(魏孝武帝元修之妹)驸马,历任北魏黄门侍郎兼度支尚书、卫大将军,史称"清贞有识鉴"②。杜瓒一支子嗣兴旺,其中不乏人才,如杜瓒之子杜士峻、杜士琳;杜士琳子杜仁则,官银青光禄大夫、上大将军;孙杜延福,赵州长史;曾孙杜元汜、杜元道、杜元

---

① 《北史》卷七〇《杜杲传》。
② 《周书》卷三九《杜杲传》,《元和姓纂》作"攒"。

逞。此外,唐中书令、崔知温夫人杜德即出自此房,杜德高祖即杜瓒①。杜瓒家族闺门整肃,礼法谨严,加之联姻北魏王室及著名士族清河崔氏,世代簪缨,堪称北朝周隋间最有影响的士族家族之一②。

综合史传碑志材料,作北朝杜锡后裔杜悊房世系表(延至唐):

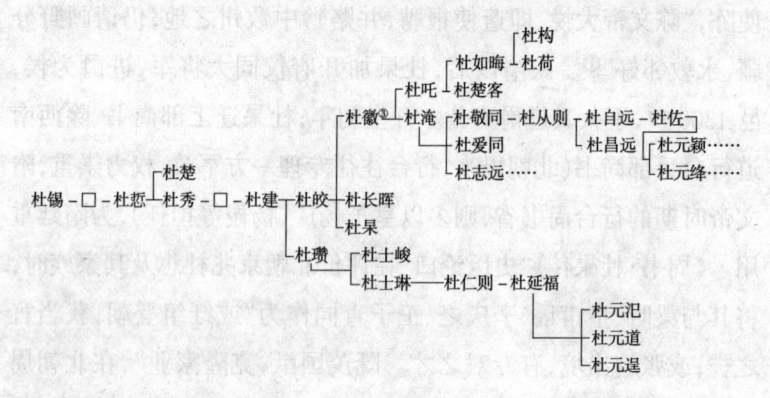

```
                                                    ┌─杜构
                                              ┌─杜如晦─┤
                                              │      └─杜荷
                                        ┌─杜吒─┤
                                        │     └─杜楚客
                                  ┌─杜徽③─┤      ┌─杜敬同─杜从则─┬─杜自远─杜佐
                                  │     └─杜淹─┤              └─杜昌远─┬─杜元颖……
                                  │            ├─杜爱同                  └─杜元绛……
                                  │            └─杜志远……
  杜锡─□─杜悊─杜秀─□─杜建─┬─杜皎─┬─杜长晖
                                  │      └─杜杲
                                  └─杜瓒─┬─杜士峻
                                         └─杜士琳──杜仁则─杜延福
                                                              ┌─杜元氾
                                                              ├─杜元道
                                                              └─杜元逞
```

杜预次子杜尹后裔——杜颙房

如前所述,永嘉之乱发生时,杜预次子杜尹为西晋弘农太守,

---

① 周绍良主编:《唐代墓志汇编》(上)开元159《唐故中书令赠荆州大都督清河崔府君妻齐国太夫人杜氏墓志铭并序》。按杜德碑所记世系,与史传及《元和姓纂》资料相吻合,但碑文中杜琳的官阶与杜瓒相同,疑碑文在"后魏黄门侍郎,度支尚书、驸马督尉"之后,脱去"瓒之子"三字。

② 杜徽,即杜晔。有关杜悊、杜瓒的世系与事迹,除《周书》卷三九《杜杲传》、《旧唐书》卷六六《杜如晦传》、《元和姓纂》外,还见诸《宝刻丛编》卷八引《京兆金石录》、《杜元道碑》、《杜元恭墓志》、《金石苑·杜昆吾石龛像铭》等。此房支的世系表也参考以上文献编制。

③ 《金石录》卷二三《杜如晦碑》,唐贞观四年虞世南奉诏作,称"如晦祖徽",其祖父名讳不应有误。根据《新唐书》卷七二《宰相世系表》"皎生徽,徽字晔,生吒、淹"的记载,可以判断杜晔与杜徽为同一人,徽为名,晔为字。

第三章 郡望分立的时代——魏晋南北朝时期的杜氏家族

因率部伍退守洛阳一泉坞,为乱兵所害①。历北朝周隋200年间,杜尹子孙一直未离北土。北魏末至东魏初,这一房支已有相当高的社会地位,如杜尹五代孙杜洪太②,字道廓,北魏孝文帝时,与族人杜铨同为中书博士③,后出使高丽,除安远将军、下邳太守。太和年间(477—499),除鹰扬将军、绛城镇将,带新昌、阳平二郡太守。杜洪太一支子孙繁盛,在北魏、东魏政权中均有突出的作为。

杜洪太有二子:杜祖悦、杜颙,皆有声迹。

杜祖悦,字士豁,初为大将军刘昶参军事,后迁天水、仇池二郡太守,行南秦州事。魏孝明帝正光年间(520—525),入为太尉、汝南王府咨议参军。祖悦子长文,字子儒,官至挽郎、员外散骑侍郎,后迁尚书郎,以跟随叔父杜颙守岐州有功,赐爵始平伯,加平东将军。东魏孝静帝天平末年(534—537),卒于安西将军职上,赠中军将军、度支尚书、雍州刺史。长文四弟子达,东魏武定中(543—550),为文襄王大都督府户曹参军。

杜颙,字思颜,活跃于北魏末年,历任征虏将军、东荆州刺史、镇西将军、光禄大夫,以勋赐爵安平县开国公,食邑500户。大约在东魏初年,为征西将军、金紫光禄大夫,战死关西④。杜颙有六子:杜景懋、杜景仲、杜景骧、杜景峻、杜景恭、杜景秀,家族

---

① 《晋书》卷六三《魏浚传》。
② 《新唐书》卷七二《宰相世系表》作"泰"。
③ 《魏书》卷四五《杜铨传》。
④ 《魏书》卷四五《杜铨传》。有关杜颙活动之时代及官爵,诸史记载略有不同:《元和姓纂》称杜颙为"西魏安平公、雍州刺史、赠太尉";但《古今姓氏书辩证》则称杜颙为后周安平公、雍州刺史,赠太尉。今据《魏书·杜铨传》及杜牧《自撰墓铭》(《樊川文集》卷十,《四部丛刊》初编本),杜颙为北魏安平公、征西将军,赠太尉,东魏初卒。

繁茂①。自杜颙开始,这一支子孙即以京兆之少陵为家族墓地,世世代代归葬少陵②。入唐后,有杜颙裔孙杜行敏,官至常州刺史、荆益二长史,封南阳襄公。行敏生崇悫,崇悫生希望,玄宗时任陇右节度使。希望生佑等数子。佑孙牧,享誉晚唐文坛。总之,自杜希望、杜佑父子崛起于中唐,子孙繁茂,杜颙后裔再度成为一代名门。

附:杜预次子杜尹后裔——北朝杜颙房支世系表:

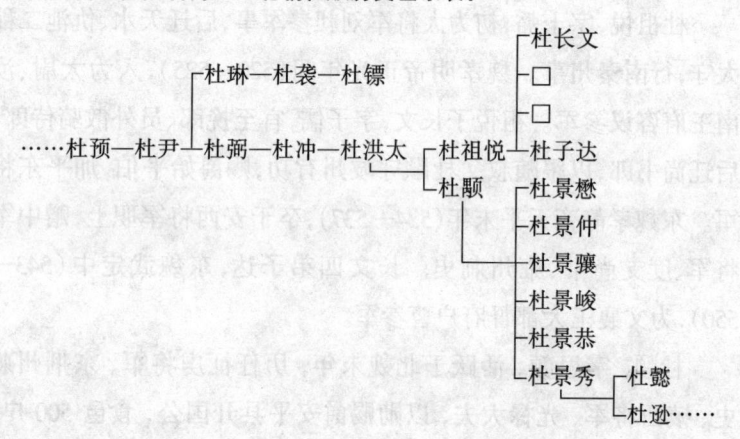

```
                  ┌杜琳—杜袭—杜镖                ┌杜长文
                  │                              ├□
                  │                              ├□
……杜预—杜尹┤杜弼—杜冲—杜洪太 ┌杜祖悦─┤杜子达
                  └杜颙        ├杜景懋
                               ├杜景仲
                               ├杜景骧
                               ├杜景峻
                               ├杜景恭
                               └杜景秀 ┬杜懿
                                       └杜逊……
```

杜预第三子杜跻裔孙杜铨房支

杜跻为杜预第三子,永嘉之乱时为新平太守。杜跻一房也淹留北地,在北方民族政权中任职。杜跻子杜胄,曾为前秦苻坚太尉③,杜胄之子杜嶷,为后燕(一说苻秦)秘书监,后举家迁居赵郡。

---

① 《古今姓氏书辩证》卷二四杜氏条。
② 杜牧:《自撰墓铭》云:"后魏太尉颙,封安平公,及予九世,皆葬少陵。"
③ 关于杜胄的官职,《元和姓纂》作"太尉",《魏书》则作"太尉长史",两者相去甚远,暂从《元和姓纂》。

第三章 郡望分立的时代——魏晋南北朝时期的杜氏家族

杜嶷之子杜铨。综合《元和姓纂》和《魏书》,杜预至杜铨计五代,即:

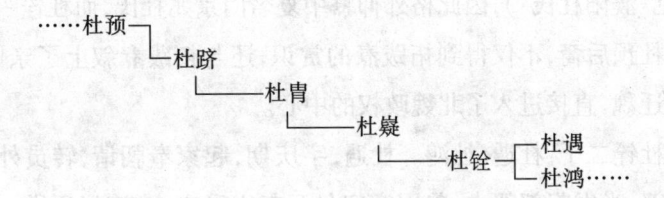

```
……杜预┐
       └杜跻┐
            └杜胄┐
                 └杜嶷┐
                      └杜铨┬杜遇
                           └杜鸿……
```

杜铨,字士衡,北魏初年以博学,有长者风,与卢玄、高允等同被征为中书博士,为当时奉诏"应命"的 35 名汉族士族之一[①],受到北魏太武帝拓跋焘的重用,据《魏书·杜铨传》:

> 初,密太后父豹丧在濮阳,世祖欲命迎葬于邺,谓司徒崔浩曰:"天下诸杜,何处望高?"浩对京兆为美。世祖曰:"朕今方改葬外祖,意欲取京兆中长老一人,以为宗正,命营护凶事。"浩曰:"中书博士杜铨,其家今在赵郡,是杜预之后,于今为诸杜之最,即可取之。"诏召见。铨器貌瑰雅,世祖感悦,谓浩曰:"此真吾所欲也。"以为宗正,令与杜超子道生迎豹丧柩,致葬邺南。铨遂与超如亲。超谓铨曰:"既是宗近,何缘复侨居赵郡?"乃迎引同属魏郡焉。迁散骑侍郎,转中书侍郎,赐爵新丰侯。

按此事发生在北魏初期;以拓跋焘安葬岳父杜豹为契机,杜铨得与

---

① 《魏书》卷四八《高允传》载高允所作《征士颂》。

杜超叙亲,并举家由赵徙魏,而此时杜氏已有若干郡望分散各地,以至于有了"天下诸杜,何处望高"的说法。拓跋氏因外祖亦姓杜(详见"濮阳杜氏"),因此格外仰慕中夏名门京兆杜氏,而杜铨一支因是杜预后裔,不仅得到拓跋焘的赏识,还与拓跋焘叙上了亲旧,由赵迁魏,直接进入了北魏政权的中心。

杜铨二子:杜遇、杜鸿。杜遇,字庆期,起家奉朝请,转员外散骑侍郎、尚书起部郎中,曾因窃官材瓦起立私宅,为清议所鄙。后迁龙骧将军、中散大夫,出为河东太守。杜鸿,魏孝武帝永熙年间为司徒仓曹参军,仕宦不显[1]。另有杜铨后人杜子振,字季元,北魏太和初举秀才,卒于中书博士。

属于杜预四子后裔的京兆杜氏,除去以上五房外,还有据称是东汉杜敦、杜笃兄弟后裔的两房:一为杜敦之后,北魏枺阳太守杜登。杜登之孙杜良,为北周熊州刺史;良生敦,仕隋为郑州刺史;敦生弘,弘生爽,仕唐为驾部郎中;爽生进。二为杜整一房。杜整字皇育,京兆杜陵人也;祖杜盛,魏直阁将军、颍川太守;父杜辟,渭州刺史,据称为杜笃十二代孙[2]。史称杜整"少有风概",骁勇有膂力,好读孙、吴《兵法》。西魏大统末年,袭爵武乡侯,北周太祖引为亲信。后被宇文护之子中山公所器重,授都督、迁仪同三司,拜武州刺史。随周武帝平齐有功,进爵、增封邑。入隋朝后,杜整加封长广郡公,拜左武卫将军。开皇年间,为行军总管兼元帅长史,抗御突厥。又进取陈之策,为隋文帝所赏识,以行军总管镇襄阳,但

---

[1] 《魏书》卷四五《杜铨传》。
[2] 《元和姓纂(附四校记)》卷六杜氏条。

第三章 郡望分立的时代——魏晋南北朝时期的杜氏家族 67

杜整平陈前去世,没有为隋统一建立功业。

杜整弟杜肃,亦有志行,开皇初,为通直散骑常侍、北地太守。杜整子杜楷嗣爵①,官至开府。杜楷有三子:杜元义、杜元逸、杜元景,均仕唐,为郎官、刺史。

2. 襄阳杜氏两房支——从"中华高族"到南渡"荒伧"

襄阳杜氏是杜氏的一个重要支系,出自杜预少子杜耽之后②。在林宝《元和姓纂》所记唐代杜姓的14个郡望中,襄阳与京兆、濮阳、洹水、中山等属于地位显赫的郡望③。而唐宋时期其他与姓氏有关的文献中,都将襄阳杜氏作为杜氏重要郡望之一④。

襄阳杜氏族属考辨

在《元和姓纂》中,杜审言、杜甫祖孙房支为襄阳望的代表人物,而在《新唐书·宰相世系表》中,则以玄宗名臣杜希望、德宗宰相杜佑父子房支为襄阳望。此后的谱系文献,又多因袭《新唐书》的说法,以致杜佑为襄阳望的说法流布甚广⑤。清人孙星衍说:"姓

---

① 《隋书》卷五四《杜整传》,《元和姓纂(附四校记)》卷六杜氏条作"揩"。
② 《元和姓纂(附四校记)》卷六杜氏条。
③ 同上。
④ 如在宋陈彭年等重修的《广韵》卷三《十姥·杜姓》中,杜氏也分京兆、襄阳、濮阳三望,而《广韵》内容多出自孙愐《唐韵》,其中有关郡望的记载,极有可能是《唐韵》作者所处时代,即唐玄宗时期士族郡望实际情况的反映。参考池田温:《唐代の郡望表(上、下)——九·十世紀の敦煌寫本を中心として》,《東洋学報》第42卷,1959年。
⑤ 《古今姓氏书辩证》卷二四杜氏襄阳望因袭《新唐书·宰相世系表》之说,惟于乾祚后又加入杜甫一支,即杜佑、杜甫两支同属襄阳望。又宋马永卿《嬾真子》引《杜氏家谱》,也以杜佑一支为襄阳房(望),而杜甫一支却未予收入,与《新唐书》如出一辙。

氏与郡望相属,乃知宗派所出。"① 杜审言与杜佑一支究竟谁应属于襄阳望,是必须首先予以说明的问题。

首先,杜佑对于自己家族所属的郡望,一直有明确的说法,他在《杜城郊居王处士凿山引泉记》称:"京兆杜佑,远祖西汉建平侯(按此指杜延年),家于杜陵,绵历千祀。"② 杜佑孙杜牧,以及武宗朝做过宰相的杜悰,也都自称"杜陵人"或"京兆人"。此外,在文献和唐人言论中,也绝无以杜佑一支为襄阳望者,如在权德舆所作杜佑遗爱碑及墓志铭中,均称杜佑出自京兆杜陵③。反之,在唐朝人心目中,真正的襄阳杜氏是杜审言、杜甫一支。如宋之问在与杜审言的送别诗《三月三日于灞水曲钱豫州杜长史别昆季序》中称:"言辞灞滻,将适荆河。恋旧乡之乔木,藉故园之芳草。"④ 显然,在这里宋之问是把"荆河"与杜审言的"故园"相联系的。襄阳为古荆河州,故此"荆河"即代指襄阳。又如唐高宗时,杜易简曾与吏部侍郎李敬玄因事发生冲突,李讥称易简为"襄阳儿"⑤。另据《太平广记》卷二五四引《御史台记》,杜怀瑶后裔杜文范也被唐人称作"襄阳人"⑥。总之,在唐代杜氏的众多支系中,杜审言、杜甫一支属于地地道道的襄阳望,杜希望、杜佑一支则与襄阳杜氏无涉。

既然杜尹后人并无属籍襄阳的历史,《新唐书》将杜佑归属襄

---

① 孙星衍:《校补元和姓纂辑本序》,载《元和姓纂(附四校记)》。
② 《文苑英华》卷八二八。
③ 《权载之文集》卷一一《岐国公杜公淮南遗爱碑铭》,《四部丛刊》初编本。
④ 《文苑英华》卷七一九。
⑤ 《新唐书》卷二〇一《文艺上·杜审言附易简传》。
⑥ 据《新唐书》卷五八《艺文志》,有韦述、韩琬著两种《御史台记》,上引杜文范条虽未详出自其中哪一种,但韦、韩二人均为唐后期人士。

第三章 郡望分立的时代——魏晋南北朝时期的杜氏家族

阳望显然是缺少史实依据的。那么,《新唐书》的错误又是如何出现的呢？从相关的史传资料来看,如果说杜佑先祖与襄阳有何特殊联系的话,恐怕要追溯到西晋平吴后,杜预曾驻襄阳,且刻石碑"纪其勋绩","立岘山之上"①。也正因此,晋以后杜氏子孙的封爵,也就有了"襄阳"字样,而杜佑之父杜希望也因此而得到过"襄阳县男"、"襄阳公"的封号②。也许是《新唐书》的作者误将杜希望的封爵等同于郡望(尽管两者有时是一致的),于是有关谁应归属襄阳与京兆郡望的错误就这样产生了。

永嘉之乱与襄阳望的独立

永嘉之乱前,京兆杜氏还处在鼎盛时期。永嘉乱发时,杜预少子杜耽正滞留河西,为凉州军司③,因而命运更加坎坷。据《元和姓纂》卷六杜氏襄阳望条:

> 当阳侯元凯少子耽,晋凉州刺史;生顾,西海太守;生逊,过江。随元帝南迁,居襄阳。逊官至魏兴太守,生灵启、乾元④。

从字面上判断,"过江,随(晋)元帝南迁,居襄阳"者,应该是杜逊。

---

① 《晋书》卷三四《杜预传》。
② 《权载之文集》卷一一《岐国公杜公淮南遗爱碑铭》。
③ 《晋书》卷八六《张轨传》。按军司一职,为西晋改师置,为军府主要僚属,佐主帅统带军队,监察主帅,地位重要,亦常继任主帅,杜预、卫瓘均曾由军司继任主帅(见《晋书》卷三四《杜预传》)。然《元和姓纂(附四校记)》卷六杜氏襄阳望称杜耽为凉州刺史。或杜耽先为凉州军司,继为刺史。
④ 据《元和姓纂(附四校记)》卷六杜氏条罗振玉校"乾元"应为"乾光"。

综合《元和姓纂》所提供的线索,杜灵启、杜乾元五代以来的世系为:

```
……(高祖)杜预——(曾祖)杜耽——(祖)杜顾
                                    |
                               (父)杜逊—┬—杜乾光……
                                        └—杜灵启……
```

又据《宋书》卷六五《杜骥传》提供的线索:"(杜)骥高祖预,晋征南将军,曾祖耽,避难河西,因仕张氏。苻坚平凉州,父祖始迁关中。"① 则杜骥五代以来的世系为:

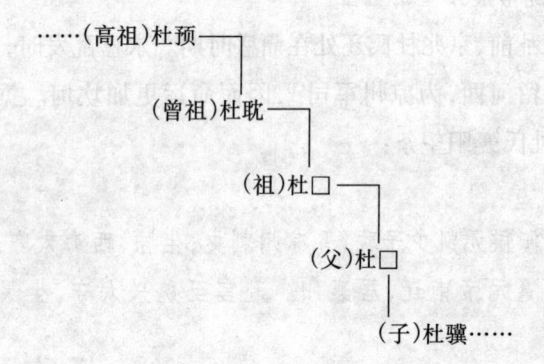

```
……(高祖)杜预
        |
   (曾祖)杜耽
        |
    (祖)杜□
        |
    (父)杜□
        |
    (子)杜骥……
```

总之,杜耽之子至少有两房,一房为杜顾,另一房为《宋书》中未提及名字的杜骥的祖父,而这一房的子孙杜骥(骥还有一兄弟坦)与杜顾的子孙灵启、乾光兄弟,是同出于曾祖杜耽的从兄弟。只是这两房子孙向南迁徙的路线和时间略有不同,杜顾一支永嘉之乱后径随晋元帝司马睿南渡,时间大约在317年以后不久;而杜

---

① 《宋书》卷六五《杜骥传》,《南史》卷七〇《循吏·杜骥传》。

骥祖父一支曾寓居河西,据《晋书·地理志》:

> 晋惠帝永宁中,张轨为凉州刺史,镇武威,上表请合秦、雍移人于姑臧西北,置武兴郡……是时中原沦没,元帝徙居江左,轨乃控据河西,称晋正朔,是为前凉。

由于前凉政治安定,遂成为"秦、雍移民"(其中包括很多关中士族家族)的避难之所,杜骥之父大概也夹杂在这些移民中,暂栖身河西。及苻坚平凉州,始迁返关中,直到宋武帝刘裕伐灭后秦(417),杜骥这一房才随之过江,在襄阳定居下来。如此说来,杜耽两房子孙南渡的时间前后至少相差了100年。而杜耽应为襄阳杜氏的不祧之祖。

陈寅恪在言及永嘉之乱后南渡士族问题时曾说:"至南来北人之上层社会阶级,本为住居洛阳及其近旁之士大夫集团,在当时政治上尤其在文化上有最高之地位,晋之司马氏皇室既舍旧日之首都洛阳,迁于江左之新都建业,则此与政治中心最有关系之集团自然随司马氏皇室,移居新政治中心之首都及其近旁之地。王导之流即此集团之人物,当时所谓'过江名士'者是也。"[①] 而集中在襄汉地区的南迁士族,则大体属于"政治社会地位稍逊于洛阳胜流如王导等者";前者属"文化士族",后者属"武人集团"。杜耽后裔与其兄杜锡后裔的情况大体类似,所不同的是,杜锡子杜乂(字弘治)

---

① 陈寅恪:《述东晋王导之功业》,《金明馆丛稿初编》,第60—64页。

南渡后即随晋王室定居在当时的首都建康(今江苏南京)[①],时值东晋政权初立,司马氏积极网罗北方士族中的"贤人君子"[②],在此背景下,杜乂承父祖余荫,在江左士族中享有"才名冠世"的美誉[③],其女杜陵阳又被选为晋成帝皇后[④],杜乂房支当然属于"过江名士",只是在政治作为方面无法与王导等"胜流"相比。至于杜耽的两房子孙,最初也都属于"文化士族",只是在南朝以及所居地襄阳这样特殊的历史和地域条件下,逐渐发生了变化。

地域政治与襄阳杜氏之命运

襄阳,春秋以来属楚地,《通典·州郡七·古荆河州》这样记载其政治地理沿革以及政治军事地位:

> 襄阳,《禹贡》荆河州之南境,春秋以来楚地,秦南郡之北界,二汉属南郡、南阳二郡地。至献帝时,魏武始置襄阳郡,亦为重镇。晋初因之,兼置荆州。东晋侨置雍州。文帝割荆州置雍州。襄阳去江陵步道五百,势同唇齿,无襄阳则江陵受敌。自东晋庾翼为荆州刺史,将谋北伐,遂镇襄阳。田土肥良,桑梓遍野,常为大镇。北接宛、洛,跨对楚、沔,为鄢郢北门,部领蛮左。齐梁并因之,亦为重镇。后梁萧詧附庸于西魏,而都于此。西魏改曰襄州,隋复为襄阳郡。大唐因之,领

[①]《晋书》卷三四《杜预传》。
[②]《晋书》卷六五《王导传》。
[③]《晋书》卷七三《庾亮传》。
[④]《晋书》卷三二《后妃下·成恭杜皇后》,《晋书》卷三五《裴秀传》。

第三章 郡望分立的时代——魏晋南北朝时期的杜氏家族

县七①。

据此可知,魏晋以来,襄阳已兼有经济都会与军事重镇之双重地位。东晋以后,襄阳的社会环境更为复杂。据谭其骧研究,西晋永嘉丧乱后民族迁徙的主要路线之一,在于汉水流域,上自郧西、竹溪,下至宜城、钟祥,而以襄阳为中心。此地区所接受的移民数量,倍于其他地区,而以来自陕西者为最多,河南、甘肃次之,河北、山西、安徽、四川又次之②。襄阳在当时已成为甘陕移民的集合地,而为安置移民,侨郡县应运而生,据《宋书·州郡三·雍州刺史》:

> 胡亡氐乱,雍、秦流民多南出樊、沔,晋孝武始于襄阳侨立雍州,并立侨郡县。宋文帝元嘉二十六年,割荆州之襄阳、南阳、新野、顺阳、随五郡为雍州,而侨郡县犹寄寓在诸郡界。

襄阳于是成为侨雍州的治所,汇集了来自雍、秦等地的挟宗族部曲集体迁徙的世家大族,如华山蓝田人康穆,宋永初中,"举乡族三千余家入襄阳之岘南。宋为置华山蓝田县,寄居于襄阳",即为典型的事例③。又《晋书》祖逖传、徐邈传中也都有类似的记载④。在当

---

① 《通典》卷一七七《州郡七·古荆河州》。
② 参阅谭其骧:《晋永嘉丧乱后之民族迁徙》,《燕京学报》第15期。
③ 《梁书》卷一八《康绚传》。
④ 详见《晋书》卷六二《祖逖传》、卷九二《徐邈传》。

时的荆襄地区,除杜氏家族外,还有萧氏、庾氏、宗氏、刘氏、柳氏等世家大族定居①。由于晋宋之际"襄阳多杂姓",安北将军赵伦之镇襄阳时,"使长史范颉之条次氏族,辨其高卑"②,足见襄阳当时士族萃集之盛况。

东晋成、康以来,地处建康上游的荆襄地区一直是琅琊王氏与颍川庾氏权力竞逐的焦点,其后又有庾亮、桓宣两大势力曾为控制襄阳展开激烈争斗③。刘宋时期,襄阳的政治军事地位和经济实力大大加强,元嘉年间,刘秀之为襄阳令,兴工修复襄阳六门堰,溉良田数千顷,"雍部由是大丰"④。早在太祖时,就以皇子镇襄阳,且将"文武悉配雍州(刘宋侨郡,治襄阳)"⑤,襄阳地区的文教活动也随之兴盛,如沈亮为南阳太守,"时儒学崇建,亮开置庠序,训授生徒"⑥。

杜耽后裔随宋武帝刘裕南渡后,定居襄阳,后子孙繁衍滋盛,形成了强大的宗族势力,襄阳杜氏开始脱离京兆本宗而成为独立的郡望。襄阳杜氏的主要人物又分为两支:一支为活跃于刘宋时期的杜坦、杜骥兄弟,一支为活跃于齐梁时期的杜灵启、杜乾光兄弟。

---

① 参阅陈寅恪:《述东晋王导之功业》,载《金明馆丛稿初编》;《宋书》卷七七《柳元景传》。
② 《宋书》卷八三《宗越传》。
③ 参阅田余庆:《庾氏之兴和庾王江州之争·襄阳的经略》,载《东晋门阀政治》。
④ 《宋书》卷八一《刘秀之传》。
⑤ 《南史》卷一四《宋宗室及诸王下》。
⑥ 《宋书》卷六《孝武帝纪》、卷七九《竟陵王传》、卷一〇〇《沈田子传》。

第三章 郡望分立的时代——魏晋南北朝时期的杜氏家族

杜坦、杜骥房支

刘宋建立后,社会环境和政治气候都已发生了变化,"晚渡北人,朝廷常以伧荒遇之,虽复人才可施,每为清途所隔"①。据《宋书·杜骥传》记载:

> (杜坦)尝与太祖言及史籍,上曰:"金日磾忠孝淳深,汉朝莫及,恨今世无复如此辈人。"坦曰:"日磾之美,诚如圣诏。假使生乎今世,养马不暇,岂办见知?"上变色曰:"卿何量朝廷之薄也!"坦曰:"请以臣言之。臣本中华高族,亡曾祖晋氏丧乱,播迁凉土,世叶相承,不殒其旧。直以南度不早,便以荒伧赐隔。日磾胡人,身为牧圉,便超入内侍,齿列名贤。圣朝虽复拔才,臣恐未必能也。"上嘿然。

按金日磾乃西汉时匈奴休屠王太子,后降汉入侍武帝左右,数十年无过失,拜车骑将军②。杜坦以金日磾自比,用意是十分明显的。由于南渡较晚,即便是出自魏晋著姓"中华高族",杜坦、杜骥一直没有进入刘宋权力中枢。在宋武帝永初至文帝元嘉年间(420—453),杜氏兄弟先后担任青州刺史,在宋魏对峙与相互征伐中,为刘宋捍卫北疆,战功卓著③。

然而,襄阳杜氏毕竟是根基深厚的"中华高族",虽然未能如杜乂房支那样联姻王室,但他们很快就在原关中士族宗族势力集中

---

① 《宋书》卷六五《杜骥传》。
② 《汉书》卷六八《金日磾传》。
③ 《宋书》卷六五《杜骥传》。

的荆梁地区,在主要来自西晋雍、司地区的晚渡士族中,建立起了相当广泛的婚姻关系,如杜骥即娶同郡名士韦玄之女为妻①。杜氏同时还与同为晚渡侨姓的王氏家族世代通婚②。这几个家族的联姻,多少带有"同郡"大族惺惺相惜、相互扶持的意味。在宋、梁时期,襄阳杜氏在南朝侨姓士族中已逐渐建立了比较深厚的社会基础,而南朝士族阶层内部相互通婚的普遍性,说明门阀士族社会还处在相当强固的状态中。

至刘宋初年,杜坦、杜骥子孙已从最初的边郡太守逐渐跻身政权中枢,如杜骥第五子杜幼文,泰始至元徽中(465—477),先后为散骑常侍、黄门侍郎等职,后出任梁、南秦二州刺史,集军政大权于一身,家族势力达到鼎盛③。史称"幼文所莅贪横,家累千金,女伎数十人,丝竹昼夜不绝"④。杜坦子叔宝则为右军参军,后挟制豫州刺史殷琰,成为左右豫州地方政治的"土豪乡望,内外诸军事并专之"⑤。襄阳杜氏家族势力的膨胀,最终招致刘宋皇室的警觉与不满,元徽五年(477),废帝刘昱"微行夜出,辄在幼文门墙之间,听其弦管,积久转不能平",于是亲自率宿卫兵诛杀幼文,幼文兄、长水校尉叔文以及杜氏诸子侄在京邑方镇者均被株连,只有幼文兄

---

① 《宋书》卷六五《杜骥传》。
② 《南史》卷七〇《杜骥传》,《南史》卷五八《韦叡传》。
③ 《宋书》卷八《明帝纪》。按自东晋于襄阳置梁州后,具体辖区随北方匈奴、鲜卑、羯等民族势力的强弱而异,大约相当于今之鄂西、鄂北、陕南以及四川东北,梁州刺史的治所也以军事形势为准,或镇襄阳,或镇鄀,或镇安陆,或镇魏兴等地。参考田余庆:《庾氏之兴和庾王江州之争》,载《东晋门阀政治》。
④ 《宋书》卷六五《杜骥传》。
⑤ 《宋书》卷八七《殷琰传》。

第三章 郡望分立的时代——魏晋南北朝时期的杜氏家族

季文、弟希文等数人侥幸逃脱①。有关这一支杜氏的子嗣,在《元和姓纂》《新唐书·宰相世系表》中全无踪影,估计在隋唐时代已是后继无人了。

杜灵启、杜乾光房支

东晋初年,北来侨姓中的魏晋高门尚受到优崇,但因离政治中心建康稍远,杜灵启、杜乾光一房成员,虽也为"元凯后裔,家传学业"②,却未能进入中央政权的核心,与琅琊王氏、太原王氏、陈郡谢氏等家族在政治、军事领域各领风骚的局面相比,不免有些逊色。史称杜顾为西海太守,杜逊为魏兴太守,但均无事功可言。杜灵启为南齐给事中,其事迹亦不详③。从杜灵启子杜怀瑶开始,杜氏子嗣繁茂,子孙渐以武功显名。史称杜怀瑶"少有志节",累有军功,先后为梁、秦二州刺史。怀瑶有九子:杜嵩、杜岑、杜巘、杜岌、杜巚、杜岸、杜崱、杜崟、杜幼安④,其中大多以军功武略闻名一时,如杜巘,"膂力过人,便马善射……同心敢死士百七十人,每出,杀伤数百人,敌人惮之,号为'杜彪'"⑤。由于杜氏兄弟长期盘踞军事重镇,逐渐培植起了一方势力,成为远近闻名的"襄阳豪帅"。梁武帝太清二年(548)侯景作乱,杜巚、杜岸、杜崱,特别是杜岑之子杜龛,在平乱中发挥了重要作用。据《梁书·杜崱传》,襄阳杜氏在

---

① 《宋书》卷六五《杜骥传》,《宋书》卷九《废帝昱》。
② 《梁书》卷四六《杜崱传》。
③ 同上。
④ 关于杜怀瑶诸子,《元和姓纂(附四校记)》记为杜岑、杜巘、杜崟、杜岸、杜崱、杜幼安,而无杜嵩、杜岌、杜巚。今从《南史》卷六四《杜崱传》。
⑤ 《南史》卷六四《杜崱传》。

平定侯景之乱过程中的作用和军功如下表：

人物	军政职务	因功获得封爵、食邑
杜怀瑶	南阳太守	进爵侯，食邑1000户
杜岸	平北将军、北梁州刺史	江陵县侯，食邑1000户
杜崱	信威将军、武州刺史，后加侍中等	进爵公，食邑1500户
杜幼安	云麾将军、西荆州刺史	华容县侯，食邑1000户
杜龛	东平将军、东扬州刺史	庐县侯，食邑2000户

然而，就在平定侯景之乱的过程中，襄阳杜氏子弟几乎全部参与了梁宗室的权力之争。在萧绎（后为梁元帝）与萧詧叔侄之间斗争中，杜氏子弟完全投靠了萧绎，结果，除杜崱病死于外，杜巘、杜岸兄弟及其"母妻子女"，尽为岳阳王萧詧所获，萧詧"并于襄阳北门杀之。尽诛诸杜宗族亲者，其幼稚疏属下蚕室。又发掘其坟墓，烧其骸骨，灰而扬之"[①]。此后，杜龛岳父、将军王僧辩也为陈霸先所杀，杜龛后在吴兴拥兵自重，但未能扩大势力，也为陈霸先所败，"其妻王氏截发出家，杜氏一门覆矣"[②]。在唐代谱牒文献如《元和姓纂》中，襄阳杜氏怀瑶共九子，只有杜岸、杜崱两房尚存子遗，其他七房可能在南朝即已断绝了香火。

杜逊另有一子杜乾光，仕齐为司徒右长史，著有《春秋释例引序》，流行于齐梁间[③]。杜乾光子杜渐，为梁边城太守。杜渐生二

---

① 《周书》卷四八《萧詧传》。
② 《南史》卷六四《杜崱传》。
③ 《隋书》卷三二《经籍志》云：《春秋释例引序》，齐正员郎杜乾光撰。此书唐时已亡佚。

第三章 郡望分立的时代——魏晋南北朝时期的杜氏家族

子,杜君锡、杜叔毗①。据《周书·杜叔毗传》记载:

> 叔毗早岁而孤,事母以孝闻。性慷慨有志节。励精好学,尤善《左氏春秋》。仕梁,为宜丰侯萧循府中直兵参军……时叔毗兄君锡为循中记室参军,从子映录事参军,映弟晰中直兵参军,并有文武材略,各领部曲数百人。

杜叔毗的"励精好学,尤善《左氏春秋》",显然是继承了祖父杜乾光治《春秋》学的传统;而从叔毗叔侄四人"各领部曲数百"来看,此支杜氏似乎又具备了某些强宗的特点,有深厚的地方基础,宗族规模可观。后来杜叔毗投降北周,周闵帝仍下令保护杜氏家族在梁州故里的"旧田宅"②。

然而,侯景之乱和随后发生的江陵之变,是杜叔毗一支命运的转折点。大统十七年(551),西魏大将达奚武围萧循于南郑,杜叔毗作为萧循使节至长安请和,从此留居长安,比其他侨姓士族家族率先一步重归北土,进入北周统治集团。北周闵帝时,叔毗为都督、辅国将军、硖州刺史等职。天和二年(567),因率部南征伐陈,为陈人所害③。

3. 洹水杜氏

《左传》成公十七年:

---

① 《元和姓纂(附四校记)》卷六杜氏条,《周书》卷四六《杜叔毗传》。
② 《周书》卷四六《杜叔毗传》。
③ 同上。

> 初,声伯梦涉洹,或与己琼瑰,食之,泣而为琼瑰,盈其怀,从而歌之曰:"济洹之水,赠我以琼瑰。归乎!归乎!琼瑰盈吾怀乎!"

这是文献中有关洹水的最早记载。洹水,即今河南北部之安阳河,发源于林县西之林(隆)虑山,自西南而东,流经安阳、邺等地,由内黄北汇入卫河①。4世纪初,关中杜氏的支属移民洹水之滨,定居在当时北方的政治中心和军事重镇邺城,并逐渐枝繁叶茂。隋唐时期,洹水杜氏已成为杜氏14个郡望中颇有声望的一支②。

依《元和姓纂》卷六引杜氏洹水望"家状"的说法,洹水杜氏的族源可以追溯到西汉杜延年,与京兆杜氏同源③。关于洹水究竟何时从京兆分出成为独立的郡望,韩愈《故中散大夫河南尹杜君墓志铭》有更详细的记载:

> 杜氏自戴侯畿始分。戴侯之子恕为幽州刺史,今居京兆诸杜,其后也。其季宽,孝廉、郎中。宽后三世曼,为河东太守。葬其父洹水之阳,其后世皆从葬洹水④。

这里提到的"戴侯畿",即魏尚书仆射杜畿,杜畿生杜恕、杜理、杜宽

---

① 《元和郡县图志》卷一六《河北道一·相州》。
② 《元和姓纂(附四校记)》卷六杜氏条。
③ 同上。
④ 《朱文公校昌黎先生文集》卷二六,《四部丛刊》初编本。

第三章 郡望分立的时代——魏晋南北朝时期的杜氏家族

三子①。杜恕生杜预,即晋当阳侯、征南大将军,后来的京兆望杜氏,就出自杜预一系。"其季宽",是指杜畿季子、杜恕弟、杜预叔父杜宽。有关杜宽,《三国志·杜畿传》裴松之注引《杜氏新书》云:

> 杜宽,字务叔。清虚玄静,敏而好古。以名臣门户,少长京师,而笃志博学,绝于世务,其意欲探赜索隐,由此显名,当途之士多交焉。举孝廉,除郎中。年四十二而卒②。

据此可知,杜宽大约与兄长杜恕、侄儿杜预同时活跃于曹魏末年至西晋初年。或许是因其兄杜恕宦途坎坷,最终放逐幽州而死的缘故,杜宽选择了远离政治,潜心治学的人生道路。"经传之义,多所论驳,皆草创未就,惟删集《礼记》及《春秋左氏传解》,今存于世"③。

杜宽曾孙杜曼,被洹水望后人奉为宗族的始迁祖、奠基者。《隋书·杜正玄传》、《元和姓纂》、《新唐书·宰相世系表》、《古今姓氏书辩证》等书关于杜氏的部分,均记载杜曼十六国时期为石赵政权从事中郎、河东太守。但据《晋书·孝愍帝纪》记载:

> 建兴四年十一月乙未,使侍中宋敞送笺于(刘)曜,帝乘羊

---

① 《三国志》一六《杜畿传》。
② 《杜氏新书》为杜氏家传类作品,作者大约为南北朝时期人物。参考《三国志集解》卷一六,中华书局 1982 年版;《沈寄簃先生遗书乙编》之《三国志所引书目二》。
③ 《三国志》卷一六《杜畿传》裴注引《杜氏新书》。

车,肉袒衔璧,舆榇出降……壬寅,(刘)聪临殿,帝稽首于前。麹允伏地恸哭,因自杀。尚书辛宾、梁允,侍中梁浚,散骑常侍严敦,左丞臧振,黄门侍郎任播、张伟、杜曼及诸郡留守并为曜所害。

建兴四年为公元316年,依《晋书》此处的说法,杜曼官至西晋黄门侍郎,早在匈奴刘曜虏晋愍帝、建立前赵政权时就已遇难,不可能有入仕后赵,并葬父洹水,建立家业的经历。然而《资治通鉴》记载晋愍帝出降事与《晋书》略同,所记遇害诸大臣中却没有杜曼,惟云"尚书梁允、侍中梁浚等及诸郡守,皆为曜所杀"①。《资治通鉴》素以善辨史料、弃取得当、考证精审著称,司马光不尽取《晋书》,恐怕不只是出于单纯删节文字的需要,而是对这段史实有所怀疑。《晋书》在史料来源上基本是以臧荣绪《晋书》为蓝本,并稍增以笔记小说材料。正因其不甚重视史料的甄别,一向为史家所指摘,刘知几就曾讥诮"大唐修《晋书》,作者皆当代词人,远弃史班,近宗徐庾。夫以饰彼轻薄之句而编为史籍之文"②。事实也正是如此,以前述刘曜诛杀大臣事为例,同是《晋书·愍帝纪》,前已云"尚书辛宾、梁允为刘曜所害",仅数行之后,又云"尚书郎辛宾抱帝恸哭,为刘聪所害",其叙事错乱有如此者③。事实上,除《元和姓纂》、《新唐书·宰相世系表》外,韩愈《故中散大夫河南尹杜君墓志铭》在谈及洹水始祖杜曼时,惟云其"为河东太守,葬其父洹水之阳",并未明确说

---

① 《资治通鉴》卷八九晋愍帝建兴四年(316)十一月条。
② 《史通》卷四《内篇·论赞第九》,《文渊阁四库全书》本。
③ 《晋书校勘记》卷二,《丛书集成》初编本。

第三章 郡望分立的时代——魏晋南北朝时期的杜氏家族 83

明杜曼究竟在何时为河东太守,因此,杜曼是否死于刘曜之戮,尚未可遽作定论。

总之,洹水杜氏是与京兆杜氏有血缘关系的一个支派,其族源可以追溯到曹魏时代的杜畿、杜宽父子。杜宽第三代孙杜曼,曾先仕西晋,在邺建立了家业;永嘉之乱后,又出仕石曜、石季龙政权,或在此时担任河东太守、从事中郎。由于杜曼的活动与洹水杜氏家族的兴起有直接关系,因此洹水后人将他视为不祧之祖。

杜曼葬父洹水之滨的时代,正是西晋永嘉之乱后北方政权更迭和人口流徙空前剧烈的时期。由于史料的缺乏,我们无法得知有关杜曼创业前后的更详细的情况。但杜曼将亡父坟茔地确定在洹水之阳,意味着这一房支在邺已经拥有相当的产业,同时也拥有了相当的社会地位和经济基础。从此,在邺的杜氏宗族遂以洹水为籍贯,并逐渐枝繁叶茂,洹水望也因此得名。直到隋末,洹水杜氏一直在邺繁衍生息。

杜曼,诸史无传,嗣子孙也不详。惟从其五代孙杜君赐开始,洹水杜氏的世系脉络始清晰可考。现据《北史》、《隋书》、新旧《唐书》、韩愈《中散大夫河南尹杜君墓志铭》等文献资料,列出魏晋南北朝洹水杜氏世系表[①]:

---

① 洹水杜氏人物关系存在明显错误者,岑仲勉氏《元和姓纂(附四校记)》中已做厘订,此不赘。这里需补充说明:1.《唐代墓志汇编》开元360《杜孚碑》中另有一杜君赐,为京兆杜陵人杜孚曾祖,大约生于隋开皇初(582),与洹水杜景之父并非一人。2.据《新唐书》卷七二《宰相世系表》,唐另有一杜羔,为杜师损子、杜佑孙,不属于洹水一系。3. 杜存介,《新唐书》卷七二《宰相世系表》作存、介,为杜损二子。但同书卷一七二《杜兼传》则称"安禄山乱,伯父存介为贼执"。今从《新唐书》卷一七二《杜兼传》。

```
         ┌─杜理
……杜畿──┤─杜恕
         └─杜宽─□─□─杜曼─□─□─□─□─杜君赐─杜景─杜裕……
```

4. 中山杜氏

中山,本是春秋战国列国之一、汉诸侯国名,其故地在今河北中部地区。中山杜氏是永嘉之乱后出现的新郡望,有关其族源和先世的情况,《元和姓纂》卷六杜氏条有明确记载:

> 与京兆同为魏杜畿之后,后家中山。裔孙弼,北齐徐州刺史。

由此看来,中山杜氏也是以杜畿(杜预祖父)为不祧之祖的,只是《元和姓纂》对从杜畿到杜弼的 300 年间大约 10 代人,没有作任何记载,以致后人很难推测这一支杜氏定居中山的时间。有关杜弼及家世,《北齐书·杜弼传》云:

> 杜弼,字辅玄,中山曲阳人也,小字辅国。自序云,本京兆杜陵人,九世祖骜,晋散骑常侍,因使没赵,遂家焉。祖彦衡,淮南太守。父慈度,繁畤令。

《隋书·杜台卿传》的记述也大致相同。此处提到的杜弼九世祖杜骜,又见于《晋书·刘聪载记》:

> (刘聪)遣其平西赵染、安西刘雅率骑二万,攻南阳王模于

第三章 郡望分立的时代——魏晋南北朝时期的杜氏家族

长安,粲、曜率大众继之。染败王师于潼关,将军吕毅死之。军至于下邽,模乃降染,染送模于粲。粲害模及其子范阳王黎,送卫将军梁芬、模长史鲁繇、兼散骑常侍杜骜、辛谧及北宫纯等于平阳。

刘聪攻长安时,俘虏了西晋南阳王司马模,模与其子范阳王司马黎被刘粲所害,西晋散骑常侍杜骜等被虏至平阳,估计此人就是《北齐书》所提到的杜弼九世祖杜骜。考诸文献,杜骜至平阳后处境不明,杜骜至杜弼祖父杜彦衡之间,家族的生存状态也不详。可以肯定的是,杜骜最终定居在中山曲阳,并成为中山望的不祧之祖。

从杜弼祖父杜彦衡为淮南太守开始,中山杜氏似乎开始进入北朝主流社会。这一支的代表人物为杜弼、杜台卿、杜之松。

杜弼幼聪敏,但其父杜慈度仕宦未达,弼因"家贫无书,年十二,寄郡学受业"①。当时,同郡甄琛为定州长史,主持试策诸生,对杜弼的才华大为叹异,遂荐之于朝廷。北魏延昌年间(512—515),杜弼投笔从戎,以军功起家,除广武将军等职。孝昌初(525—527),除太学博士,后为曲县令,为政有声迹。元象初年(538—539),东魏政权面临极大的威胁和挑战——西有宇文氏重兵压境,南有梁武帝萧衍隔江对峙,尤其是南梁"专事衣冠礼乐,中原士大夫望之,以为正朔所在"②。为摆脱四面楚歌的困境,高欢极力网罗汉族士人,杜弼也在此时得到高氏政权信任,出任镇南将

---

① 《北齐书》卷二四《杜弼传》。
② 同上。

军,典掌机密。时朝政腐败,鲜卑勋贵"文武在位,罕有廉洁",杜弼多次上疏,请求高欢惩治"内贼",但高欢顾虑"若急作法网,督将尽投黑獭(按:指北周武帝宇文邕),士子悉奔萧衍,则人物流散,何以为国"。为维护鲜卑勋贵的利益,高欢没有采纳杜弼的建议①。此后杜弼仕途多舛,《北齐书·杜弼传》云:

> 及将有沙苑之役,弼又请先除内贼,却讨外寇。高祖问内贼是谁,弼曰:"诸勋贵掠夺万民者皆是。"高祖不答,因令军人皆张弓挟矢,举刀按槊以夹道,使弼冒出其间,曰:"必无伤也。"弼战栗汗流。高祖然后喻之曰:"箭虽注不射,刀虽举不击,槊虽按不刺,尔犹顿丧魂胆。诸勋人身触锋刃,百死一生,纵其贪鄙,所取处大,不可同之循常例也。"弼于时大恐,因顿颡谢曰:"愚痴无智,不识至理,今蒙开晓,始见圣达之心。"

受到高欢的这番威吓,杜弼不得不缄口束手,但他还是遭人陷害,被以谋反罪下狱。后又因其子、廷尉监杜台卿断狱稽迟,遂被远徙临海镇。待北齐文宣帝高洋执政,再招杜弼入侍左右。但当高洋问杜弼"治国当用何人"时,杜弼又因对以"鲜卑车马客,会须用中国人",而令高洋"遂生忌恨",于天保十年(559),借饮酒之机,"积其愆失,遂遣就州斩之"。杜弼长子杜蕤、第四子杜光也被远徙临海镇(次子台卿已先徙东豫州)。至此,中山杜氏家族遭受重大打击,在北齐政坛的影响大为削弱。杜弼的不幸遭遇,也揭示出在北

---

① 《北齐书》卷二四《杜弼传》。

朝鲜卑政权中,汉族士族既被任用、又被防范与压制,皇权与汉族大姓既合作、又冲突的复杂关系。

周隋以后,中山杜氏有复兴之迹,杜蕤有吏材,隋开皇中(581—600),卒于开州刺史任上。其弟杜台卿,历任北周中书、黄门侍郎,兼大著作、修国史等职。隋开皇初,被征入朝,拜著作郎,专心著述。

中山杜氏还是北朝著名的文化世家,杜弼及其子孙的学术成就详见第五章《杜氏家族不同郡望的家学取向》。

中山杜氏世系表:

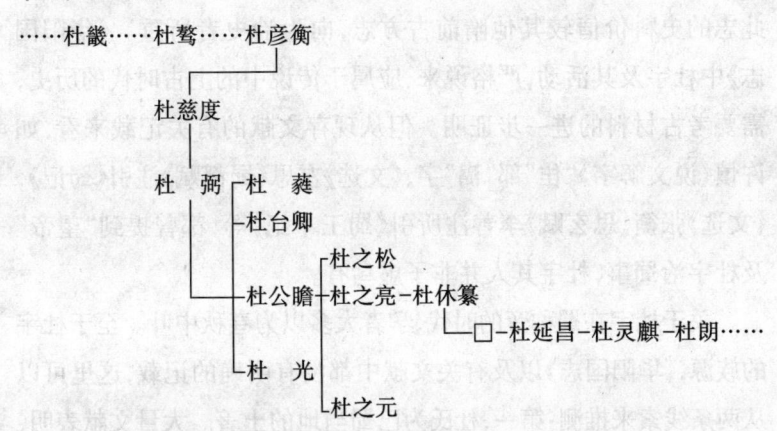

```
……杜畿……杜骛……杜彦衡
         │
       杜慈度
         │
       杜 弼─┬─杜 蕤
             ├─杜台卿
             ├─杜公瞻─┬─杜之松
             │        ├─杜之亮─杜休纂
             │        └─□─杜延昌─杜灵麒─杜朗……
             ├─杜 光
             └─杜之元
```

5. 蜀中杜氏(成都杜氏)

蜀中杜氏之发祥源远流长。早在春秋时期,巴山蜀水间就出现了一位杜姓部落首领,据《华阳国志·蜀志》记载:

> 后有王曰杜宇,教民务农,一号杜主。时朱提有梁氏女利游江源,字悦之,纳以为妃。移治郫邑,或治瞿上。七国称王,

杜宇称帝,号曰望帝,更名蒲卑。自以功德高诸王,乃以褒斜为前门,熊耳、灵关为后户,玉垒、峨眉为城郭,江、潜、绵、洛为池泽,以汶山为畜牧,南中为园苑。会有水灾,其相开明决玉垒山以除水害。帝遂委以政事,法尧、舜禅授之义,遂禅位于开明,帝升西山隐焉。时适二月,子鹃鸟鸣,故蜀人悲子鹃鸟鸣也。巴亦化其教而力农务,迄今,巴蜀民农时先祀杜主君①。

按《华阳国志》作于东晋永和年间(345—365),记载今四川、湖北、云南、贵州等地方历史,作者常璩曾为成汉李势散骑常侍,掌著作,此志的史料价值较其他隋前古方志,向为治史者所重。《华阳国志》中杜宇及其活动,严格说来,应属于传说中的上古时代的历史,需要考古材料的进一步证明。但从现存文献的有关记载来看,如许慎《说文解字》"隹"部"雟"字,《文选》左思《蜀都赋》注引《蜀记》,《文选》张衡《思玄赋》李善注所引《蜀王本纪》等,都曾提到"望帝"及杜宇治蜀事,杜宇其人并非子虚乌有。

关于杜宇在蜀称帝的时代,学者大多以为春秋中叶。至于杜宇的族源,《华阳国志》以及有关文献中都没有明确的记载,这里可以从两条线索来推测:第一,杜氏为巴蜀当地的土著。大量文献表明,西周、春秋时代的"氏",是指氏族以下的一级血缘亲族组织——宗族②,而宗族首领也就是一个地方的政治统治者。在当时,男子一般是氏与名连称的。具体到杜宇,杜为氏,宇为名。从《华阳国志·

---

① 《四部丛刊》初编本。
② 参阅杨宽:《试论西周春秋间的宗法制度和贵族组织》,载《古史新探》,中华书局1965年版。

第三章 郡望分立的时代——魏晋南北朝时期的杜氏家族

蜀志》"有王曰杜宇,教民务农,一号杜主"等记载来看,杜宇禅位前的身份也接近于宗族族长或氏族首领。只是杜氏在古为祁姓。据《国语·晋语》,黄帝领导下的姬姓氏族分裂为12个子氏族,祁姓的杜氏为其中之一①。但"杜"本为地名,其地在今陕西西安市故杜陵地②。周代杜氏被封于杜,亦称唐杜氏。至于杜宇何以得杜姓,尚难于查考。第二,不排除杜氏为杜伯余胤、于杜伯死后辗转入蜀的可能——西周末年,杜伯无罪被周宣王杀害,子孙逃散,如杜回在秦,杜原款在晋,杜泄先在鲁,后为避季平子迫害复奔楚。而在春秋末年,四川的巴族曾受到楚国的侵逼,后又为秦所灭,当时巴蜀与秦、楚的联系是很密切的。杜伯子孙之一支或有可能避居巴蜀,后来成为当地的首领,这种情况与古代四川巴族从外地迁入,后来成为蛮夷君长的情况也相类似③。

最迟从春秋时期开始,杜氏已在蜀地繁衍滋长,子嗣逐渐兴旺。自汉以来,蜀中杜氏就已经人物辈出,如东汉时期,有犍为武阳(今四川彭山东)人杜抚(字叔和),少有高才,师从博士、淮阳薛汉(字公子)学习西汉韩婴所传之《韩诗》,定《韩诗章句》,成为《诗经》韩学一派的传人。杜抚曾为校书郎,与班固等修定《建武注记》。后归乡里教授,"沈静乐道,举动必以礼,有弟子千余人",被辟为太尉府属,进入仕途。汉章帝建初中(76—83),杜抚为公车令,数月卒官。其所作《诗题约义通》,学者传之,曰《杜君法》④。

---

① 《国语·晋语四》。
② 《左传》文公六年杜预注。
③ 《后汉书》卷八六《巴郡南郡蛮传》。
④ 《后汉书》卷七九《杜抚传》,又见《华阳国志》卷一二《序志并益梁宁三州先汉以来士女名目录》。

又如绵竹人杜真(字孟宗),"少有孝行,习《易》、《春秋》,诵百万言,兄事同郡翟酺。后酺被系狱,真上檄章救酺,系狱笞六百,竟免酺难,京师莫不壮之"①。另有成都人杜琼(字伯瑜),亦有名于史②。

此外,据常璩《华阳国志》记载,至两晋时期,在蜀地临江、垫江、成都、涪等地,都有杜氏家族的支派,在当地号称"冠族"③。在常璩所列举的22人"晋世蜀人士"名录中,就有杜祯(植)、杜轸、杜烈、杜良、杜毗5人④。杜氏家族的活动,对蜀中政治、文化影响甚巨,以至唐人林宝作《元和姓纂》,仍将"成都杜氏"作为杜氏14个郡望之一。

蜀中杜氏分为若干支系,主要有杜雄、杜轸家族和杜植、杜弢家族。

杜雄、杜轸家族

《元和姓纂》卷六杜氏条下"成都杜氏"云:"魏初杜雄入蜀,因家焉,子轸。"⑤ 但《元和姓纂》此部分内容为清儒孙星衍据《晋书》等史传所补。估计林宝原著此处仅存成都望之名而无具体内容。据《晋书·杜轸传》:

> 杜轸,字超宗,蜀郡成都人也。父雄,绵竹令⑥。轸师事

---

① 《后汉书》卷七八《翟酺传》注引《益部耆旧传》。
② 《姓氏急就篇》,《丛书集成初编》本。
③ 《华阳国志》卷三《蜀志》、《汉中志》。
④ 《华阳国志》卷一二《序志并益梁宁三州两晋以来士女名目录》。
⑤ 《元和姓纂(附四校记)》卷六杜氏条岑仲勉校记:"辅"或"轸"之讹。
⑥ 《古今姓氏书辩证》卷二四杜氏条有"南燕平原令杜雄",从时间上看,此非蜀杜雄。

第三章 郡望分立的时代——魏晋南北朝时期的杜氏家族

谯周,博涉经书。州辟不就,为郡功曹史。时邓艾至成都,轸白太守曰:"今大军来征,必除旧布新,明府宜避之,此全福之道也。"太守乃出。……察孝廉,除建宁令,导以德政,风化大行,夷夏悦服……又除池阳令,为雍州十一郡最。百姓生为立祠……累迁尚书郎。轸博闻广涉,奏议驳论多见施用。时涪人李骧亦为尚书郎,与轸齐名,每有论议,朝廷莫能逾之,号蜀有二郎。轸后拜犍为太守,甚有声誉。……子毗。

按《三国志·魏志》,邓艾入蜀在魏景元四年(264),而谯周卒于晋初太始六年(270),据此可知,杜雄早在东汉末年即为绵阳令,而其长子杜轸此时已经"发明高经于谯氏之门",以经学闻名乡里了①,因此《元和姓纂》"成都杜氏"条"魏初杜雄入蜀,因家焉"的说法,并不十分准确。又据《晋书·罗宪传》:"初,宪侍宴华林园,诏问蜀大臣子弟,后问先辈宜时叙用者,宪荐蜀人常忌、杜轸等,皆西国之良器,武帝并召而任之。"以杜轸为尚书郎,继而出任犍为太守,"还为州大中正"②。在晋初蜀中,杜轸与李骧齐名,均有声绩,社会地位已经十分显赫。

杜雄次子杜烈,察孝廉,历平康、安阳等县令,为政清明干练,有异绩,迁衡阳太守。杜轸亡后,"自表兄子幼弱,求去官,诏转犍为太守,蜀土荣之"。后迁湘东太守。杜烈弟杜良,官至涪陵、建宁太守。魏晋以后,杜轸父兄子弟或为郡守,或为中正。杜轸二子:

---

① 《华阳国志》卷一一《后贤志》略同。
② 《华阳国志》卷一一《后贤志》。

长子杜毗,字长基,成都王颖辟为大将军掾,迁尚书郎,参太傅军事;次子杜秀,亦有声迹,常璩称毗、秀兄弟"珪璋琬琰,世号'二凤'"①。总的来看,西晋初年,蜀中杜氏家族已根深叶茂,成为控制一方政治权力的世家大族。其中,杜轸及长子杜毗、次子杜秀,杜轸弟杜良,杜毗子杜歆,均为州举秀才,显示出这个家族鲜明的文化优势。

永嘉之乱爆发后,蜀中杜氏家族遭受沉重的打击,"洛阳覆没,(杜)毗南渡江,被王敦委任为益州刺史,杜弢遣军要毗,遂遇害"②。杜秀也为蜀中氐族首领李骧所俘虏,欲用为司马,杜秀不屈,遂被害③。

在南北朝以后,文献中尚没有发现有关杜轸后裔的记载。北魏时,上洛一带曾有从四川迁来的巴人酋帅杜氏的活动④。然而此杜氏是否与杜雄、杜轸、杜植、杜弢家族有关,尚需进一步的研究。

蜀中杜氏杜雄——杜轸家族世系表:

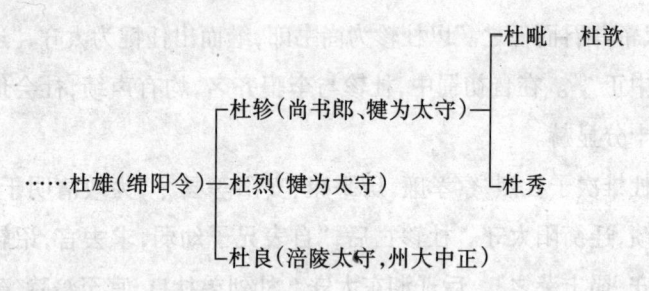

```
                                    ┌─杜毗  杜歆
                  ┌─杜轸(尚书郎、犍为太守)─┤
……杜雄(绵阳令)─┼─杜烈(犍为太守)       └─杜秀
                  └─杜良(涪陵太守,州大中正)
```

---

① 《华阳国志》卷一一《后贤志》。
② 《晋书》卷九〇《杜轸传》。
③ 同上。
④ 《北史》卷六六《泉企传》。

第三章 郡望分立的时代——魏晋南北朝时期的杜氏家族

杜植、杜弢家族

据《晋书·杜弢传》：

> 杜弢,字景文,蜀郡成都人也。祖植,有名蜀土,武帝时为符节令。父眕,略阳护军。弢初以才学著称,州举秀才。遭李庠之乱,避地南平,太守应詹爱其才而礼之。后为醴陵令。

《华阳国志·后贤志》中《柳隐附杜祯传》亦云：杜祯,字文然,曾任符节令、梁益二州都(督)。杜祯子杜眕,字伯重,略阳护军；另一子杜弥,字景文。按此"杜祯",《晋书·杜弢传》作"杜植"①；而杜植之子"杜弥"即杜弢②。又据刘琳考证,"梁益二州都督"之"督"为衍文,杜植实为二州大中正③。再联系前引《晋书》所说杜植"有名蜀土"的说法,可以肯定杜植、杜弢之家确实是当地根基深厚的望族。

---

① 《晋书》中另有一杜植,为杜有道之子,乃西晋京兆杜预之宗亲,据《晋书》卷九六《烈女传·严氏》："杜有道妻严氏,字宪,京兆人也。贞淑有识量。年十三,适于杜氏,十八而嫠居。子植、女韡并孤藐,宪虽少,誓不改节,抚育二子,教以礼度,植遂显名于时,韡亦有淑德,傅玄求为继室,宪便许之……植后为南安太守。植从兄预为秦州刺史,被诬,征还,宪与预书戒之曰：'谚云忍辱至三公。卿今可谓辱矣,能忍之,公是卿坐。'预后果为仪同三司。"据此可知,杜有道为杜预从兄。又据《三国志》卷一六《杜畿传》裴注引《杜氏新书》,杜畿三子：恕、理、宽。理年20卒,宽年42卒,因此杜有道有可能为杜宽之子。

② 参阅龙显昭：《西晋流民起义中的杜弢》,《中国史研究》1982年第3期。又龙文亦以祯为植之讹,且认为杜植为符节令当在蜀汉而非晋武帝时期。

③ 《华阳国志》卷一一《后贤志》。

杜植、杜弢三代世系如下：

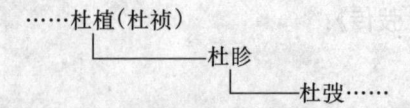

```
……杜植(杜祯)
         ├──杜眕
         └──杜弢……
```

然而，西晋怀帝永嘉五年(311)，世代为官、"有名蜀土"的门阀子弟的杜弢，被流落在湘中的巴蜀流民推举为首领，并率领流民武装与晋官军相持十余年之久，给立足未稳的东晋政权以沉重的打击。关于杜弢及流民起事问题，史学界已有一定的研究，但究竟杜弢因何而成为流民之首一事，以往的研究似未能给予明确的回答。据《晋书·杜弢传》：

> 时巴蜀流人汝班、蹇硕等数万家，布在荆湘间，而为旧百姓之所侵苦，并怀怨恨。会蜀贼李骧杀县令，屯聚乐乡，众数百人，弢与应詹击骧，破之。蜀人杜畴、蹇抚等复扰湘州，参军冯素与汝班不协，言于刺史荀眺曰："流人皆欲反。"眺以为然，欲尽诛流人。班等惧死，聚众以应畴。时弢在湘中，贼众共推弢为主，弢自称梁益二州牧、平难将军、湘州刺史，攻破郡县，眺委城走广州。

这里提到的"蜀贼李骧杀县令，聚众为乱，杜弢与应詹击骧，破之"一事，殊堪注意。按李骧乃巴氏强宗李特之弟，其父李慕为东羌猎将。西晋"八王之乱"后内乱频仍，流民大量涌入汉川，求寄食巴蜀。永康元年(300)，益州刺史赵廞谋乱，收买流民，李特与其党投靠赵廞为爪牙，为乱蜀中。后李特弟庠与兄弟及妹夫李含等4000

第三章 郡望分立的时代——魏晋南北朝时期的杜氏家族

骑,归依赵廞,廞见其所部严整,恐威胁到自己,遂用长史杜淑计诛杀李庠。后晋王室派罗尚率7000人入蜀安抚,以李骧为骑督。此后六郡流民共推李特为主,特为官军所杀,李骧、李雄等继续为乱。又据《晋书·杜弢传》,晋元帝时南平太守应詹曾谈及杜弢起事为流民帅之初衷:

> 李骧为变乐乡,劫略良善,弢时出家财,招募忠勇,登坛歃血,义诚慷慨。会骧攻烧南平,弢遂东下巴汉,与湘中乡人相遇,推其素望,遂相凭结。论弢本情,非首作乱阶者也。

杜弢与李骧早已积怨。另据《晋书》卷九六《烈女传·许延妻》记载:

> 许延妻杜氏,不知何许人也。延为益州别驾,为李骧所害。骧欲纳杜氏为妻,杜氏号哭守夫尸,骂骧曰:"汝辈逆贼无道,死有先后,宁当久活!我杜家女,岂为贼妻也!"骧怒,遂害之。

由上可知,杜弢参加流民起事的动机和背景是很复杂的。由于蜀中两大地方势力李氏与杜氏素有罅隙——李骧之乱后,杀杜轸子秀及杜氏宗族;杜弢之所以会呼应蜀人杜畴,共同抗击李骧之乱,或许是出于与李家的夙怨。如此说来,杜弢起事与巴蜀流民起事的动机与性质是有所不同的,它实际上是李、杜两大家族矛盾激化的结果。也正因为如此,起义之后,杜弢反复动摇,数次请降。后虽经应詹说情,得到了东晋朝廷的赦免和巴东监军的官衔,但官军仍对杜弢所部穷追不舍,弢复叛,后不知所终。

综上所述,蜀中杜氏源远流长,其先祖或为蜀中土著,或为杜伯余胤,尚难做出定论,但可以肯定的是,这一支杜氏与后来名闻天下的京兆杜氏昭穆疏远。也由于缺少西汉以来杜周、杜延年一支世代公卿的历史,魏晋以后,在社会政治生活中的影响还更多地表现为地方性。然而,杜抚、杜真以《春秋》学、《韩诗》学、《易》学等多方面的学术成就,称重于东汉学苑,为蜀中思想文化的繁荣做出了贡献。在汉末魏初,杜抚、杜真家族也已具备了世代官宦、学术专长、雄厚的经济基础以及社会声望,这些因素构成了汉末世家,同时也是魏晋门阀士族的主要特征。如果不是受到西晋末年蜀中动乱的影响而导致门庭衰落的话,蜀中杜氏也许同样会像京兆杜氏一样余绪绵延,在南北朝至隋唐时期的历史舞台上扮演重要角色。

魏晋以来,世家大族势力在蜀中地区得到充分发展,作为控制地方权力的家族势力的膨胀,最终必然会表现为与中央权力的激烈冲突,杜氏家族如此,与杜氏相争而两败俱伤的李骧家族亦如此。杜弢之参预流民起事并成为领袖人物,或许是出自一种利用民众力量保护自身,同时削弱和打击夙敌的目的,与下层民众参加起义的单纯动机相比,显然更复杂。

探讨蜀中杜氏的发展历程,对认识中国古代历史上"郡姓"的分布和类型也有重要意义。唐代谱学家柳芳将中古时代有全国性影响的世家大族划分为吴姓、侨姓、山东郡姓、关中郡姓四大类别,是对士族典型郡望的扼要概括①。而事实上,士族郡望的实际状

---

① 《新唐书》卷一九九《儒学传·柳冲附柳芳》。

况,特别是大姓之下房望的分布十分复杂。虽然不能确定蜀中杜氏与汉魏以来的京兆杜氏是否同源,但蜀中杜氏的存在,提供了一个富有价值的研究个案,我们可以从更多方面认识中古大姓之下潜流暗渡、枝蔓深芜的事实。

6. 扶风郿县杜氏

按《元和姓纂》所记杜氏14个郡望中,包括了扶风郿县杜氏,但没有人物世系等内容可考。只有出土墓碑《杜美志》提供了一些较有价值的材料,碑云:

> 君讳美,字郎仁,先世扶风京兆系也……远祖岐,魏任上党郡守、屯留县开国侯,列土封疆,子孙因而宅此。曾祖龙,齐任忠武将军……祖国,隋任扬州江都县令……父晖,皇朝授仪同三司,昭义烈也。其时诏曰:"门下杜晖等,并保固城邑捍御凶徒……。"夫人库狄、司徒二族……仪凤四年,合葬于余吾城西北六里之原①。

据此碑,《元和姓纂》杜氏"扶风郿县"望应该是确实存在的,即碑所谓"扶风京兆系"。其实,早在东汉初年扶风一地就有杜氏活动的踪迹——出自西汉杜延年之子杜熊一房的杜笃②,曾寄居扶风美阳20年,在扶风有着广泛的社会关系,如陇右大姓辛氏、马氏等。

---

① 毛汉光辑:《唐代墓志铭汇编附考》第八册,台湾中央研究院历史语言所专刊第81辑。
② 《古今姓氏书辩证》卷二四杜氏条。

但杜笃子孙史传无名,惟知有一子杜硕,喜货殖,未曾入仕①。从杜美碑中"远祖"杜岐北魏时期任上党郡守、封屯留县开国侯,因"列土封疆,子孙因而宅此"来看,此支杜氏似乎是在北魏时期才在扶风定居的,他们以杜岐为始迁祖,似乎又与东汉杜笃无关。

北魏以后,杜岐之子杜龙任北齐忠武将军,扶风郿县的杜氏家族在地方上或许有些影响,即碑文所谓"列土开疆"云云。但杜龙之子、杜美祖父杜国在隋朝任江都县令,父杜晖在唐初以军功受赏,家族仕宦无高品。

扶风郿县杜氏世系表:

```
……杜岐……杜龙┐
              └杜国── 杜晖── 杜美……
```

7. 陕郡杜氏以及上洛豪族杜窋

和陕郡杜氏有关的人物,有杜德及其孙辈杜贲阤、杜善贤、杜善意,据《元和姓纂》卷六杜氏条:

> 后魏广武太守杜德,云当阳侯之后。曾孙贲阤,生善贤、善意。善贤,绵州刺史。善意,涪州刺史。

据此可知,杜德的先世似乎也可以追溯到西晋杜预,但《元和姓纂》没有具体记载家族的人物仕宦。从《魏书》、《北史》等有关记载来看②,

---

① 《后汉书》卷八〇《文苑传·杜笃》。
② 《魏书》卷二一《献文六王上·咸阳王禧》、卷八〇《樊子鹄传》及《北史》卷一九《文成五王·咸阳王禧附子树》。

第三章 郡望分立的时代——魏晋南北朝时期的杜氏家族

杜德为北魏广武太守一事,大概是在北魏孝武帝太昌初年(532),宗正卿元树叛亡南梁,为梁用为将领,反戈侵扰魏境,北魏朝廷急忙令徐州刺史、大都督杜德迎敌出击,杜德骁勇善战,生擒元树,得到魏孝武帝的嘉赏。

杜德曾孙杜贲眈,生杜善贤,唐初绵州刺史、长安令①。杜善意,涪州刺史。

在北朝东西魏对峙时期的陕郡一带②,还有一杜氏房支活动。据《隋书·地理志》中记载:

> 上洛、弘农,本与三辅同俗。自汉高发巴、蜀之人,定三秦,迁巴之渠率七姓,居于商、洛之地,由是风俗不改其壤。其人自巴来者,风俗犹同巴郡。

陕郡自汉初以来,就有来自巴蜀的酋长,共七姓,他们因参预平定三秦有功,被迁来商、洛之地定居。因此这里后来成巴蛮聚居之地,并保留了巴人习俗。到北魏时期,陕郡的巴人与拓跋氏政权保持着一种特殊的关系,其地方长官均由巴人酋长担任。据《北史·泉企传》,当时上洛地区存在着"豪族泉、杜二姓":

---

① 杜善贤见于《太平广记》卷二五四所引《启颜录》,另据《全唐诗》刘行敏《嘲李叔慎贺兰僧伽杜善贤》以及《新唐书》卷八三《诸帝公主》,杜善贤同僚贺兰僧伽为李渊之女房陵公主驸马,故杜善贤为长安令,时在唐初。

② 《魏书》卷一〇六《地形志下》,陕郡即北魏洛州,太延五年(439)置荆州,太和十一年(487)改洛州,治上洛,今陕西商县(《廿二史考异》卷三九钱大昕谓当作太和十八年)。

> 岀九岁丧父,哀毁类于成人。服阕袭爵,年十二。乡人皇平、陈合等三百余人诣州,请岀为县令。州为申上。时吏部尚书郭祚以岀年少,请别选遣,终此一限,令岀代之。宣武诏依皇平等所请。巴俗事道,尤重老子之术。岀虽童幼,而好学恬静,百姓安之。寻以母忧去职。县中父老复表请起复本任。后除上洛郡守。及萧宝夤反,遣兵趣青泥,图取上洛,豪族泉、杜二姓密应之。岀与刺史董绍掩袭,二姓散走,宝夤亦退……

上洛一带尽染巴俗,而"豪族泉、杜二姓",是否也与《隋书·地理志》中"巴之渠率七姓"有关系呢?当然,由于材料缺乏,这也还仅仅是推测而已①。可以确知的是,东西魏对峙时,洛州的巴人首领已归顺西魏。后高欢西征,"上洛人都督泉岳,其弟猛略,与拒阳人杜窋等谋翻洛州,以应东魏",结果谋泄事败,杜窋投靠东魏。西魏大统三年(537),东魏以杜窋为向导,攻陷洛州,泉岀被俘至东魏,杜窋代之为洛州刺史。"然巴人素轻杜而重泉"。泉岀之子元礼暗中勾结豪强,率领乡人偷袭州城,斩杜窋,"传首长安"。结果,东魏朝廷以泉氏世袭洛州刺史"②,杜氏在上洛的势力被彻底剪除。在以后的文献中,再也没有发现有关东魏上洛杜窋家族的踪迹。

8. 交州杜氏

交州,汉代即为十三部刺史之一。东汉建安年间(196—219),改

---

① 参阅周一良:《"瞎巴三千生噉蜀子"解》,《魏晋南北朝史论集》,北京大学出版社 1997 年版。
② 《北史》卷六六《泉岀传》。

第三章 郡望分立的时代——魏晋南北朝时期的杜氏家族

交趾刺史部为交州。交州辖境相当于今广东、广西大部和越南中、北部地区。三国时期,吴分交、广两州,交州移治龙编县(在今越南境)。东晋南朝时期,交州是一个以物产殷富民族成分复杂著称的特殊地区,所谓"南夷杂种,分屿建国,四方珍怪,莫此为先,藏山隐海,瑰宝溢目。商舶远届,委输南州,故交、广富实,牣积王府"①。

在林宝《元和姓纂》卷六杜氏条中,并没有交州杜氏这个郡望,但在南北朝时期,交州杜氏家族作为一大地方势力,曾长期活跃于政治军事生活,实际上已经具有了大族郡望的特点,因此本书将其作为杜氏的一个郡望加以考察。

有关交州杜氏的族源,史无明文,但根据相关的文献可有两种推测,其一,交州杜氏是流落在合浦的东汉杜业的后裔。东汉成、哀之际,杜延年之孙、汉成帝妹颍邑公主驸马杜业,因"数言得失,不事权贵",为王莽迫害,被远徙合浦(今广西合浦县东北),不久即忧死他乡。杜业家人上书求还京师,与公主合葬,但遭到皇室拒绝,杜业被赐谥号"荒侯"②,不久子孙也失去了爵位。北归无望的杜业后人,极有可能就此淹留南国,子孙繁衍,渐渐成为交州人。其二,交州杜氏是京兆杜氏南迁的一个房支,如《宋书·杜慧度传》称:杜慧度,交址朱䩹人,本属京兆。曾祖杜元,为宁浦太守(宁浦为杜业流放地合浦之属国),遂居交趾。然而,杜元一支究竟是在何时迁至交州的?《杜慧度传》云:父杜瑗,字道言,先后为日南、九德、交趾太守,因征讨林邑有功,为龙骧将军、交州刺史、冠军将军,

---

① 《南齐书》卷五八《蛮 东南夷》。
② 《汉书》卷六〇《杜周传》。

义熙六年(410)卒,享年 84 岁。从杜瑷年寿以及其祖父杜元既已定居交趾等事实推算,杜元大约出生在 265—275 年之间,即三国吴末年、西晋初年;其为宁浦太守,则一定是西晋泰始以后的事情了。总之,交州杜氏从关中迁至交州的时间应在永嘉之乱前,因此,还不能将交州杜氏视为南渡的"侨姓"士族。

永嘉之乱后,北方流民的南迁潮不仅越过了今江苏、浙江、安徽、江西、湖南等地界,还远及广西西南以及今属越南的部分地区,而如何安置与管理这些"流民",遂成为当地治安的重要一环。由于杜氏家族多年世袭郡守、刺史,又有根深蒂固的家族势力,杜慧度、杜弘文父子两代都曾为交州"主簿,流民督护",把持着维系当地的社会秩序的大权。杜瑷卒后,杜慧度历任九真太守、使持节督交州诸军事、广武将军、交州刺史。时卢循袭破合浦,转攻交州。慧度率文武 6000 人,悉出宗族私财犒赏三军,抗击卢循,最后逐敌海上,斩卢循及其子。杜慧度因此受封为龙编县侯,食邑千户。少帝景平元年(423),慧度卒。

在两晋至刘宋大约 150 余年间,由于交州"斗绝海岛,控带外国,故恃险数不宾"①,交州的治乱对西南政治军事局势的影响至关重大,故从杜元为宁浦太守开始,至杜慧度子杜弘文,杜氏五代一直盘踞在交州,宗族势力强大,几乎全面控制了地方军政大权。杜元,西晋中为宁浦太守;杜瑷,东晋末为交趾太守、龙骧将军、交州刺史;杜慧度,继其父杜瑷之后,为刘宋九真太守、广武将军、交州刺史,龙编县侯;杜慧期,为交趾太守;杜章民,亦与其兄杜慧度

---

① 《南齐书》卷五八《蛮 东南夷》。

第三章 郡望分立的时代——魏晋南北朝时期的杜氏家族

同时为九真太守;杜弘文继其父杜慧度之后,为九真太守、交州刺史、龙编县侯①。

除去在督护流民、平定卢循方面所发挥的作用外,交州杜氏还在防御林邑侵扰方面做出了贡献。东晋以来,南朝各政权政治的焦点一直在防御北敌的入侵和权力集团内部的争斗上,无暇顾及西南边疆,而林邑的势力愈益强大。据《梁书·诸夷·海南诸国》记载:东晋穆帝永和以后,由于地方官夏侯览治理失当,对"先无田土"的林邑"侵刻尤甚",而林邑"贪日南地肥沃,常欲略有之,至是,因民之怨,遂举兵袭日南"。以后林邑多次进寇九德、日南郡,残害吏民,为害长达50余年。至安帝隆安三年(399),林邑王佛孙须达复寇日南,执太守炅源,又进寇九德,执太守曹炳。交趾郡太守杜瑗遣都护邓逸等击破之,朝廷遂以杜瑗为刺史。义熙三年(407),须达复寇日南,杀长史,杜瑗与第三子杜玄之"悉力固守,多设权策,累战,大破之。追讨于九真、日南",连连获胜,逼迫须达逃回林邑。朝廷乃以杜瑗为龙骧将军、交州刺史,义旗进号冠军将军②。义熙九年(413),须达再寇九真,杜瑗之子、行郡事杜慧期前往迎战,斩须达子交龙王甄知及其将范健等,生俘须达息郁能,虏获百余人,再立功勋。

在边疆地区的经济开发和文化建设方面,交州杜氏家族也做出了贡献,史称杜慧度"布衣蔬食,俭约质素,能弹琴,颇好《庄》、《老》"。其治理交州,"禁断淫祀,崇修学校,岁荒民饥,则以私禄赈

---

① 《宋书》卷九二《杜慧度传》。
② 同上。

给。为政纤密,有如治家,由是威惠沾洽,奸盗不起,乃至城门不夜闭,道不拾遗"[1]。但此后杜慧度又板授其子杜弘文为鹰扬将军、九真太守,宋文帝(刘义隆)为防止杜氏世袭交州军政过久,形成地方割据局面,遂于元嘉四年(427)另选派延尉王徽出任交州刺史,招杜弘文回京。杜弘文扶病上路,途中卒于广州。临终前,弘文遣弟弘猷诣京。从此,杜氏家族在交州的长期统治宣告结束。

交州杜氏的势力被削弱后,到刘宋泰始初年,发生了当地土著对"北方流寓"的诛杀事件,时值交州刺史张牧病卒,土人李长仁为乱,"悉诛北来流寓,无或免者"[2]。此后李长仁"据交州叛,数年病死",其弟李叔猷继续统治,与朝廷分庭抗礼。刘宋朝廷虽兴兵连年征讨,但直到顺帝末年,交州政局一直处于动荡不安中。特别是自杜瑗死后,林邑无岁不寇日南、九德诸郡,杀掠扫荡,交州遂致虚弱。

据《宋书·杜慧度传》,列出交州杜氏世系表如下:

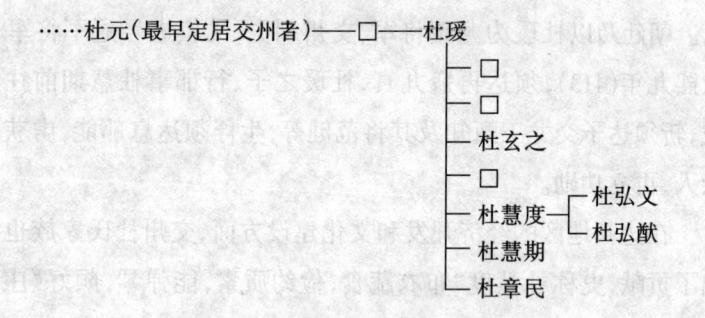

```
……杜元(最早定居交州者)──□──杜瑗
                              ├─□
                              ├─□
                              ├─杜玄之
                              ├─□
                              ├─杜慧度─┬─杜弘文
                              │         └─杜弘猷
                              ├─杜慧期
                              └─杜章民
```

---

[1] 《南史》卷七〇《循吏·杜慧度传》。
[2] 《宋书》卷九四《恩幸传·徐爰》云:"土人孝长仁为乱,悉诛北来流寓,无或免者。""孝"或为"李"误。

9. 钱塘杜氏

早在秦汉实行郡县制时,就已设置"钱唐"县,属会稽郡。后因唐代修史避皇朝讳,遂改作钱塘,今属浙江杭州。与交州杜氏一样,《元和姓纂》没有记载杜氏钱塘郡望,但从文献中梳理出的这一支的人物事迹来看,钱塘杜氏以家族形态存在并深刻影响了当时的社会生活,实际上已经具备了大族郡望的特点。

钱塘杜氏的代表人物有杜子恭、杜该、杜运、杜道鞠、杜京产、杜栖等。有关钱塘杜氏族源和世系,文献记载阙如,只有《云笈七签·纪传部·洞仙传杜昺》多少提到一些杜子恭的身世,传曰:

> 杜昺,字叔恭,吴国钱塘人也。年七八岁,与时辈北郭戏,有父老召昺曰:"此童子有不凡之相,惜吾已老,不及见之。"昺早孤,事后母至孝,有闻乡郡。《三礼》命仕,不就。叹曰:"方当人鬼淆乱,非正一之炁,无以镇之。"于是师余杭陈文子,受治为正一弟子。救治有效,百姓咸附焉。后夜中有神人降云:"我张镇南也。汝应传吾道法,故来相授诸秘要。"方阳平治。昺每入静烧香,能见百姓三五世祸福,说之了然。章书符水,应手即验。远近道俗,归化如云。十年之内,操米户数万……

按杜子恭本名杜昺,因唐代史臣李延寿作《南史》避李唐先祖李昺讳,故书子恭,以字行,此处"叔恭"即"子恭"之讹。杜子恭早孤,以孝行闻名乡里,其父祖名字、身份均不详,估计杜子恭一支也是永嘉之乱前后南渡的侨民,因此后人将他这一支杜氏视为南朝次等士族之一①。

　　杜子恭的名望,是从投身天师道开始的。南朝社会环境相对安定,玄学大兴,而东晋以来,江左道教(天师道)也得到迅速而广泛的传播,信徒遍及社会各阶层,在门阀士族中也有很大影响。杜子恭师从"余杭陈文子,受治为正一弟子",后又得到张镇南(即张鲁,早期道教五斗米道领袖)所传之"道法","授诸秘要",并仿效"阳平治"建立了"杜治"②,从事天师道的传播活动。东晋穆帝年间(345—361),杜子恭已远近闻名,以至"东土豪家及京邑贵望,并事之为弟子,执在三之敬"③,所谓"人多惑之,敬之如神"④。对此,《晋书·孙恩传》略有所记:

　　　　子恭有秘术,尝就人借瓜刀,其主求之,子恭曰:"当即相还耳。"既而刀主行至嘉兴,有鱼跃入船中,破鱼得瓜刀。其为神效往往如此。

杜子恭的所谓"道术"、"秘要",仍不出神仙家禳邪驱病救人之伎俩,但在东晋一代已有广泛影响以致被神化。

　　东晋以来,道教在江左获得长足发展。陈寅恪先生曾经指出:"凡东西晋南北朝奉天师道之世家,旧史记载可得而考者,大抵与

---

①　参阅田余庆:《刘裕与孙恩》,载《东晋门阀政治》。
②　按:"治"为道家修总奉事之所。
③　《宋书》卷一〇〇《自叙》。
④　《建康实录》卷十。除上揭《云笈七签》外,《晋书·孙恩传》、《南齐书·高逸传》以及钟嵘《诗品》还有同样的记载。

滨海地域有关。故青徐数州,吴会诸郡,实为天师道之传教区。"①深刻揭示了这一时期家族、地域与宗教(主要是天师道)三者间的密切关系。那么,杜子恭何以信奉天师道,杜氏家族何以连续几代与天师道结合,"历代相传,至后裔杜栖,多有时名,为南朝天师道最著之世家"呢?有以下原因:首先,杜氏家族原本即有信仰道教的背景,早在杜子恭之前,三国孙吴时期,就有南渡的杜氏人物崇尚道教,如《云笈七签》卷一一一杜契条云:

> 杜契,字广平,京兆人也。建安初,渡江依孙策,后孙权用为立信校尉。黄武二年起学道,师介琰,受黄白术,久久能隐形遁迹。后居茅山之东,时与弟子采伐,货易山场市里,而人不能知之。数入洞中得仙。

按此杜契东汉末年即渡江投奔孙策,后皈依道教,居茅山传教。又据同书卷一一三《聂师道传》:

> ……吴太祖霸江淮间,闻(聂)师道名迹,冀其道德护于军庶,继发召止,及广陵,建玄元宫以居之。每升坛,祈恩祷福,水旱无不应,致天地感动,烟云呈祥。乃降褒美为逍遥大师、问政先生,以显国之师也……弟子邹德匡、王处讷、杨匡翌、汪用真、程守朴、曾景霄、王可儒、崔繟然、杜崇真、邓启遐、吴知古,皆得妙理,传上清法,散于诸州府,袭真风而行教,朝廷皆

---

① 陈寅恪:《天师道与滨海地域之关系》,《金明馆丛稿初编》,第15页。

命以紫衣,光其玄门……

聂师道的弟子中,有一"得妙理,传上清法"的杜崇真,成为东吴时期活跃于江淮的道教知名人物。当然,杜契、杜崇真与杜子恭之间究竟有何关系还没有更直接的史料。

钱塘杜氏与天师道之结合的主要原因,恐怕还与南渡后社会环境和杜氏自身在士族社会的地位发生了变化有关。杜氏作为世代显赫的关中大姓,在东吴不同的社会文化背景下,没有更深厚的社会基础,特别是在会稽一带沿海地区,由于吴姓士族与侨姓士族激烈争夺土地和佃户,竞相建立庄园,社会矛盾尖锐。当时道教、天师道等宗教教派的活动也十分活跃,信奉道教的人包括了社会各个阶层,士族门阀中的道教徒同样很多。杜氏凭借着天师道,在结交士族、扩大自身社会影响方面起了很大作用,如当时与杜氏联系密切的吴姓士族,有号称"东南豪士"的沈警、沈穆夫父子。沈警,字世明,"惇笃有行业,学通《左氏春秋》,家世富殖,财产累千金",将军谢安任命其为参军,甚相敬重。史称沈警"累世事道,亦敬事(杜)子恭。子恭死,门徒孙泰、泰弟子恩传其业,警复事之"[①]。再如东晋望族会稽谢氏谢灵运家族,也与杜子恭关系密切,据钟嵘《诗品》卷一"宋临川太守谢灵运"条记载:"钱塘杜明师(按:即杜子恭),夜梦东南有人来入其馆,是夕即灵运生于会稽,旬日而谢玄亡。其家以子孙难得,送灵运于杜治养之,十五方还都,故名客儿。"此外,杜子恭与陆氏、王氏也有交往,如子恭曾为陆纳

---

① 《宋书》卷一〇〇《自叙》。

第三章 郡望分立的时代——魏晋南北朝时期的杜氏家族

疗疾,据《太平御览》卷六六六引《太平经》:

> 陆纳为尚书令,时年四十,病疮,告杜恭……恭为奏章,又与云飞散,谓纳曰:"君命至七年。"果如其言。王右军病,请恭,恭谓弟子曰:"右军病不差,何用吾?"十余日果卒。

王羲之(右军)之死在东晋穆帝、哀帝年间(361—365)①,据此可知,在这个时期杜治已经形成,并成为当时天师道的一大重镇。直到杜子恭死后,仍被信徒尊崇备至,如孔灵产,泰始中罢晋安太守。"有隐遁之怀,于禹井山立馆,事道精笃,吉日于静屋四向朝拜,涕泗滂沱。东出过钱塘北郭,辄于舟中遥拜杜子恭墓,自此至都,东向坐,不敢背侧"②。

至东晋末年,杜子恭弟子孙泰,继承并利用道术为活动手段,积极网罗士族和民众,意欲颠覆东晋政权。隆安二年(398)末孙泰谋泄被杀,杜子恭惶惧,后数月亦卒③。子恭死后,隆安三年(399),孙恩于会稽作乱,三吴皆响应,仍有士族如沈警等追随孙泰、孙恩,沈穆夫入孙恩幕府。孙恩失败后,沈警及沈穆夫等五子并遇害④。

杜子恭子杜该,事迹不详,可以肯定他没有参加孙恩、卢循起事。杜该子杜运,为刘毅幕僚;杜运之子、杜子恭之孙杜道鞠,为扬

---

① 参阅田余庆:《刘裕与孙恩》,载《东晋门阀政治》。
② 《南齐书》卷四八《孔稚珪传》。
③ 关于杜子恭之死,参阅田余庆:《刘裕与孙恩》,载《东晋门阀政治》。
④ 《宋书》卷一〇〇《自叙》。

州从事,继续传道。据梁陶弘景所撰《真诰叙录》:

> 钱唐杜道鞠(原注:即居士京产之父)道业富盛,数相招致。于时诸人并未知。寻阅经法,只秉奉为止。

又据《南齐书·高逸传·杜京产》称:"京产字景齐,吴郡钱塘人。杜子恭玄孙。祖运,为刘毅卫军参军,父道鞠,州从事,善弹棋,世传五斗米道,至京产及子栖。京产少恬静,闭意荣宦。颇涉文义,专修黄老。会稽孔觊,清刚有峻节,一见而为款交。郡召主簿,州辟从事,称疾去。除奉朝请,不就。与同郡顾欢同契,始宁中,东山开舍授学。"但后来,钱塘杜氏家族的宗教和学术取向都发生了微妙的变化①,在《南齐书·高逸传·杜京产》中可以看到这种变化的一些蛛丝马迹:

> 建元中,武陵王晔为会稽,太祖遣儒士刘瓛入东为晔讲说,京产请瓛至山舍讲书,倾资供待,子栖躬自跣履,为瓛生徒下食,其礼贤如此。孔稚珪、周颙、谢瀹并致书以通殷勤。

按:刘瓛为儒学大师,"博通五经,儒学冠于当时"[2];杜京产、杜栖父子请其讲学,说明其家族学术有向儒学转变的迹象。另外,南齐

---

① 参阅唐长孺:《钱塘杜治与天师道的演变》,载《唐长孺社会文化史论丛》,武汉大学出版社2001年版。
② 《南齐书》卷三九《刘瓛传》。

武帝永明十年(492),名士孔稚珪及光禄大夫陆澄、祠部尚书虞悰、太子右率沈约、司徒司长史张融等,共同表荐杜京产"学遍玄、儒,博通史、子,流连文艺,沈吟道奥","谓宜释巾幽谷,结组登朝"①。然表荐不报。齐永元元年(499),杜京产卒,享年64岁。杜栖之后,钱塘杜氏子孙再未有显于史者。

自东晋穆帝年间(345—361)杜子恭天师道兴盛,至南齐末叶近200年间,杜子恭及其玄孙杜京产、杜栖前后六代人的宗教学术活动,影响深远。值得注意的是,南齐永明时表荐杜京产的孔、陆、沈等人,又都与杜氏天师道有着复杂的关系,而史称孔稚珪事道精笃②;陆澄"当世称为硕学"③;沈约则为沈警玄孙。从沈警父子对杜子恭天师道的追随及其命运,可以看出东吴部分士族豪门的宗教取向和政治态度,钱塘杜氏及天师道对这一时期的宗教、政治和学术所产生的多方面影响,已经成为东晋南朝历史中备受关注的问题。

钱塘杜氏世系表:

```
？……杜子恭——杜该——杜运
                └─杜道鞠——杜京产
                              └─杜栖……
```

10. 庐江杜氏

或许是林宝《元和姓纂》宋以后已经残阙,其卷六杜氏条中没有收入庐江杜氏。而在有关两晋史事的文献中,不乏庐江杜氏的

---

① 《南齐书》卷五四《高逸传·杜京产》。
② 《南齐书》卷四八《孔稚珪传》。
③ 《南齐书》卷三九《陆澄传》。

记载,如《晋书·儒林传·杜夷》云:

> 杜夷,字行齐,庐江灊人也。世以儒学称,为郡著姓。夷少而恬泊,操尚贞素,居甚贫窭,不营产业,博览经籍,百家之书,算历图纬,靡不毕究。寓居汝、颍之间十载,足不出门。年四十余,始还乡里,闭门教授,生徒千人。

"世以儒学称,为郡著姓"的庐江杜氏,毫无疑问应是杜氏的一个重要郡望,只是定居庐江的时间或早于永嘉后大批南渡的侨姓士族。至于庐江杜氏的族源及其与京兆杜氏其他家族的关系,由于缺少直接的史料,尚无法确定。

庐江杜氏的代表人物为杜夷。杜夷著述富赡,有《幽求子》20篇行于世,在西晋、东晋两朝,以学问、名德,声望煊赫。西晋惠帝时,杜夷三举孝廉,为州别驾。永嘉初,朝廷又征拜杜夷为博士、太傅,东海王司马越也辟其为府属,但杜夷均坚辞不仕。晋怀帝时,诏王公举贤良方正,刺史王敦极力举荐杜夷"履道弥高,清操绝俗,思学融通,才经王务","清虚冲淡,与俗异轨",怀帝遂以夷为方正,并派王敦赴洛阳"逼夷"就任。但杜夷以疾再辞,"遁于寿阳",得到镇东将军周馥的"倾心礼接",为其起宅宇,供医药。后杜夷返回庐江旧居,扬州刺史刘陶因仰慕杜夷"德懋行洁,高尚其志",特告示庐江全郡,"遣吏宣慰,郡可遣一吏,县五吏,恒营恤之,常以市租供给家人粮廪,勿令阙乏"[①]。

---

① 《晋书》卷九一《儒林传·杜夷》。

永嘉之乱后,晋廷南渡,杜夷仍享有盛名。早在司马睿(东晋元帝)为丞相时,因"礼典无宗",特立儒林祭酒官,而以杜夷"才学精博,道行优备",命为祭酒。杜夷因病未尝入朝,元帝致书慰问,并赐谷200斛。皇太子司马绍还曾三至夷宅,请教经义。朝廷每有军政大事,也常遣使至夷家咨访。司马绍继立为明帝后,杜夷上表请退,明帝极力挽留,至有"岂得高退而朕靡所取则焉"之语,足见杜夷之得到司马氏的优崇。

太宁元年(323),杜夷卒,享年66岁。杜夷兄弟三人。兄杜嵩,字行高,亦有志节。西晋惠帝时,俗多浮伪,杜嵩著《任子春秋》以讥刺时弊。弟杜援,官至高平相。杜援子杜潜,右卫将军。

另有杜不愆,亦庐江人,幼年从外祖父郭璞学习《易》卜,后为桓嗣建威参军[①]。

庐江杜氏世系表:

```
         ┌─ 杜嵩
…… □ ─┼─ 杜夷
         └─ 杜援 ── 杜潜 ……
```

三、自立于士族之林
——杜氏诸郡望的仕宦与婚姻

在以上诸节中,笔者已对杜氏家族的主要郡望进行了详细的考察,大体勾画出了汉晋以来杜氏家族的发展脉络。如果说两汉至魏晋是士族形成的重要时期,东晋至南北朝则是士族迁徙频繁、

---

① 《晋书》卷九五《艺术·杜不愆传》。

剧烈分化的时期。南北诸杜的历史命运不尽相同,各自的发展也呈现出不同的特点。这些特点和变化,又与隋唐时期杜氏家族各郡望的兴衰荣枯有连带关系,因此有必要予以概括和总结。下面试从仕宦与婚姻两个方面,对南北杜氏在门阀士族中的地位和影响做出分析和评价。

1. 仕宦

魏晋南北朝时期,杜氏家族人物辈出,在各个时期的政治舞台上扮演了重要角色。现据史传、碑志及相关的谱系资料,列出"南北方杜氏诸郡望人物仕宦表":

表一:东晋、南朝诸郡望人物仕宦表

序号	时代	郡望	人物	官职·爵位	品秩	中央\地方
1	东晋初	交州	杜元	宁浦太守	五品	地方
2	东晋末	交州	杜瑗(字道言)	日南、九德、交址太守。因征讨林邑有功,为龙骧将军、交州刺史、冠军将军	四品	地方
3	刘宋	交州	杜慧度	除使持节、督交州诸军事、广武将军、交州刺史	四品	地方
4	刘宋	交州	杜慧期	交趾太守	五品	地方
5	刘宋	交州	杜章民	九真太守	五品	地方
6	刘宋	交州	杜弘文	九真太守、交州刺史、龙编县侯	四品	地方
7	东晋	京兆	杜乂	公府掾、丹阳丞、当阳侯	二品	中央
8	东晋	钱塘	杜运	刘毅幕僚	五品下	地方
9	东晋	钱塘	杜道鞠	扬州从事	六品	地方
10	西晋	襄阳杜氏	杜顾	西海太守	五品	地方
11	东晋	襄阳杜氏	杜逊	魏兴太守	五品	地方

第三章 郡望分立的时代——魏晋南北朝时期的杜氏家族

序号	时代	郡望	人物	官职·爵位	品秩	中央\地方
12	宋	襄阳杜骥房	杜 骥	青州刺史	四品	地方
13	宋	襄阳杜骥房	杜 坦	青州刺史	四品	地方
14	宋	襄阳杜骥房	杜幼文	黄门侍郎、散骑常侍梁、南秦州刺史。邵阳县男	三品	兼领
15	宋	襄阳杜骥房	杜叔宝	右军参军	四品	地方
16	宋	襄阳杜骥房	杜叔文	长水校尉	四品	中央
17	梁	襄阳灵启房	杜怀瑶	梁、秦二州刺史	四品	地方
18	梁	襄阳灵启房	杜 巙	西荆州刺史	四品	地方
19	梁	襄阳灵启房	杜 崱	新兴太守、武州刺史、散骑常侍、江州刺史。枝江县公	三品	地方
20	梁	襄阳灵启房	杜 岸	北梁州刺史。江陵县侯	四品	地方
21	梁	襄阳灵启房	杜幼安	西荆州刺史。华容县侯	四品	地方
22	梁	襄阳灵启房	杜 龛	吴兴太守、太府卿、散骑常侍、镇南大将军。溧阳县侯	三品	地方
23	梁	襄阳乾光房	杜 渐	边城太守	五品	地方
24	陈	不 详	杜 该	郢州司马	七品	地方

说明：

第一，职官的品秩据《魏书·官氏志》、《隋书·百官志》以及《通典·职官典》而定(下表亦同)；

第二，在人物所历官职中，取其品秩最高者(下表亦同)。

本表共选取东晋南朝杜氏官宦人物24人，分别来自京兆、交州、襄阳、吴郡5个郡望。综合表中的统计数字不难看出，东晋南朝杜氏除杜运一人任职品秩不详外，居五品以上(包括五品在内)官者，多达21人，约占其总数的87.5%；五品以下仅3人，占总数的12.5%；居地方官者也是21人，占总数的87.5%；中央官员仅3人，占总数的12.5%。

表中统计的数据还显示出：杜氏家族在东晋南朝中央政权的

核心部门没有占据重要位置,与其时琅琊王氏、太原王氏、陈郡谢氏等家族政治军事各领风骚的局面相比,不免有些逊色,这与京兆杜乂早卒且无子嗣有关,尤其是杜预子杜耽一支渡江偏晚,其在南朝立足必然要经历一个更加艰苦的过程。但经过几代人的经营,至刘宋、萧梁两朝,杜氏人物成为强大的地方势力,长期盘踞在交州、荆梁两地,成为控制一方的地方豪强。

曹魏、西晋与北朝杜氏人物 48 人,主要来自京兆、中山、洹水、陕郡、成都(蜀中)5 大郡望(其中京兆分为 3 个房支):

表二:曹魏、西晋与北朝杜氏诸郡望人物仕宦表

序号	时代	郡望	人物	官职·爵位	品秩	中央\地方
1	曹魏	京兆杜氏	杜畿	河东太守,尚书仆射。关内侯、丰乐亭侯	三品	兼任
2	曹魏	京兆杜氏	杜恕	散骑黄门侍郎、弘农太守、河东太守、幽州刺史	四品	兼任
3	西晋	京兆杜氏	杜预	征南大将军、当阳侯	二品	中央
4	西晋	京兆杜氏	杜锡	吏部郎、尚书左丞	从四品	中央
5	西晋	京兆杜氏	杜尹	弘农太守	五品	地方
6	西晋	京兆杜氏	杜跻	新平太守	五品	地方
7	西晋	京兆杜氏	杜耽	凉州军司	八品	地方
8	西晋	成都(蜀中)	杜祯(植)	符节令,梁益二州大中正	七品	地方
9	西晋	成都(蜀中)	杜轸	犍为太守,州大中正	五品	地方
10	西晋	成都(蜀中)	杜烈	历平康、安阳等县令,衡阳太守,犍为太守,迁湘东太守	五品	地方
11	西晋	成都(蜀中)	杜良	涪陵、建宁太守	五品	地方
12	西晋	成都(蜀中)	杜毗	醴陵令	七品	地方
13	西晋	成都(蜀中)	杜弢	醴陵令	七品	地方

第三章　郡望分立的时代——魏晋南北朝时期的杜氏家族　117

序号	时代	郡望	人物	官职·爵位	品秩	中央\地方
14	苻秦	京兆杜氏	杜 胄	太尉	一品中	中央
15	后燕	京兆杜氏	杜 巍	秘书监	二品下	中央
16	北魏	京兆杜氏	杜 皎	仪同三司、武都郡守	一品下	兼领
17	北魏	京兆杜氏	杜 建	辅国将军	三品	不明
18	北魏	京兆杜氏	杜 瓒	黄门侍郎、兼度支尚书、卫大将军	一品下	中央
19	北魏	京兆杜氏	杜 盛	直阁将军、颍川太守	从四品	兼任
20	北魏	京兆杜氏	杜 铨	散骑侍郎、中书侍郎。新丰侯	从三品上	中央
21	北魏	京兆杜氏	杜 遇	奉朝请、员外散骑侍郎、尚书起部郎中、龙骧将军、中散大夫、河东太守	三品上	中央
22	北魏	京兆杜氏	杜 鸿	司徒仓曹参军	从五品上	中央
23	北魏	京兆杜氏	杜洪太（洪泰）	中书博士、安远将军、下邳太守、鹰扬将军、绛城镇将、带新昌、阳平二郡太守	五品	地方为主
24	北魏	京兆杜氏	杜祖悦	天水、仇池二郡太守、太尉、汝南王悦咨议参军	五品	兼领
25	北魏~东魏	京兆杜氏	杜 颙	厉威将军、盱眙太守、带大徐戍主、征房将军、东荆州刺史、镇西将军、金紫光禄大夫	从一品	地方
26	北朝	京兆杜氏	杜长文	安西将军，光禄大夫	三品	兼领
27	北朝	中山杜氏	杜彦衡	淮南太守	五品	地方
28	北魏	中山杜氏	杜慈度	繁畤令	七品	地方
29	北魏	中山杜氏	杜 弼	广武将军、太学博士、卫尉卿、镇南将军	三品	中央
30	东魏~北齐	中山杜氏	杜台卿	廷尉监、历中书、黄门侍郎，兼大著作、修国史	四品	中央
31	北魏	陕郡杜氏	杜 德	广武太守	五品	地方

序号	时代	郡望	人物	官职·爵位	品秩	中央\地方
32	北齐	洹水杜氏	杜 裕	乐陵令	七品	地方
33	西魏	京兆杜氏	杜 阐	渭州刺史	四品	地方
34	梁、北周	襄阳杜氏	杜叔毗	梁宜丰侯萧循幕僚；周都督、辅国将军、硖州刺史	三品上	地方
35	北周	京兆杜氏	杜 整	都督	三品	中央
36	北周	京兆杜氏	杜 达	榆州刺史	四品	地方
37	北周	京兆杜氏	杜 征	河内太守	五品	地方
38	北周	京兆杜氏	杜 业	豫州刺史	四品	地方
39	北周	京兆杜氏	杜 彦	大都督、陇州刺史、魏郡太守	从二品	地方
40	北周	京兆杜氏	杜 植	乐陵令	七品	地方
41	北周	京兆杜氏	杜 安	豫虢二州刺史	四品	地方
42	北齐	京兆杜氏	杜士朗	壶关令	七品	地方
43	北齐	京兆杜氏	杜 良	镇远将军、冀州刺史	五品	地方
44	北周	京兆杜氏	杜行宝	豫州刺史、诸军事。淮南公	从三品	地方
45	北周~隋	中山杜氏	杜 蕤	大理少卿、散骑常侍、吏部郎中、开州刺史	正四品	中央
46	北周	京兆杜氏	杜 颛	大载师	从五品	中央
47	北周	京兆杜氏	杜景仲	兵部侍郎、太常卿。岐山郡公	从四品	中央
48	北周	京兆杜氏	杜 嵩	幽州刺史。熙山公	从三品	地方

表中，居五品以上官者（包括从五品在内）多达 40 人，占杜氏官宦人物总数的 83%，其中三品以上者多达 17 人，占总数的 35%。主要为地方官者有 31 人，中央职务者 17 人，除去其中有 6 人兼领中央地方职务，一人所属不明外，地方职务在数量上稍多于中央职务，但杜畿、杜预、杜瓒等在中央权力中品秩高，且地位重要。这些信息表明，在魏、西晋、北朝，杜氏家族在中央与地方较多

第三章 郡望分立的时代——魏晋南北朝时期的杜氏家族

地占据了重要位置,京兆杜铨、中山杜弼等还在北朝民族政权中拥有举足轻重的地位。

2.婚姻

在现存文献中,有关南北朝时期杜氏家族的婚姻材料十分缺乏,从而在很大程度上影响了对这个问题的深入研究。这里仅将有限的相关材料做初步的整理和概括。

西晋时期杜氏家族与司马氏政权的婚姻关系,可以追溯到魏末晋初,司马懿将女儿高陆公主嫁给了父亲司马防的故吏、一代重臣杜畿之子杜预。尽管这次婚姻为时短暂①,但却影响深远。后来的东晋朝廷仍然与杜氏通婚——东晋成帝娶杜预曾孙、杜乂之女杜陵阳为成恭皇后。史称杜陵阳"少有姿色,然长犹无齿,有来求婚者辄中止"。但成帝并不介意杜家女儿的这一缺陷,"以后弈世名德,咸康二年,备礼拜为皇后,即日入宫"。传说杜皇后在"纳采之日,一夜齿尽生"②。因陵阳21岁即病卒,杜氏与司马氏的这段婚姻只存在了6年,但这从一个方面说明了京兆杜氏的社会声望和影响。此外,杜乂妻裴氏,父为晋末河东名士裴遐,母为东晋名士王衍之女③。而裴、王二族门阀显赫,"时人以八裴方八王",以裴遐比王导④。而当时的裴氏同时还与晋王室联姻,裴遐的从妹为东海王司马越妃。这样,通过杜乂姻亲裴氏家族,京兆杜氏的

---

① 详见本章第一节《杜畿、杜恕、杜预三代浮沉与宗族势力的滋长》。
② 《晋书》卷三二《后妃·成恭帝杜皇后》。
③ 同上。
④ 《晋书》卷三五《裴秀传》。

裙带关系中又增加了著名的王衍家族。

南朝杜氏在士族间婚姻关系方面的史料,还有南京出土的六朝墓志《宋故员外散骑侍郎明府君墓志铭》①,此铭详细记载了墓主平原鬲人、晋徐州刺史明褒七世孙明昙憙,三代以来的婚姻及社会关系,现整理如下表:

人物	与明府君之关系	职务或身份	通婚对象
明俨	祖父	州别驾,东海太守	娶清河崔氏,度支尚书崔逞女,后娶渤海封氏
明歆之	父	州别驾参军,苍梧太守,抚军	娶平原刘氏,北海太守刘奉伯女,后娶平原齐郡太守杜融女
明善盖	三叔	州秀才,奉朝请	娶清河崔氏,员外郎崔模女
明休之	四叔	员外郎,东安东莞二郡太守	娶清河崔氏,右将军冀州刺史崔諲女
明宁民	长兄	不详	娶平原刘氏,济北太守刘季略女
明敬民	二兄	给事中宁朔将军齐郡太守	娶清河崔氏,右将军冀州刺史崔諲女
明昙登	三兄	员外常侍	娶清河崔氏,员外郎崔景真女
明昙欣	四兄	积射将军	娶清河崔氏,通直郎崔勋之女
明昙憙(字永源)	本人	散骑侍郎	娶平原刘氏,冀州刺史刘乘民女

按平原郡鬲县,地处北魏与刘宋交界地带,在此地区的汉族士族之间存在着普遍联姻的情况,而山东士族明府君(永源)祖孙三代一直与清河崔氏、平原刘氏等士族通婚,其中平原杜氏、齐郡太守杜

---

① 赵超:《汉魏南北朝墓志汇编》。

第三章 郡望分立的时代——魏晋南北朝时期的杜氏家族

融父女,也在明府君的婚姻和社会关系网络中,这与《颜氏家训·后娶》所记崔目莲子崔僧深(南青州刺史),弃元妻房氏,后娶平原杜氏,生四子,并与杜氏及四子定居青州一事,大体相似。在这个时期,平原杜氏同时与清河崔氏、平原刘氏联姻,而这几个家族,世代掌握着地方权力,又通过世代通婚,形成了根深蒂固的宗族势力。

南朝杜氏另外几例婚姻,其联姻对象均为汉族士族,其中,既有关中韦氏、河东裴氏,又有山东郡姓琅琊王氏。另外,杜氏家族还与北地傅氏和冯翊严氏通婚,如杜有道妻严氏,将女儿杜韡嫁给了名儒傅玄①。

永嘉之乱后,黄河以北的广大地区处在少数民族政权的控制之下。这个时期,汉族与少数民族之间的矛盾十分尖锐,然而在民族大融合的过程中,彼此之间的通婚也十分普遍,特别是少数民族贵族之与汉族士族间的通婚尤其引人注意,如石勒昭仪、石虎(季龙)母,即杜氏,后被石虎立为天王皇后②。北魏入主中原后,在法律和制度上,都为鲜卑皇室与汉魏士族通婚提供了保证,《资治通鉴》卷一四〇建武三年(496)春正月条云:

> 魏主雅重门族,以范阳卢敏、清河崔宗伯、荥阳郑羲、太原王琼四姓,衣冠所推,咸纳其女以充后宫。陇西李冲以才识见任,当朝贵重,所结姻纏,莫非清望;帝亦以其女为夫人。

---

① 《晋书》卷九六《列女传·严氏》。
② 《晋书》卷一〇六《载记第六·石勒》。

同书同卷又云：

> 魏旧制：王国舍人皆应娶八族及清修之门。咸阳王禧娶隶户为之，帝深责之；因下诏为六弟聘室："前者所纳，可为妾媵。咸阳王禧，可聘故颍川太守陇西李辅女；河南王干，可聘故中散大夫代郡穆明乐女；广陵王羽，可聘骠骑咨议参军荥阳郑平城女；颍川王雍，可聘故中书博士范阳卢神宝女；始平王勰，可聘廷尉卿陇西李冲女；北海王详，可聘吏部郎中荥阳郑懿女。"

据此可知，魏孝文帝下诏，要求北魏王室首选"八族及清修之门"为对象，而"八族"应该是指鲜卑建国过程中功勋卓著的穆、陆、贺、刘、楼、于、嵇、尉八姓；"清修之门"，应该是指上述诏令中的汉族士族中的高门，如范阳卢氏、清河崔氏、荥阳郑氏、太原王氏四姓以及陇西李氏和赵郡李氏。"时赵郡诸李，人物尤多，各盛家风，故世之言高华者，以五姓为首"[①]，与北魏王室通婚的士族，实际上是崔、卢、李、郑、王五姓。

尽管杜氏没有被列入与北魏皇室通婚的五姓之内，但事实上北魏皇室与杜氏的联姻自其国初拓跋嗣时期就已开始。拓跋嗣妻明密皇后是出生在邺的杜氏女，族属上应为濮阳杜氏[②]。其后，东

---

① 《资治通鉴》卷一四〇齐明帝建武三年（北魏孝文帝太和二十年，496）正月条。
② 《魏书》卷一三《皇后·明元密皇后杜氏》：明元密皇后杜氏，魏郡邺人，阳平王超之妹也。初，以良家子选入太子宫，有宠，生世祖。及太宗即位，拜贵嫔。泰常五年薨，谥曰密贵嫔，葬云中金陵。世祖即位，追尊号谥，配飨太庙。又立后庙于邺，刺史四时荐祀。按：关于明元密皇后杜氏族属问题详见本书附录一"濮阳杜氏"一节。

第三章 郡望分立的时代——魏晋南北朝时期的杜氏家族

魏宗室元均又娶杜氏为王妃,据《汉魏南北朝墓志汇编》收东魏宗室元均墓志铭文:

> 王讳均,字世平,河南洛阳人也。太祖道武皇帝之玄孙,凉州使君淮南□王之次子……夫人京兆杜氏,汉御史大夫周之后。禀粹固天,理怀明洁,年甫初笄,爰适我公,礼敬踰於奉冀,勤诲过於训歇。故以所诞育七男六女等,莫不如圭如璋,令问令望者矣……

元均,又见《魏书·道武七王·阳平王熙传》,只是传称元均有六子,与墓志小异。结合墓志和史传,元均之妻杜夫人,自笄年出嫁,育七男六女,其中长子忻之、次子庆鸾等,都仕宦有名。杜氏于天平二年(532)去世,与元均合葬于邺西魏诸王茔墓。

南北朝时期杜氏诸望的婚姻关系可由以下简表表示:

序号	系统	朝代	郡望	姻 亲	阶层属性
1	南朝	东晋	京兆杜氏	杜乂⇔裴遐女	河东望族
2	南朝	东晋	京兆杜氏	杜乂女陵阳⇔晋成帝	皇 室
3	南朝	刘宋	襄阳杜氏	杜骥⇔京兆韦玄女	关中郡姓
4	南朝	东晋	京兆杜氏	杜有道⇔妻严氏	关中郡姓
5	南朝	东晋	京兆杜氏	杜韡⇔傅玄	关中郡姓
6	南朝	刘宋	平原杜氏	齐郡太守杜融女⇔山东齐州明歆之	山东郡姓
7	南朝	刘宋	平原杜氏	杜氏⇔博陵崔僧深	山东郡姓
8	南朝	刘宋	襄阳杜氏	杜氏⇔琅琊王氏	山东郡姓
9	南朝	梁	襄阳杜氏	杜龛⇔王僧辩女	山东郡姓

序号	系统	朝代	郡望	姻　亲	阶层属性
10	北朝	石赵	洹水杜氏	杜氏⇔石勒	皇室
11	北朝	北魏	濮阳杜氏	明密皇后杜氏、杜豹女⇔北魏明元帝拓跋嗣	皇室
12	北朝	北魏	京兆杜氏	杜杲房之杜瓉①⇔北魏孝武妹新丰公主	皇室
13	北朝	北魏	京兆杜氏	杜氏⇔宗室元均	皇室

综合分析以上史实,可以发现南北朝时期杜氏家族的婚姻有以下特点:

第一,杜氏联姻的对象,主要集中在汉魏旧族之崔、裴、薛、韦、刘、王等姓氏,其中既有关中郡姓韦氏、河东裴氏,又有山东郡姓清河崔氏、琅琊王氏,这说明南北朝时期士族阶层内部的"身份内婚制"特点的普遍存在,门阀士族社会还处在相当强固的发展状态中。

第二,在南朝杜氏的联姻对象中,韦、裴等家族与杜氏境况相近,同为晚渡士族,在宋、梁时期,他们的宗族势力主要集中在荆梁地区,因此杜韦、杜裴的联姻多少带有关中旧族在新地域重新联合的意味。

第三,无论南朝抑或北朝,杜氏都被皇室作为联姻对象,特别是北朝杜氏先后有四宗与皇室联姻的情况。这说明杜氏在汉魏旧族中的地位和影响,也说明皇权的巩固及其社会基础的维系,需仰赖士族高门的支持。

综观魏晋南北朝时代杜氏家族各房望的兴衰浮沉,不难看出,北朝杜氏家族各郡望依凭其汉魏旧门深厚的社会基础和文化优

---

① 《周书》卷三九《杜杲传》作"瓉",《元和姓纂(附四校记)》卷六杜氏条作"攒"。

势,深为鲜卑等少数民族贵族上层所重视,杜氏也与北朝民族政权积极合作,广泛介入政治生活,在时代政治中留下了较为深刻的影响。而南渡后的诸杜,如襄阳望诸房支,或身居行阵,尚武自雄,或操军政大权,一时风云际会,然而终遭杀戮,子孙夷灭。造成南北杜氏不同命运的原因,主要有以下几个方面:

首先,文化传统是士族门阀社会地位和政治地位的一大支柱。在西晋,杜预是以"儒雅"、"儒生"建功立业的典范式人物,如沈约称赞杜预"文士儒生,射不能穿札,身未尝骑马,一朝统大众二十万"[①];唐姚思廉也说杜预"出自儒雅,卒至军功,名著前代"[②]。杜预在《左氏春秋》学方面所取得的成就,对南北朝以后的经学发展产生了深远的影响,也为杜氏家族树立了一面富有象征意义的旗帜(京兆杜氏的家学,详见第五章《杜氏家族诸郡望的家学取向》)。北朝的京兆杜铨、中山杜弼房支,都是以文化传统著称的家族,因此受到北魏以及后来的北齐政权的重视。而一旦失去了文化优势,即便是汉魏旧族,随着时间的推移,也就逐渐丧失社会声望,从而由一流高门降为次等士族。永嘉之乱后,杜预诸子流徙播迁,寄身戎旅,风流儒雅之门风渐渐改变,南朝杜骥、杜坦兄弟以及杜灵启房支都带有武人色彩。这种变化虽在适应环境、求取生存和发展的过程中发挥了作用,但从长远来看,毕竟削弱了自身的根基和进入中央权力高层的能力,使襄阳杜氏家族作为汉魏旧族的社会影响力大大降低。因此,当遭遇到政治上的风浪时,这部分士族反

---

① 《宋书》卷五九《江智渊传》。
② 《陈书》卷一八《韦载传》"史臣曰"。

而更容易走向衰落。

其次,南朝杜氏诸望作为晚渡士族,存在着一个与江东世家大族和率先南渡的北方士族共同分割政治权力和经济利益的问题。颜之推《观我生赋》自注曾说:永嘉之乱后,"中原冠带,随晋室渡江者百家"。① 如此庞大的士族移民群体(大多携带宗族、乡里、宾客和部曲),来到江南求田问舍,已使江南的田野垦辟殆尽。待到刘宋以后,第二批南渡士族姗姗来迟,必然要面临与土著"吴姓"以及率先南渡的士族政治上争夺权利的问题。因此,晚渡士族无论在经济上抑或在政治上,都表现出更强的侵夺性。在这种急功近利心态的驱使下,这个群体的发展必然潜伏着危机。

再次,襄阳晚渡士族大多有聚族而居的传统,同时在地方广占田产,拥有佃客和部曲,以及多少不等的私人武装②。京兆杜氏的南朝诸望,也大都具备上述特点,他们在宋、齐、梁间,一度意气风发,在地方政治中发挥重要作用。然而,一旦家族势力过于膨胀,中央权力受到侵渔,朝廷不但不会再容忍其继续发展,还会予以致命打击,杜骥之子杜幼文房以及杜灵启、杜龛房支的毁灭,就是十分典型的例子。

---

① 《北齐书》卷四五《颜之推传》。
② 参阅陈琳国:《论南朝襄阳的晚渡士族》,《北京师范大学学报》1991年第4期。

> 隋氏罢中正,举选不本乡曲,故里闾无豪族,井邑无衣冠,人不土著,萃处京畿;士不饰行,人弱而愚。
>
> ——杜佑:《通典·选举五》

第四章 活跃在隋唐社会政治舞台上的杜氏家族

隋文帝开皇九年(589),隋朝灭陈,东晋以来持续数百年之久的分裂局面终于结束,中国重新进入南北统一的时代。

自南北朝末年开始,选举制度即已发生了一些代表寒门士子利益的变化。在南朝,明经射策制度从考试内容上特别是从门第限制方面,已经为隋唐时期科举制的推广铺平了道路。在北朝后期,中央在擢拔秀才、孝廉时已能容纳寒人①。而唐代科举所实行的"选举不由馆学者,谓之乡贡,皆怀牒自列于州县"的制度,实际上已经滥觞于北齐。及至北周末年,朝廷颁六条诏书,其中"擢贤良"条明确规定:"今之选举者,当不限资荫,唯在得人。苟得其人,自可起厮养而为卿相。"② 这些制度和法令,实际上已经包含了科

---

① 参考唐长孺:《南北朝后期科举制度的萌芽》,《魏晋南北朝史论丛·续编》,三联书店 1959 年版。
② 《北史》卷六三《苏绰传》。

举制度的基本精神。

隋文帝废除中正,创置科举,是南北朝以来统治集团在人事制度方面积极探索和改良的产物,它的优点在于克服了察举、九品中正制的弊端,在中央权力和地方势力之间,重新建立了一种新的平衡机制,在一定程度上,也兼顾了社会各阶层的利益,"自是海内一命以上之官,州郡无复辟署矣"①。隋朝的统一和科举制度的施行,既为南北各地士族子弟提供了竞逐科场、猎取功名的广阔舞台,也将一些士族家族的子弟带入剧烈的变动中。一时间,"里闾无豪族,井邑无衣冠。人不土著,萃处京畿"②。晚唐人士王定保所作《唐摭言》,记载了很多士族子弟为追逐科第而背井离乡的故事,如卷二"恚恨"条中,武则天先天年间,王泠然为猎取科场功名,自少年开始就过着居无定所,"一年在长安,一年在洛下,一年坐家园"的漂泊生活。可以说,王泠然的经历正是时代潮流冲击下士族子弟处于普遍变动状态的典型。又如同书卷七"李义琛"条:

> 武德五年,李义琛与弟义琰、从弟上德,三人同举进士。义琛等陇西人,世居邺城。国初,草创未定,家素贫乏,与上德同居,事从姑定省如亲焉。随计至潼关,遇大雪,逆旅不容。有咸阳商人见而怜之,延与同寐处。居数日,雪霁而去……琛位至刑部侍郎,雍州长史;义琰相高宗皇帝;上德,司门郎中③。

---

① 《通典》卷一四《选举二》。
② 《通典》卷一七《选举五》。
③ 李义琛兄弟事迹,又见《旧唐书》卷八一《李义琰传》。

第四章 活跃在隋唐社会政治舞台上的杜氏家族

按李义琰本是陇西著姓,后徙居河北邺城。唐初兄弟三人为追逐科第,随同上计吏经潼关入京赴选。而待义琰兄弟中第后,李氏家族自然也从邺城迁居长安。

自南北朝后期开始到隋统一前后,中国社会的发展出现了一些重要的变化,比如,商人阶层在社会经济生活中处于日益活跃的地位,北齐时,商人子弟入仕踊跃,"富商大贾,多被铨擢"①。至隋朝创行科举制后,"罢乡举,离地著,尊执事之吏,于是乎士无乡里,里无衣冠,人无廉耻,士族乱而庶人僭矣"②。"人皆土著"的传统逐渐被破除,世家大族阶层的生活因失去地方根基和乡里居产而受到冲击,宗族关系、乡土观念也都有所淡薄。据胡如雷师的研究,隋唐之际,原聚族而居的山东郡姓和关中郡姓,如博陵崔氏、范阳卢氏、陇西"驼李"等大族,纷纷离开故土,向长安、洛阳聚拢,士族家族的移民浪潮在各地涌动③。毛汉光也注意到:"这些大家族的主要人物从各方面走向京兆、河南这条线上……唐代官僚制度中的选制对地方人物产生巨大的吸引力,使郡姓大族疏离原籍,迁居两京,以便于投身官僚层。"④ 总之,隋唐之际,作为魏晋以来门阀士族的延续,士族阶层的生活正处于普遍的动荡中,一方面,在社会结构的调整变动中,士庶合流的倾向渐渐显现;另一方面,士族阶层自身也随着时代的变迁不断地改变自己,以求适应新的形

---

① 《北齐书》卷一六《段荣传》。
② 《新唐书》卷一九九《儒学·柳冲附柳芳传》。
③ 参阅胡如雷:《门阀士族兴衰的根本原因及士族在隋唐的地位和作用》,《隋唐五代社会经济史论稿》,中国社会科学出版社1996年版。
④ 毛汉光:《中国中古社会史论》第八篇《从士族籍贯迁移看唐代士族之中央化》,台湾联经出版事业公司1988年版,第337页。

势,在社会的政治文化生活中发挥更重要的作用。

在巨大的时代变革的潮流中,杜氏家族也发生着多方面的变化。

一、京兆杜氏家族

隋唐时期的京兆杜氏又分为若干个房支。

杜如晦房支

京兆杜如晦房支,先祖出自杜预长子杜锡之后。杜锡,西晋末年为吏部郎、尚书左丞①。长子杜乂一支永嘉之乱后随晋元帝南渡,居建康,联姻王室,以才学享名江左。而杜锡的其他子孙永嘉后则淹留北方,进入北朝诸政权中,并渐渐占据了重要地位。值得注意的是,这一房支一直居住在杜氏家族的发祥地——长安城南的杜曲一带,成为北朝诸杜中最具影响力的代表性郡望。北朝以来,京兆杜氏几大房支的中心墓葬地也集中在少陵原。少陵为西汉皇陵之一②,为皇帝讲武之地,同时也是皇室及缙绅的家族墓地所在。杜预长子杜锡的余胤、杜如晦的高祖杜建(北魏辅国将军),曾祖杜皎(北魏仪同三司、武都郡守)③,祖父杜徽(北周河内太守④),叔祖杜杲,杜如晦本人以及杜如晦从子杜文瑶、杜黄裳、杜

---

① 《晋书》卷三四《杜预传》。
② 《史记》卷一一《景帝本纪》索隐:"薄太后也。亦葬芷阳西,曰少陵也。"
③ 《旧唐书》卷九七《杜如晦传》。
④ 同上。

亚一支,都葬在位于少陵原的京兆杜氏茔地①。此外,北魏太尉、安平公杜颙房支及其后人杜行敏、杜希望、杜佑、杜牧等九代,"皆葬少陵"②。因此,少陵与杜佑营建的"杜城郊居"(即樊川别墅)一样,同为"杜氏乡里"的标志,子孙归葬这里,带有"不忘厥初,又以见积厚流泽,此焉往复"的意义③。

杜如晦叔祖杜杲,是此族支中很有影响的人物,北周明帝至武帝建德年间(559—572),曾四次出使陈朝,史称"杲有辞辨,闲于占对,前后将命,陈人不能屈,陈宣帝甚敬异之"。④ 杜杲入隋后为工部尚书、进爵为义兴公。尽管在北周政权中有相当的作为,但京兆杜氏似乎还未能进入军政要害部门,这可以从下面两点看出:首先,西魏、北周之际,宇文氏之改鲜卑姓氏⑤,一部分汉族士族获得赐姓,但杜氏未获赐姓,未能得到更深的信任。另外,杜杲房支还没有进入北周军事集团的核心,掌握更大的军事权力,这一点可以从《周书》卷一六末"史臣语"提及的"八柱国"体制中窥知一二:

> 初,魏孝庄帝以尔朱荣有翊戴之功,拜荣柱国大将军,位在丞相上。荣败后,此官遂废。大统三年,魏文帝复以太祖建中兴之业,始命为之。其后功参佐命,望实俱重者,亦居此职。自大统十六年以前,任者凡有八人。太祖位总百揆,督中外

---

① 如《旧唐书》卷三《太宗本纪》下:"(贞观)七年……十二月丙辰,狩于少陵原,诏以少牢祭杜如晦、杜淹、李纲之墓。"
② 《樊川文集》卷十《自撰墓铭》。
③ 《权载之文集》卷三一《司徒岐公杜城郊居记》。
④ 《北史》卷七〇《杜杲传》。
⑤ 《隋书》卷三三《经籍二》。

军。魏广陵王欣,元氏懿戚,从容禁闼而已。此外六人,各督二大将军,分掌禁旅,当爪牙御侮之寄。当时荣盛,莫与为比。故今之称门阀者,咸推八柱国家云。

按此"太祖"即西魏大将、北周太祖宇文泰;"八柱国"即宇文泰与陇西郡开国公李虎(唐高宗李渊的祖父)、广陵王元欣,以及李弼、独孤信、赵贵、于谨、侯莫陈崇。"八柱国"之外,另有广平王元赞、淮安王元育、齐王元廓、章武郡开国公宇文导、平原郡开国公侯莫陈顺、高阳郡开国公达奚武、阳平公李远、范阳郡开国公豆卢宁、化政郡开国公宇文贵、博陵郡开国公贺兰祥、陈留郡开府国公杨忠、武威郡开国公王雄十二大将军。八柱国和十二大将军,"各督二大将军,分掌禁旅,当爪牙御侮之寄。当时荣盛,莫与为比",构成了北周关陇军事集团的核心。但杜氏家族未能跻身其中。北周以后,杜如晦一支政治地位反而呈下降趋势,如杜如晦之父杜咤,仅为隋昌州长史。至隋末,杜如晦一家已经沦为"贫贱"之流了。

杜如晦(585—630),字克明,"少英爽,喜书,以风流自命,内负大节,临机辄断"[①]。如晦的青年时代,正值炀帝大业末年社会矛盾空前激化,兴修运河和征辽战争导致民生凋敝,各地农民和地主武装纷纷揭竿而起,不少怀才不遇或家道中衰的士族子弟也心怀异志,伺机寻找自己的政治前途。如大业末年,隋政权处在风雨飘摇中时,杜淹、王珪、韦挺等士族子弟,纷纷请"尤工相术"的成都术

---

① 《新唐书》卷九六《杜如晦传》。

士袁天纲为之相面、预卜仕宦前程,这种举动应是意味深长的①。据皮日休《文中子碑》:

> 文中子王氏,讳通,生于陈、隋之间,以乱世不仕,退于汾晋,序述《六经》,敷为《中说》,以行教于门人……有薛收、李靖、魏徵、李勣、杜如晦、房玄龄……

在游荡乡间这一段日子里,杜如晦与叔父杜淹曾师从名儒王通学经②。今本王通撰《中说》十卷末附序文一篇,即杜淹所撰《文中子世家》③。也在此时,杜如晦还与同是下级官僚家庭出身的士族子弟房玄龄结为挚友,一同游历四方,但这段经历鲜为人知——在唐宪宗元和年间,窦巩曾于陕府宾堂发现房、杜二人隋文帝仁寿年间的题名手迹,因有感而赋诗云:"仁寿元和二百年,蒙笼水墨淡如烟。当时憔悴题名日,汉祖龙潜未上天。"④ 此诗透露出房、杜的友谊由来已久,且二人的题名一定表达了远大的政治抱负。《皮子文薮》卷十皮日休《房杜二相国》诗有"吾爱房与杜,贫贱共联步。脱身抛乱世,策杖归真主"句,指的也是这个时期房、杜的活动。此外,杜如晦还与王珪志趣相投,《新唐书·王珪传》称:"始隐居时,与房玄龄、杜如晦善,母李尝曰:'而必贵,然未知所与游者何如人,而试与偕来。'会玄龄等过其家,李窥大惊,敕具酒食,欢尽日,喜曰:

---

① 《旧唐书》卷一九一《袁天纲传》。
② 《皮子文薮》卷四,《文渊阁四库全书》本。
③ 《四库全书提要》卷九一《子部儒家类一·中说》。
④ 《全唐诗》卷二一七窦巩《陕府宾堂览房、杜二公仁寿中题记手迹》。

'二客公辅才,汝贵不疑。'"杜甫《送重表侄王砅评事使南海》诗对杜、王之间的友情有详细记载,诗云:

> 我之曾祖姑,尔之高祖母。尔祖未显时,归为尚书妇。
> 隋朝大业末,房杜俱交友。长者来在门,荒年自糊口。
> 家贫无供给,客位但箕帚。俄顷羞颇珍,寂寥人散后。
> 入怪鬓发空,吁嗟为之久。自陈剪髻鬟,鬻市充杯酒。
> 上云天下乱,宜与英俊厚。向窃窥数公,经纶亦俱有。
> 次问最年少,虬髯十八九。尔等成大名,皆因此人手。
> 下云风云合,龙虎一吟吼。愿展丈夫雄,得辞儿女丑。
> 秦王时在座,真气惊户牖。及乎贞观初,尚书践台斗。
> 夫人常肩舆,上殿称万寿。①
> ……

按"我之曾祖姑",即杜审言姑母、杜甫曾姑祖母,隋怀州司功、获嘉县令杜鱼石之女;"尔祖"与"尚书"则指同一人,即王砅高祖、唐初尚书王珪。从王砅的高祖母在王珪未显达时嫁到王家来看,王、杜两家联姻的时间大约是在隋末。炀帝大业末年,士族阶层风雨飘摇,不能自保,王珪一家也陷于饥寒交迫之中,以致当秦王李世民与房玄龄、杜如晦等人来访时,王珪的妻子(即杜甫之"曾姑祖母")不得不鬻发酤酒来款待宾客。而此次在王珪家房、杜与秦王李世民的秘密聚合,实际上带有弃旧图新的政治目的。

---

① 《杜工部集》卷八。

第四章 活跃在隋唐社会政治舞台上的杜氏家族

隋炀帝大业年间,杜如晦起家为雍州从事。及炀帝幸江都,代判留守事①。武德初年,杜如晦进入秦王(李世民)府为兵曹参军。于时海内渐平,太宗乃锐意经籍,开文学馆以待四方之士,以杜如晦等18人为学士,"图其状貌,题其名字、爵里,乃命亮为之像赞,号《十八学士写真图》,藏之书府,以彰礼贤之重也。诸学士并给珍膳,分为三番,更直宿于阁下,每军国务静,参谒归休,即便引见,讨论坟籍,商略前载。预入馆者,时所倾慕,谓之登瀛州"②。"时府中多英俊"③,其中以玄龄、如晦最为太宗所礼重,二人也是秦王府乃至贞观政坛中最有作为的人物。

武德初,高祖李渊已立嫡长子建成为太子。但在灭隋和实现统一的战争中,次子秦王世民以自己功绩卓著,渐生夺嫡之意。于是,太子与秦王、齐王相倾轧,争相招徕名臣以自助,如太子一方有李纲、窦轨、裴矩、魏徵、王珪等人为智囊,秦王一方则有杜如晦及其叔父杜淹、于志宁、房玄龄、虞世南、褚遂良、姚思廉、颜师古等人为辅佐,双方势均力敌④。武德九年(626),太子建成与秦王世民之间的皇位继承权之争愈演愈烈,高祖以兄弟不能相容,归罪于王

---

① 《金石录》卷二三《杜如晦碑》称:《唐书·杜如晦传》言如晦大业中尝以选补滏阳尉,弃官去,而碑言在隋起家。盖如晦未尝为滏阳尉,而亦未尝弃官去也。传言秦王为皇太子,授左庶子,而碑作右庶子;传言为检校侍中、摄吏部尚书,而碑作摄侍中、吏部尚书;传云其祖名杲,而碑所书乃名徽;传云谥曰成,而碑所书乃诚也。"盖此碑乃太宗手诏世南勒文于其石,其官爵、祖父名讳不宜有误,皆可以正史氏之失矣"(《文渊阁四库全书》本)。
② 《旧唐书》卷七二《褚亮传》。
③ 《旧唐书》卷九七《杜如晦传》。
④ 《新唐书》卷二〇一《袁朗传》。

珪、韦挺及杜淹等,并将三人流放嶲州①。杜如晦虽免于流放,但也为太子所嫉恨,据说如晦上朝曾经过太子德妃之父尹阿鼠门前,为阿鼠僮仆数人牵坠马下殴打②。后房玄龄、杜如晦皆被高祖斥出秦府,不得复入。同年六月,建成与元吉欲乘出师拒讨突厥之机起事,长孙无忌、房玄龄、杜如晦闻讯后,衣道士服潜入秦王府,说请世民"为存社稷,大义灭亲",世民遂先发制人,于玄武门发动兵变,入宫杀死太子李建成,最终成为兄弟阋墙中的胜利者。杜如晦参预了玄武门事变的全过程。因此,贞观元年,太宗论赏诸臣拥立之功,以房玄龄、长孙无忌、杜如晦、尉迟敬德、侯君集五人为第一,引起宗室功臣如李神通和部分重臣的不满,为此,太宗以房、杜"有筹谋帷幄定社稷功",如汉之萧何,"虽无汗马,指纵推毂,故功居第一"③。贞观初年,杜如晦先后出任兵部尚书、吏部尚书,总监东宫兵马事,④深得太宗信任,后与房玄龄、李靖、魏徵同为宰相,直接参预了唐初典章制度的制定和有关国计民生重大问题的决策。在其为相的三年中,掌鞫狱、选举⑤。时"天下新定,台阁制度,宪物容典,率二人(按指房、杜)讨裁"⑥。太宗即位伊始,突厥乘势而入,朝野失安。如何防御突厥成为贞观政局首先面临的难题。对

---

① 《旧唐书》卷六四《隐太子建成传》。
② 同上。
③ 据《旧唐书》卷六〇《李神通传》:贞观元年,太宗封赏诸功臣,神通曰:"义旗初起,臣率兵先至,今房玄龄、杜如晦等刀笔之人,功居第一,臣且不服。"又《旧唐书》卷六三《萧瑀传》:"于时房玄龄、杜如晦既新用事,疏瑀亲伦,瑀心不能平,遂上封事论之,而辞旨寥落。太宗以玄龄等功高,由是忤旨,废于家。"足见太宗对房、杜的重用。
④ 《新唐书》卷二《太宗纪》。
⑤ 《旧唐书》卷五七《裴寂传》,《旧唐书》卷七三《戴胄传》。
⑥ 《新唐书》卷九六《杜如晦传》。

此,杜如晦态度十分鲜明,他认为:"夷狄无信,其来自久,国家虽为守约,彼心背之。不若因其乱而取之,所谓取乱侮亡之道。"太宗采纳了杜如晦的意见,命令将军周范屯兵太原以图进取,迫使突利率众来降,化解了兵临城下之急。

在贞观年间短暂的政治生涯中,杜如晦明敏于事,表现出卓越的组织才干。贞观之治的形成,除太宗本人励精图治外,杜如晦与房玄龄、魏徵、王珪等人,"为辅佐股肱,君明臣忠,事无不理,圣贤相遇,固宜如此"①,而如晦长于决断,玄龄善于谋略,两人同心戮力,无疑是非常重要的因素。正如唐武宗李炎所说:"太宗与房玄龄图事,则曰非杜如晦莫能筹之。及如晦在焉,亦推玄龄之策。则同心图国,不为党也。"② 史称良相,必曰房杜,盖缘于此。

杜如晦生前身后多次得到太宗封赏,如贞观三年(629)九月,封长孙无忌齐国公,房玄龄邢国公,尉迟敬德吴国公,杜如晦莱国公;诸功臣加封食邑共七等,除裴寂食实封1500居首外,杜如晦、长孙无忌、房玄龄等人居次,为1300户。贞观五年(631),杜如晦又与房玄龄、尉迟敬德等四人,以元勋各封一子为郡公。房玄龄、杜如晦配飨太宗之庙,终唐之世而未改③。太宗还将女儿城阳公主嫁给了杜如晦次子杜荷,杜氏家族与李唐王朝的关系更加密切,声名煊赫一时。

贞观初年,杜如晦家族的其他成员也得到重用,如杜如晦叔父杜淹。杜淹字执礼,祖父杜业,北周豫州刺史;父杜征,河内太守。

---

① 《旧唐书》卷一一九《马植传》。
② 《新唐书》卷一八〇《李德裕传》。
③ 《旧唐书》卷二六《礼仪志》。

据说杜淹聪辨多才艺,弱冠有美名,曾入太白山隐居,欲邀时誉,但为隋文帝谪戍江表。后因雍州司马高孝基上表荐举,授承奉郎,大业末官至御史中丞。隋末动乱中,杜淹与杜如晦兄同被王世充所俘,进入王世充伪政权的吏部,受到重用。因如晦一族房支间原本就存在矛盾,杜淹竟进谗言,令王世充杀害了如晦兄。后王世充覆灭,杜淹有罪当诛,如晦弟楚客以不堪门内相残为杜淹求情,杜如晦亦感悟,请求高祖李渊宽恕了杜淹①。最初杜淹没有得到重用,因此将投靠太子建成,据说李世民恐太子得到杜淹会"长其奸计"②,遂启用杜淹为天策府兵曹参军、文学馆学士。太宗即位后,又以杜淹检校吏部尚书,参预朝政,行使宰相事权。史称杜淹也有知人之鉴,"所荐赢四十人,后皆知名"③。贞观三年论功行赏时,杜淹居六等功臣,封400户。但其典二职,贵重一时而无清白名,在贞观政坛似乎没有更大的作为④。杜淹有二子:杜敬同袭父爵,官至鸿胪寺卿、中书舍人;杜爱同为易州刺史。敬同生从则,后为工部侍郎⑤。

杜如晦弟杜楚客,少尚奇节,隋末战乱中,与叔父杜淹同为王世充所房,玄武门事件发生后,一度遁入嵩山。贞观四年(630),太宗因思念杜如晦,召杜楚客入朝为给事中,又迁工部尚书。时刑部商议《贼盗律》轻重,杜楚客与崔仁师等人的轻刑主张占据了上风,

---

① 《新唐书》卷九六《杜如晦传》。
② 《旧唐书》卷六六《杜如晦传》。
③ 同上。
④ 《旧唐书》卷二《太宗纪》。
⑤ 《新唐书》卷七二《宰相世系表》,《元和姓纂(附四校记)》卷六杜氏条。

第四章　活跃在隋唐社会政治舞台上的杜氏家族　139

对贞观年间的刑政宽平简约有所影响①。在如何安置突厥的问题上，杜楚客与颜师古、李百药等皆主张"使处河北"，但太宗最终采纳了中书令温彦博"留五原塞"的建议。贞观末年，因太宗欲立魏王李泰，内廷纷扰，而杜楚客"揣帝意薄承乾，乃为王谐媚用事臣，数言王聪睿，可为嗣人"，结果引起太宗反感，"以如晦功免死，废于家"②。后杜楚客似复出，终虔化令。

杜如晦子弟一代，仰赖父辈恩荫进入仕途的，有杜如晦长子杜构，袭父爵，官至慈州刺史；次子杜荷，以功臣子尚城阳公主，地位显赫。但杜荷"性暴诡，不循法"；特别是杜荷也同时卷入了贞观末年太宗立嗣之争，因倾向于太子承乾，且大胆建议承乾"建大事"取代太宗③，被以谋反罪诛杀，其兄杜构也被牵连贬死岭表。从此，杜如晦房支政治上一蹶不振，消沉萎靡近200年之久。

中宗至玄宗时期，"韦、武、李、杨集团"长期占据政治舞台达50年之久④，杜氏家族因受到诸韦等外戚势力的排挤，在这个阶段更处于沉寂之中。睿宗景云元年(710)，李旦、李隆基(即睿宗与后来即位的玄宗)父子用武力剪除诸韦及二张势力，兵部侍郎崔日用将兵"诛诸韦于韦曲"。在这场政变中，韦氏家族"襁褓儿无免者"。而杜氏因与韦氏同居于杜陵樊川(韦曲在樊川东，杜曲在樊川西)，"诸韦门宗强盛，侵杜曲而居之"，结果官军误入杜曲捕杀，"诸杜滥

---

① 《旧唐书》卷七四《崔仁师传》。
② 《新唐书》卷九六《杜如晦传》。
③ 同上。
④ 参考陈寅恪：《论韦武李杨婚姻集团》，载《金明馆丛稿初编》。

死非一"①。这次意外的祸乱,对杜氏家族的打击是相当沉重的。

杜如晦第四代孙杜佐②,仍为低品卑官。从杜甫赠杜佐的诗来看,杜佐大概为肃宗、代宗朝人物。中唐以后,杜如晦家族门风渐变,随着子孙科场有名,进士辈出,家业始有复兴之象。杜如晦第五代孙为杜元颖(？—832),德宗贞元末年进士及第,历任使府僚佐、左拾遗、右补阙,以"手笔敏速",为宪宗所赏识,擢为翰林学士。元和末年宪宗征淮西时,杜元颖以书诏之勤,赐绯鱼袋,转司勋员外郎,知制诰。牛李党争兴起后,穆宗召杜元颖与翰林学士段文昌、沈传师、李肇等李党成员组阁,外斥牛党③,杜元颖被任命为中书舍人,很快又以本官同平章事,执掌相权。史称元颖"自穆宗登极,自补阙至侍郎,不周岁居辅相之地。辞臣速达,未有如元颖之比也"④。

杜元颖以词臣为相,注重撰述,他曾建议编撰了一部"君臣献替录"(即后来的《圣政纪》),交付史馆。又监修国史,参修《宪宗实录》40卷,还与沈传师、令狐楚等将唐次所集辨谤之书《辨谤略》3卷,"分功修续,广为十卷,号《元和辨谤略》"⑤。另有诗集《五题》1卷⑥。

① 《资治通鉴》卷二〇九睿宗景云元年(710)六月庚子条及胡注。
② 按《元和姓纂》卷六杜氏条中,杜淹生敬同、爱同,敬同生从则,从则生自远、昌远、志远,自远生佐,佐生元颖、元绛,则元颖为杜淹后裔。《新唐书·宰相世系表》则为自远生繁,繁生佐,与《新唐书·杜如晦传》、《旧唐书·杜审权传》不同。待考。又《新唐书·宰相世系表》还有一杜佐,为殿中侍御史杜昈子,不见载于《元和姓纂》。
③ 《旧唐书》卷一六《穆宗纪》。
④ 《新唐书》卷九六《杜如晦传》。
⑤ 《旧唐书》卷一九〇下《唐次传》。
⑥ 《新唐书》卷六〇《经籍志》。杜元颖诗今惟存一首,见《全唐诗》卷四六四《赋得玉水记方流》。

第四章 活跃在隋唐社会政治舞台上的杜氏家族

唐中叶以后,中央与藩镇的矛盾尖锐。宪宗元和初年开始,先后平定了西川刘辟、夏绥杨惠琳、镇海李锜、魏博田兴、淄青李师道、淮西吴元济等藩镇,一时再创中兴局面。穆宗长庆初,幽州节度使刘总上表欲以幽、蓟七州来献,请朝廷命帅。但刘总仍惧部将构乱,"乃籍其豪锐者先送京师",其中有骄兵将领朱克融。杜元颖在相位时,崔植亦同为宰相,"二人素不知兵,且无远虑。克融等在京羁旅穷饿,日诣中书乞官,殊不介意"。及幽州节度使张弘靖赴镇,不数月,即发生了张弘靖被朱克融囚禁,宾佐被杀害之事。此后,朱克融又勾结王廷凑联合起兵,致使唐朝复失河朔①。应该说,对此重大政治危机的出现,杜元颖也难辞其咎。

杜元颖政治生涯中最受指摘之处,还应属其在西川节度使上的作为。宝历中(825—827),元颖出镇蜀川,时敬宗"童心多僻,务为奢侈",元颖于是极尽献媚之能事,"进罨画打球衣五百事"②,并"求蜀中珍异玩好之具,贡奉相继,以固恩宠。以故箕敛刻削,工作无虚日,军民嗟怨,流闻于朝",蜀中社会矛盾日益尖锐③。至大和三年(829),南诏蛮攻陷戎、巂等州,径犯成都。兵及城下,元颖一无防备,仅加固牙城而已。结果蛮兵大掠成都玉帛、子女、工巧之具而去,"数万士女,一时恸哭,风日为之惨凄"④,赴水而死者千余,怨毒之声,累年不息。杜元颖因此坐贬循州司马,不久即卒于贬所。综观杜元颖一生,其为词臣有盛名,但身为宰相则未能在削

---

① 《旧唐书》卷一一九《崔佑甫传附崔植》。
② 《旧唐书》卷一七《敬宗纪》。
③ 《旧唐书》卷一六三《杜元颖传》。
④ 同上。

藩治乱方面有所作为,至于考功员外郎李渤曾在考课时仗义直言,不避权幸,给杜元颖及宰相萧俛、段文昌、崔植等人"考中下",且"书宰相考辞太过",因此被杜元颖以"卖直沽名,动多狂躁"罪名贬为虔州刺史一事①,更受到时人指摘。

杜元颖之后,又有其侄杜审权再兴门户。据《新唐书·杜如晦传》:审权字殷衡,进士及第,由浙西幕府至右拾遗、中书舍人,后知礼部侍郎,掌贡举,选士多称职②,累迁翰林学士、兵部侍郎等职。懿宗朝,进同中书门下平章事,在相位近四年。咸通四年(863),出任镇海军节度使、同平章事③。时徐州赴桂林的戍卒发动起义,上千人在庞勋率领下北归,一路剽掠湘潭、衡山两县,后据徐、泗,声势震撼淮南。杜审权"以大夫宗盟,急难相赴"④,联合泗州刺史杜慆、淮南节度使令狐绹、荆南节度使崔铉等人,协同抗敌,"掎角讨贼,而浙西馈运不绝",由于得到镇海军的物资供给,朝廷才得以平定庞勋之乱,杜审权也以功召拜尚书左仆射⑤。

杜审权三子:杜让能、杜彦林、杜弘徽。让能(840—893),咸通十四年(873)进士及第;彦林、弘徽(?—893),乾符中也相继进士及第⑥。杜让能志行高远,常以"世历重任,蒙国厚恩"自勉,有振兴朝政的抱负,从县令、幕僚起家,直至进入中央权力的核心部门,为中书舍人知制诰、翰林学士。僖宗年间朝政紊乱,时局动荡,让

---

① 《旧唐书》卷一七一《李渤传》。
② 《旧唐书》卷一八《宣宗》下。
③ 《新唐书》卷九《懿宗纪》,《旧唐书》卷一九《懿宗纪》。
④ 《新唐书》卷一八七《忠义·辛谠传》;《新唐书》卷九六《杜如晦传》。
⑤ 《旧唐书》卷一七七《杜审权传》。
⑥ 同上。

能先后四次随僖宗避难于外,如黄巢入京师,僖宗入蜀,让能奔赴行在,时"六飞在蜀,关东用兵,征发招怀,书诏云委。让能词才敏速,笔无点窜,动中事机"。又如朱玫立襄王称制,天下藩镇附之者大半,贡赋殆绝。跟随僖宗的朝士仅十数人,国库无寸金,卫兵难宿饱。在此情况下,杜让能首陈大计,建议以重臣说服河中藩镇王重荣,以为奥援。结果王重荣"承诏请雪,以图讨逆",京师遂平[1]。后又值李昌符作乱,僖宗在凤翔,让能单步入侍。如此种种,使杜让能深得僖宗信任,先后担任户部侍郎、礼部尚书、兵部尚书,直到出任宰相,成为唐末政坛的核心人物。

昭宗嗣位,赐杜让能"扶危启运保义功臣",加开府仪同三司、尚书左仆射,封晋国公。自大顺(890—892)以来,凤翔李茂贞大聚甲兵,恃功骄恣,欲趁杨复恭逃往山南之机,兼并梁、汉之地。时京师民众闻李茂贞欲聚兵为乱,惊恐万分,甚至有数千人守城门,请求姑息凤翔。杜让能也以为"国步未安,且行贞元故事,姑息藩镇。茂贞迩在国门,不宜起怨",赞成对凤翔藩镇暂行姑息之策。但昭宗认为藩镇跋扈,"政刑削弱,诏令不出城门,此贾生恸哭之际",不可"坐观凌弱",主张兴兵讨伐。而此时另一宰相崔昭纬暗中勾结邠、岐藩镇,阴谋陷害杜让能,"凡让能出一言,即日达于茂贞、行瑜",并散布谣言,称讨伐令出自让能,非昭宗旨意。李茂贞又令健儿数百人,混入长安街市,袭击宰相乘舆,结果京师秩序大乱,皆归咎于杜让能。昭宗"用兵之意愈坚",于景福二年(893)秋,以嗣覃王率禁军30000出兵征讨李茂贞,结果禁军大败于周至,李茂贞

---

[1] 《旧唐书》卷一七七《杜审权传》。

兵临城下，王室危在旦夕。杜让能此时主动请罪，要求以死"纾难"，昭宗虽"涕下不能已"，但迫于藩镇压力，最终也归罪于杜让能，先贬其为雷州司户。不久，昭宗又赐杜让能及其弟、户部侍郎杜弘徽自尽，杜氏一门再遭株连惨祸，子孙离散，不久，唐朝也灭亡了。

总之，杜如晦家族与李唐王室有着密切而复杂的关系，其荣枯兴衰也与李唐政权的兴亡相伴始终。早在隋末，杜如晦就进入了李世民幕府，并成为贞观之治勋臣、李唐王室的姻亲，一时显赫，无与伦比。但杜楚客与驸马杜荷因介入贞观末年的立嫡纷争，一被贬黜，一被诛杀，杜如晦家族从此寥落消沉多年，直到杜元颖出任宰相，才在唐代政坛重新确立了自己的地位。但宰相杜让能一家为唐昭宗朝中央与地方政治势力之争付出了惨重的代价，最终成为唐末政治祭坛上不幸的牺牲品。杜氏家族与李唐王朝的亲密关系也宣告完结。

杜如晦房支世系表：①

```
……杜预－杜锡－杜乂                                    ┌杜构
          └－杜恕─杜秀                              ┌杜如晦
                └杜楚－□－杜建－杜皎─┬杜徽─┬杜咤 └杜楚客─杜荷
                                    │    │杜淹─┬杜敬同
                                    │    │    └杜爱同……
                                    │
                                    └杜杲—杜运
```

---

① 按文献中有关杜如晦房支世系的记载颇多歧异之处，如杜如晦之父祖，《周书》、《北史》、新旧《唐书》与《元和姓纂》出入较大。此表据岑仲勉《元和姓纂（附四校记）》及相关史传资料整理。

第四章　活跃在隋唐社会政治舞台上的杜氏家族　145

杜希望、杜佑房支

这一支出自杜预之子杜尹之后。永嘉之乱爆发时,杜尹为西晋弘农太守,因率部伍退守位于洛阳附近的原家族坞堡—泉坞,为乱兵所害。此后,杜尹的子孙留在北朝仕宦。到杜尹五世孙洪太(字道廓)时,子孙繁盛,如洪太二子,祖悦、颙,皆有声迹①。杜颙,字思颜,北魏末年,除征虏将军、东荆州刺史、安平县开国公等。大约东魏初年,杜颙为征西将军、金紫光禄大夫,战死于关西。杜颙裔孙杜景秀,生杜行敏②,唐初为常州刺史、荆益二州长史、南阳襄公,是为杜佑曾祖。杜行敏生杜崇悫,为杜佑祖父,杜崇悫生杜希望,官至唐太仆卿、陇右节度。杜希望生杜位、杜偫、杜佑、杜任、杜倛、杜巨卿六子③。自杜预至杜颙,共七代;杜颙至杜牧,又九代④。如此说来,杜牧为杜预十五代裔孙(详见京兆杜氏杜希望、杜佑一支世系简表)。

宋明以来,特别是近现代学界对杜佑《通典》和杜牧文学的研究已成为专门之学,研究成果蔚为大观,对此,本书将在第五章《杜氏家族不同郡望的家学取向》中作简要的论述。在此则用更多的笔墨谈论杜佑家族数代人的政治生涯以及家庭生活的各个方面。

政治生涯。北朝以来,杜希望家族多出武人,数代以军功致身通显,如杜颙为北魏末、东魏初年著名的军事家。杜祖悦子杜长文,追随叔父杜颙守岐州,有功,赐爵始平伯,加平东将军。天平

---

① 《魏书》卷四五《杜铨传》。
② 据岑仲勉《元和姓纂(附四校记)》杜氏"安平公颙"部分。
③ 杜希望诸子见"关于世系表的说明"。
④ 《樊川文集》卷十《自撰墓铭》。

末,卒于安西将军、光禄大夫。但在周隋之际,这一支杜氏的子孙沉寂下僚,杜逊等辈多为县令、县中正,无政治地位可言。杜行敏,唐初为齐王府兵曹,职务低微①。贞观十七年(643),齐王李佑谋乱,太宗诏兵部尚书李勣、刑部尚书刘德威发兵平叛。时情况危急而官兵未至,兵曹杜行敏挺身而出,"谋将执佑,兵士多愿从。是夜,乃凿垣而入……列兵围之",齐王李佑"遂出,就擒,余党悉伏诛"②。杜行敏因戡乱有功,被提升为巴州刺史,并获洛阳仁和坊赐宅一区③。自此,杜氏家族始有复兴之迹。

至杜行敏孙杜希望,又以军功致身通显。自高宗、武则天时期开始,唐朝西北边防问题突出,尤其是与吐蕃的关系紧张。杜佑在《论党项表》中这样谈论玄宗时期的边政:

> 我国家开元、天宝之际,宇内谧如,边将邀宠,竞图勋伐。西陲青海之戍,东北天门之师,碛西怛罗之战,云南渡泸之役,殁于异域数十万人。向无幽寇内侮,天下四征未息,离溃之势,岂可量耶!前事之元龟,足为殷鉴者矣④。

据此可以判断,对于玄宗时期的开疆拓土,杜佑是持强烈批评甚至

---

① 《新唐书》卷四九《百官志》:兵曹参军,掌防人名帐戎器官钥马驴土木谪罚之事。
② 《旧唐书》卷七六《宗室·庶人佑》。《资治通鉴》卷一九六太宗贞观十七年(643),齐王佑谋乱,王府兵曹杜行敏等戡乱有功,擢升巴州刺史。
③ 《唐两京城坊考》卷五《东京·外郭城》云:"益州长史南阳公杜行敏宅。"《注》:"杜牧六代祖,赐宅在仁和里。"(中华书局1985年版,第156页)
④ 《通典》卷一八五《边防序》。

否定态度的。然而值得注意的是,杜佑之父杜希望正是当时"邀宠,竟图勋伐"的边将之一,是玄宗时期边疆政策的积极实践者。玄宗开元二十六年(738),吐蕃寇河西,时希望为鄯州都督,力荐王忠嗣挂帅,玄宗遂以忠嗣赴河西,结果大胜吐蕃,希望因此得到玄宗的信任,擢为陇右节度使。"时军屡兴,府库虚寡,希望居数岁,刍粟金帛丰余"[①]。后与益州长史、剑南节度使王昊同讨吐蕃,在吐蕃新城旧址建威戎军,筑盐泉城,置镇西军,发兵戍守。虽然此后威戎与镇西两城并为吐蕃夺回,唐朝军士数万人及军粮资仗等并没于吐蕃,希望因而撤还[②],但此举为武则天长寿元年(692)收复四镇后唐军在吐蕃占领区所取得的重大战果。总之,杜希望是开元边事中有所建树的杰出人物,杜氏家族因杜希望的军功而有二子授官,日益兴旺[③]。

杜佑(735—812),字君卿,"本以门资,幼登官序"。杜佑蝉联德、顺、宪三朝宰辅,又以典制巨著《通典》名世。安史之乱后,唐王朝面临藩镇割据、财政拮据以及边疆危机等诸多困难,亟待进行政治、经济、财政税收方面的改革。而肃、代时期干戈未已,一些重要的改革措施实际上是在德宗以后才开始实行的。而杜佑正是在这个时期出任宰辅,历德、顺、宪三朝,在中唐政治舞台上扮演了重要的角色,王鸣盛《十七史商榷》"杜佑作《通典》"云:

> 约计佑历事六朝,仕宦五十年,出入将相,屡遇戎寇……

[①] 《新唐书》卷一六六《杜佑传》。
[②] 同上。
[③] 参阅岑仲勉:《杜佑年谱补正》,载《岑仲勉史学论文集》,中华书局1990年版。

幼则生长阀阅之门,老则目睹昆弟诸子并登显位,且著述擅名,传至今千余年,部帙如新,袅然为册府之弁冕。孙牧又以才称,能世其家学。如佑,诚可云全福,自古文人,罕见其比!①

王鸣盛不仅提到了杜佑一生的政治作为,还提到了杜佑的学术撰述以及子孙的文学成就。宪宗元和年间,李肇曾将杜佑作为兵赋方面的"专学者"与当时学术文化各领域名流并称。事实也正是如此。大历后,杜佑曾为扬州、淮南节度使等职,兴修水利,完备部伍,建树颇多。后为相三朝,以谙练庶务,精通财赋,享誉朝野②。当然杜佑也有些举动受到非议,如在扬州宴请宦官及权贵百余人,丝竹酒乐,球蹈盘舞之盛,叹为观止,开奢侈、宴游浮靡之风。《资治通鉴》对杜佑亦多微辞,如德宗建中三年(782)记载京师括商事件称:"判度支杜佑大索长安中商贾所有货,意其不实,辄加榜捶",人不胜苦,有缢死者,长安嚣然如被寇盗。又如批评杜佑在处理与王叔文、韦执谊、贾耽、郑珣瑜之间矛盾时,依违其间,丧失原则;在宪宗元和初,对知枢密刘光琦"低意善视",有失正直③。作为历仕六朝,三为宰相的政治人物,受到这些批评和指摘也是自然的。韦绚《刘宾客嘉话录》曾记录如下故事:

---

① 《十七史商榷》卷九〇。
② 《全唐文》卷五一九梁肃《通爱敬陂水门记》;《权载之文集》卷十一权德舆《岐公淮南遗爱碑铭并序》,卷四九《祭故杜岐公文》;《文苑英华》卷九八三郑余庆《祭杜佑太保文》,符载《淮南节度灞陵公杜佑写真赞并序》。
③ 《资治通鉴》卷二三七宪宗元和元年(806)八月条。

大司徒杜公在维扬也,尝召宾幕闲语:"我致政之后必买一小驷,八九千者,饱食讫而跨之,着一粗布襕衫,入市看盘铃傀儡足矣。"又曰:"郭令公位及之际,常虑祸及,此大臣之危事也。"司徒深旨不在傀儡,盖自污耳。司徒公后致仕,果行前志。谏官上疏,言三公不合入市,公曰:"吾计中。"计者即自污耳①。

按《刘宾客嘉话录》系穆宗长庆年间刘禹锡(字梦得)与名宦韦执谊之子韦绚的谈话记录,而刘禹锡进士及第后即进入淮南节度使杜佑幕府,受到杜佑的赏识和礼遇,后跟随杜佑入朝为监察御史,又与吏部郎中韦执谊相善,故这一段记载应该是信实可靠的。也许因为位极人臣而虑祸及身,杜佑才有宦途艰仄之虞。

德宗一朝,对内姑息藩镇,对外关系方面也表现出软弱、保守的倾向来。杜佑身为宰相,面对吐蕃的频繁入侵,在贞元十九年(803)所进《通典序》以及《论西戎表》、《论边将请击党项及吐蕃疏》中,较为系统地表述了他的边防思想,并提出了具体的治边方略,主要有以下几方面:

在指导思想方面,杜佑倡导先文后武,慎用兵戎。在阐述《通典》各门之"篇第之旨"时,杜佑更重视食货、选举、礼乐的地位,强调"教化隳然后用刑罚",而"边防末之"。在他看来,"历代观兵黩武,讨伐戎夷,亦不足取"。因此主张"功因德成,不以兵制"②。杜

---

① 《文渊阁四库全书》本。
② 《刘宾客外集》卷九《为淮南杜相公论西戎表》,《文渊阁四库全书》本。

佑还从"地"、"气"即地理环境之差异出发,试图说明"华夏居中土"因而"有圣贤、法教、伦序",而"夷狄之地不生圣哲,礼仪不及"。因此,杜佑强调限华夷,别内外,重防御,勿亲密。华夏与夷狄,应"外而不内,疏而不戚,来则御之,去则备之"。

在具体的策略和措施方面,杜佑反对开疆拓土,坚持以友好的态度对待周边少数民族,他主张"慎择良将,诫之完葺,使保诚信,绝其求取,用示怀柔,来则惩御,去则谨备"①。《御夷狄论》主张加强关中农业,"择显要,缮城垒,屯田蓄力,河陇可复,岂惟自守而已"。又提出了具体的策略如:"存信施惠,多愧其心。岁通玉帛,待以客礼";"选谨边之将,积粟塞下,坐甲关中,以逸待劳,以高御下。重以金玉之赠,结以舅甥之欢。小来则慰安,大至则严备,明其斥候,不挠不侵,则戎狄为可封之人,沙场无战死之骨。若天下无事,人安岁稔,然后训兵,命将破虏,摧衡原州,营田灵武,尽复旧地,通使安西,国家长算尽在于此。"②

宪宗元和元年(806),河西党项潜导吐蕃入寇,边将邀功请战,杜佑上疏以历史上秦汉两朝远戍边塞,影响内政的史实为鉴,主张"唯务绥靖蒸人。西至流沙,东渐于海,在南与北,亦存声教。不以远物为珍,匪求遐方之贡",得到皇帝嘉许③。此时杜佑已为相多年,也是宪、顺两朝边疆政策的制定者和边疆事务的实践者,他曾主持过永贞年间唐与吐蕃使臣的议事会议,参预过若干重大的边

---

① 《册府元龟》卷九九三《外臣部·备御第六》。
② 《刘宾客外集》卷九《为淮南杜相公论西戎表》。
③ 《旧唐书》卷一四七《杜佑传》,《唐会要》卷九八《党项羌》。

政事务。总之,在这个时期唐朝边疆政策的制定和实施方面,杜佑的影响是不容忽视的。

杜佑家族前后有四代人或多或少地参与了唐蕃战事。而从杜希望、杜佑仕宦道路与对边事见解的不同,可以看出唐朝在安史之乱后国力日衰、边防形势愈益严峻背景下,所奉行的民族政策和边疆战略的重大改变。

活动在文、武、宣时期的杜牧,对唐末政治、边防的认识与主张则与祖父杜佑完全不同。从思想认识上看,出身卿相之家、身为贵胄子弟的杜牧,对唐后期边政失驭、疆土分裂、版图急剧萎缩的现实非常不满,其《注孙子序》云:

> 某幼读《礼》,至于"四郊多垒,卿大夫辱也",谓其书真不虚说也。年十六时,见盗起圜二三千里,系戮将相,族诛刺史及其官属,尸塞城郭,山东崩坏,殷殷焉声震朝廷。当其时,使将兵行诛者,则必壮健善击刺者,卿大夫行列进退,一如常时,笑歌嬉游,辄不为辱。非当辱不辱,以为山东乱事,非我辈所宜当知。某自此谓幼所读《礼》,真妄人之言,不足取信,不足为教①。

面对唐后期山河破碎之局,"卿大夫"大多麻木萎靡,不思改变现状的现实,杜牧对自幼所尊奉的儒家信条产生了极大的怀疑。但即

---

① 《樊川文集》卷十。

便如此,杜牧也没有放弃自己的政治抱负,他对戍边捍土功勋卓著的将领,如娄师德"率士屯田,积谷八百万石",郭元振"镇凉州仅十五年,北却突厥,西走吐蕃,制地一万里,握兵三十万",推崇备至①。他在《贺平党项表》中,更为系统地表述了他的边防思想,即自古夷狄处中华,未有不为患者,而大历、建中之际,唐朝对藩镇羁縻有余而控制不足,致使"边疆日骇"。唐朝应该倡导"武功不成,文德不洽","中国不振,蛮夷如伐"的危机意识,"统华夏为一家,用夷狄为四守"②。总之,杜牧的边防思想是积极主战的。只是执政宰相李德裕等人碍于门户之见,没有采纳他的建议,其收复失地、重振王朝声威的抱负未能实现。

家族产业与樊川"杜城郊居"。杜佑家族最初的产业,应属杜行敏戡乱立功所获赐宅——位于东都洛阳的仁和坊府邸③。到玄宗开元末年,家族根基始见雄厚,杜希望又拥有了位于长安城中央的安仁里④。德宗贞元末,杜佑坐镇扬州,"昆仲皆在朝廷"、"家财巨万"⑤,杜佑因城南故园有"终南之峻岭,青翠可掬;樊川之清流,逶迤如带"⑥,买下并开始精心营建位于长安城南16里的樊川别墅,初名"杜城郊居",以纪念杜氏家族"自汉建平侯(延年)徙杜陵,三守本封,几乎千祀"的光荣历史,激励子孙"不忘厥初,又以见积

---

① 《樊川文集》卷一六《上宣州高大夫书》。
② 《樊川文集》卷一五。
③ 《唐两京城坊考》五《东京·外郭城》。
④ 《樊川文集》卷一六《上宰相求湖州第二启》。
⑤ 《新唐书》卷一六六《杜佑传》。
⑥ 《文苑英华》卷八二八杜佑《杜城郊居王处士凿山引泉记》。

厚流泽,此焉往复"①。"杜城郊居"设计工巧,山间有泉,"缭以方塘,轻舻缓棹"②。据说樊川杜氏别墅竣工后,"亭馆林池,为城南之最",以至于招来非议,迫使杜佑不得不多次援引唐中宗制止公主侵夺韦氏骊山幽栖庄一事,申明"城南是杜氏乡里","大臣产业,宜传后代",不可侵夺之意③。至杜牧时,又"尽吴兴俸钱",对樊川别墅进行了精心修缮④。杜牧对樊川的眷恋之情也留在他的许多作品中,如《望故园赋》有如下词句:

> 余固秦人兮故园秦地,念归途之几里,诉余心之未归兮,虽系日而安至。……余之思归兮,走杜陵之西道。岩曲天深,地平木老。陇云秦树,风高霜早。周台汉园,斜阳暮草。寂寥四望,蜀峰联嶂,葱茏气佳,蟠联地壮。缭粉堞于绮城,矗未央于天上。月出东山,苔扉向关。长烟茝惹,寒水汪湾。远林鸡犬兮,樵夫夕还。织有桑兮耕有土,昆兮季强兮乡党附。怅余心兮舍兹而何去?⑤

樊川的美景和作者愿回归终南山下旧庐,"尝有耕田著书志"的热烈情感被抒发得淋漓尽致,此后杜牧甚至自号"樊川子"⑥。

---

① 《权载之文集》卷三一《司徒岐公杜城郊居记》。
② 同上。
③ 《文苑英华》卷八二八杜佑《杜城郊居王处士凿山引泉记》、武少仪《王处士凿山引瀑记》。
④ 裴延翰:《樊川文集序》,《樊川文集》附,《四部丛刊》初编本。
⑤ 《樊川文集》卷一。
⑥ 《樊川文集》卷一三《上知己文章启》、卷一《晚晴赋》并序。

附图八：今日樊川，逶迤如带的潏水

然而仅数十年后，几经唐末社会动乱的冲击，作为"绵历千祀"关中世家历史象征的"杜城郊居"已经易主，先为胡氏所有，后为"范公庄"。北宋元祐元年（1086），儒生张礼游樊川时，同在城南的韦氏还有后人留居韦曲，只是子孙"家失其谱，不知为何房"，而杜佑子孙已经远离了故园。

除安仁里和樊川别墅外，杜佑家族还有曲江和延福里的两处家庙。家庙也称私庙。《礼记·王制》云："天子七庙，诸侯五庙，大夫三庙，士一庙，庶人祭于寝。"这里的"庙"，当即宗族之家庙。秦汉文献中，有关家庙方面的记载很少。南北朝时有穆绍临难辞别家庙事，尔朱荣因称其有"大家儿"风范[1]。至东晋，豫章郡守范宁

---

[1] 如《北史》卷二○《穆亮传》："庄帝立，尔朱荣征之。绍以为必死，哭辞家庙。及见荣，捧手不拜。荣亦矫意礼之，顾谓人曰：'穆绍不虚作大家儿。'车驾入宫，寻授尚书令、司空，进爵为王，给班剑四十人，仍加侍中。时河南尹李奖往诣绍。奖以绍郡人，谓必致敬。"

崇尚经典,大兴儒学,在郡立家庙,江州刺史王凝之曾以"宗庙之设,各有品秩,而宁自置家庙"为由弹劾之,而"帝以宁所务惟学",予赦免①。可见在魏晋以后,逐渐恢复了诸侯士大夫宗庙②,但家庙制度还不很严格。隋唐以后,大家族内部存在着的宗法制度和士族阶层对礼法和门第的重视,带来了家庙的普遍兴盛,所谓"唐原周制,崇尚私庙"③,家庙制度臻于完善。通常唐代家庙设有木主,还附有碑文④,相关的制度也更加复杂。杜氏家族是诗礼传家的汉魏旧姓,杜佑撰修《通典》,礼制格外受到重视,《礼典》多至百卷,占全书卷帙一半,而且保留了许多魏晋时代宗庙制度的文献。

杜佑家族地址明确的家庙有两处,一在长安延福里,如杜佑孙杜牧曾说:在其家境破落时,奴婢"奔走困苦,无所容庇,归死延福私庙,支拄倚坏而处之"⑤;另外一处在长安南郊曲江、杏园以西与启夏门之间,直到北宋时,"石室尚存,俗曰杜相公读书堂,其石室曰藏书龛"⑥。据宋儒叶梦得《石林燕语》卷一"士大夫家庙"条:"文潞公知长安,因得唐杜佑旧庙于曲江,犹是当时旧制,一堂四室,旁为两翼。嘉祐初,遂仿为之。"家庙既是祭祀宗祧的场所,也是宗族兴旺发达的晴雨表,与家族的兴衰直接相关。如高宗咸亨初,长孙无忌以谗死,家庙毁顿,儒士徐齐聃建言曰:"齐献公,陛下

---

① 《晋书》卷七五《范宁传》。
② 《宋文鉴》卷七六司马光《文潞公家庙碑》,《文渊阁四库全书》本。
③ 《宋史》卷一〇九《礼十二》。
④ 《旧唐书》卷五一《后妃传·杨贵妃》。
⑤ 《樊川文集》卷一六《上宰相求湖州第二启》。
⑥ 《游城南记》"出寺,出黄渠,上杏园,望芙蓉园。西行,过杜祁公家庙"条。按杜佑封"岐公","祁公"当作"岐公"。

外祖,虽后嗣有罪,不宜毁及先庙。今周忠孝公庙反崇饰逾制,恐非所以示海内。"① 高宗于是复献公家庙,以无忌孙延主其祀。又如李靖死后,子孙不守家业,至"天宝中,贵戚勋家,已务奢靡,而垣

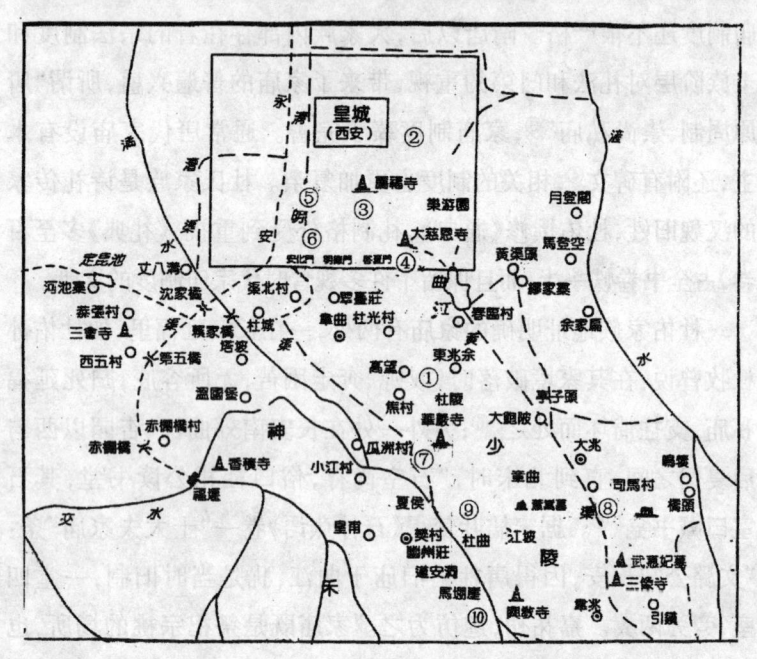

① 杜陵,古杜伯封邑,杜氏家族发祥地;　② 崇仁里,杜惊与岐阳公主宅;
③ 安仁里,杜佑大家族宅;　④ 杏园西、启夏门东,杜佑家庙;
⑤ 延福里,杜佑家庙;　⑥ 大通里,杜惊与岐阳公主别馆;
⑦ 杜城郊居(樊川别业);　⑧ 司马村西南,京兆杜氏家族墓葬地;
⑨ 杜曲,杜氏家族的聚居地;　⑩ 杜正伦凿"杜固"处。

本图据《游城南记校注》(张礼著,史念海、曹尔琴校注,三秦出版社 2003 年版)附图七"城南图"改绘。

附图九:长安城内与城南的杜氏遗址

---

① 《新唐书》卷一九九《儒学·徐齐聃传》。

屋犹存制度。然卫公李靖家庙,已为嬖臣杨氏马厩矣"。① 建家庙所用不赀,选址也很讲究,如开元中,"萧嵩将于曲江南立私庙,寻以玄宗临幸之所,恐置庙非便,乃罢之"。德宗时,宰相杨炎以萧嵩家庙故址为庙,有飞语者云:"此地有王气,炎故取之,必有异图。"德宗闻此语"愈怒",诏三司使同覆之,后杨炎被赐死②。杜氏家族也在曲江立庙,却没有遭遇萧嵩、杨炎那样的尴尬结局。

婚姻与家庭生活。杜佑至杜牧及杜憘三代以来,主要与李氏(其中包括李唐王室)、裴氏联姻,上有皇室、宰相,下有刺史、县令,联姻范围较广,多为官僚士族家庭。

杜佑前妻为苏州常熟县令梁幼睦女,早杜佑30年去世③。结下这桩亲事时,杜佑还没有发迹,因此择婚也没有高攀名门之女。妻梁氏亡后,杜佑以妾李氏为妻,并受封为密国夫人④,引起轩然大波,"亲族子弟,言之不从,时论非之"⑤。据王仲周《代杜司徒谢妻封邑表》:李氏已为杜佑生育一小男,杜佑以"李氏本非主馈,若贵云因子,臣男尚自贱微;《礼》有从夫,臣妻又早逝殁。岂伊末品,忽被殊私,此盖陛下念臣齿发渐衰,宾祭无主,俾立家而有裕,遂开国以疏封"⑥,对皇帝念及他"齿发渐衰,宾祭无主",破例封爵给李

---

① 《旧唐书》卷一五二《马璘传》。
② 《旧唐书》卷一一八《杨炎传》。
③ 《权载之文集》卷二二《唐故金紫光禄大夫守太保致仕赠太傅岐国公杜公墓志铭(并序)》。
④ 《旧唐书》卷一四七《杜佑传》。
⑤ 同上。
⑥ 《文苑英华》卷五九一。

氏而特地表示谢恩。然而,在唐代法律中,以妾为妻绝非小事,《唐律疏议·户婚律》有如下规定:

> 诸以妻为妾,以婢为妾者,徒二年。以妾及客女为妻,以婢为妾者,徒一年半。各还正之。

对"以妾为妻",《唐律》"疏"文解释为:"亏夫妇之正道,黩人伦之彝则,颠倒冠履,紊乱礼经。犯此之人,即合二年徒罪。"在唐代,以妾为妻的实例很多,如李齐运、李伊衡、李师古等①,其中不乏士族子弟,也多受到舆论批评。杜佑家族素重礼法,但在私人生活方面却敢于将"非主馈"之"末品"李氏扶为正妻,与名教礼法相去甚远,自然要受到非议。或许德宗皇帝赐李氏封爵之举,正是为平息舆论对杜佑的指摘,给陷入尴尬之局的大臣解围。

杜牧妻裴氏,父为朗州刺史裴郾,伯祖父为肃宗、代宗朝宰相裴冕,母为荥阳郑氏②,也是名门士族出身。唐文、武宗时期,一部分士族子弟(其中也有进士)以亵渎礼法为时尚。杜牧虽出自宰相之家,又经家道衰变,但也沾染了许多纨绔子弟的习气,私生活方面更为人所指摘,青年时代有"薄幸"子弟名。

杜佑兄杜位,娶玄宗朝权相李林甫女③,一度声势显赫。杜甫《杜位宅守岁》诗有"守岁阿戎家,椒盘已颂花。盍簪喧枥马,列炬

---

① 《旧唐书》卷一三五《李齐运传》。
② 《樊川文集》卷九《唐故邕府巡官裴君墓志铭》。
③ 《旧唐书》卷一〇六《李林甫传》。

散林鸦"等句,即描写杜位门庭显赫时宴享宾客的情景①。但后来李林甫失势,杜位也受牵连外贬,不再为家人所重。

至于杜悰的婚姻,则颇具戏剧性。当时宪宗欲为公主选婿,因羡慕宰相权德舆选进士独孤郁为女婿,遂令宰相"于卿士家,选尚文雅之士可居清列者"。然而,"初于文学后进中选择,皆辞疾不应"。杜悰虽非进士出身,但丞相李吉甫极力推荐杜悰"弱冠有德行、文学,秀朗严整"②,于是杜悰成为岐阳公主的驸马,杜氏家族因此加入皇亲行列。岐阳公主是宪宗嫡女,也是穆宗妹、敬宗姑母,还是唐中兴勋臣郭子仪的曾外孙女,母家也号称强宗。岐阳与杜悰结婚时,郭家特将长安大通里郭子仪旧亭沼赠与公主为别馆③。待后来杜悰为女儿择婿时,也精心挑选,"凡谓甲门清才求之,皆未许嫁"④。

附:杜佑家族婚姻关系表

　　杜　位 ⟷ 李林甫女

　　杜　佑 ⟷ 安定梁氏

　　　　　 ⟷ 李氏(原为佑妾,梁氏死后扶正)

　　杜式方 ⟷ 李则女(则为池州刺史)⑤

---

① 《杜工部集》卷九。
② 《樊川文集》卷九《唐故岐阳公主墓志铭》。
③ 同上。
④ 毕諴:《唐工部尚书杜(悰)公长女墓志铭并序》,《全唐文补遗》第一辑,三秦出版社1995年版。
⑤ 《李公文集》卷一五《故歙州长史陇西李府君墓志铭》,《四部丛刊》初编本。

杜佑女 ←→ 张士陵(公器),邕州刺史兼御史中丞①
杜 悰 ←→ 宪宗女岐阳公主
杜 牧 ←→ 裴氏
杜牧姊 ←→ 裴俦(俦,宣宗时江西观察使)②
杜牧妹 ←→ 李某③
杜牧子 ←→ 李方玄女(方玄,池州刺史)

杜牧在《复州司马杜君墓志铭序》中曾描述祖父杜佑的家居生活:

> 岐公外殿内辅,凡十四年,贵富繁大,孙儿二十余人,晨昏起居,同堂环侍④。

按"岐公"即杜牧祖父杜佑;墓志铭所描述的,是德、宪之际杜佑政治生涯处于鼎盛时期的杜氏家族生活场景,其时杜佑位极人臣,食邑 3000 户⑤,家势臻于极盛,"望高天下,宗族当今为大"⑥。从"孙儿二十余人,晨昏起居,同堂环侍"来看,大家族成员众多,关系密切,家族具体事务由长孙杜铨打理。这种至少三代同居共爨

---

① 周绍良主编:《唐代墓志汇编》(下)元和 104《唐故邕州刺史兼御史中丞张公墓志铭》。
② 《樊川文集外集》卷一《奉送中丞姊夫俦自大理卿出镇江西叙事抒怀因成二十韵》。
③ 《樊川文集》卷一六《上宰相求杭州启》。
④ 《樊川文集》卷九。
⑤ 《旧唐书》卷一四七《杜佑传》。
⑥ 毕諴:《唐工部尚书杜(悰)公长女墓志铭并序》,《全唐文补遗》第一辑。

第四章　活跃在隋唐社会政治舞台上的杜氏家族　161

的大家族模式,在当时已不多见。又据杜牧《唐故岐阳公主墓志铭》:

> 杜氏大族,其他宜为妇礼者,不翅数十人。主卑委怡顺,奉上抚下,终日惕惕,屏息拜起,一同家人礼。度二十余年,人未尝以丝发间指为贵骄。

杜悰之妻、岐阳公主终日惕惕、屏息侍奉的"宜为妇礼者",除去公公婆婆之外,还有其他房院中的长辈多至数十人。

自晚唐文、武宗时期开始,社会动荡,大家族的分化日益严重。孙光宪《北梦琐言》卷三"不肖子三变"条云:

> 唐咸通中,荆州有书生号"唐五经"者,学识精博,实曰鸿儒,旨趣甚高,人所师仰。聚徒五百辈,以束修自给,优游卒岁,有西河济南之风,幕寮多与之游。常谓人曰:"不肖子弟有三变,第一变为蝗虫,谓鬻庄而食也;第二变为蠹虫,谓鬻书而食也;第三变为大虫,谓卖奴婢而食也。"

与唐后期士族子弟常常失去祖传产业的情况一样,杜佑死后,家族内部各房院的关系发生了很大的变化,祖孙三代共居的传统大家族开始分裂为若干小房,其中有些房院继续保留兄弟同居共爨的模式,有些房院则从大家族中析出,独立为若干个小房,这种情况,与唐后期较为普遍的别居异爨、各自独立的小家庭增多的潮流趋同。具体情况如下:

杜铨小房。杜铨,字谨夫,为杜佑长孙,在大家族中地位重要,所谓"门内家事,条治裁酌,至于筐箧细碎,悉归于公,称谨而治"①。杜铨本以门荫入仕,官至鄂州江夏令,后弃官务农,"自罢江夏令,卜居于汉北泗水上,烈日笠首,自督耕夫,而一年食足,二年衣食两余,三年而室屋完新,六畜肥繁,器用皆具。凡十五年,起于垦荒,不假人之一毫之助,至成富家翁"②。杜铨常说:"忍耻入仕,不缘妻子衣食者,举世几人?彼忍耻,我劳力,等衣食尔,顾我如何?"后授复州司马,仅半年即辞官,终不复仕。这位不愿为妻子衣食"忍耻入仕",最终靠自己"劳力"成为"富家翁"的杜铨,其行为和思想,或许代表了是唐后期社会剧烈变动中,一部分士族子弟人生观和价值取向的变化。

杜慆小房。在《新唐书·宰相世系表》中,杜佑诸孙并无杜慆。但因杜牧多次提到"库部家兄慆"、"堂兄慆",此人或许为杜式方诸子之一。而除杜牧诗文外,范摅《云溪友议》卷下、《全唐诗》卷八七一张鲁封诗,也曾提及杜慆。此外,杜牧外甥裴延翰称杜牧为"仲舅",则在族内大排行杜牧还应有一位族兄,此人或即杜慆。

杜慆文宗开成年间曾为长安令③,后宦居浔阳、蕲州,与杜牧、杜颙兄弟关系密切④。至于杜慆的家庭的性质和规模,杜牧《为堂兄慆求澧州启》云:

---

① 《樊川文集》卷九《复州司马杜君墓志铭》。
② 同上。
③ 《册府元龟》卷三四《帝王部·崇祭祀》。
④ 《樊川文集》卷一六《上宰相求湖州第二启》。

第四章 活跃在隋唐社会政治舞台上的杜氏家族 163

> 某启：库部家兄昨者特蒙奖拔，却忝班行，实以听闻稍难，不敢更求荣进。今在鄂州汨口草市，绝俸已是累年。孤外生及侄女堪嫁者三人，仰食待衣者，不啻百口；脱粟藿霍，才及一飧。伏蒙仁恩频赐顾问，必许援拯，授以浐阳，活于阃门，无不感涕①。

由于是向宰相为亲属求官，杜牧说杜慥一家"脱粟藿霍，才及一飧"或有夸张之处。杜慥之家规模可观，并非独居独爨的小家庭，"孤外生（甥）及侄女堪嫁者"的生活也须杜慥照料，似乎仍没有脱离大家族同居共活的模式。

杜悰小房。杜悰为杜佑次子杜式方之子。与其他兄弟相比，杜悰小房最为兴旺。杜悰本是门荫出身，元和九年（814）选尚宪宗女岐阳公主后，任兵部尚书、工部尚书、判度支等职，宣宗时入为宰相。但杜悰与从兄弟姊妹间关系冷淡，《北梦琐言》卷三所载"杜邠公不恤亲戚"条：

> 杜邠公悰，位极人臣，富贵无比……镇荆州日，诸院姊妹多在渚宫寄寓，贫困尤甚，相国未尝拯济，至于节腊，一无沾遗。有乘肩舆至衙门诟骂者，亦不省问之。

这里所说的"院"，应是相对于房而言的、大家族之下的小家庭，或

---

① 《樊川文集》卷一六。

称小房①。杜悰在做了驸马之后,其他小房"贫困尤甚"的从姊妹都来到杜悰身边,希图能在经济上得到杜悰的援助。而从当时的法律和习俗来看,杜悰本人似乎也有扶助诸亲的义务,但杜悰"未尝拯济,至于节腊,一无沾遗",因而遭到舆论的谴责。

杜牧小房。由于杜牧之父杜从郁早逝,杜牧小房一度陷于贫困。据杜牧所言,杜牧小房曾经分得长安安仁里旧第三十间支屋"等财产。但从元和末年开始,杜牧与其母弟即举债度日,为"酬偿息钱",安仁里的房屋也为他人所有,"八年中,凡十徙其居,奴婢寒饿,衰老者死,少壮者当面逃去,不能呵制。有一竖恋恋悯叹,挈百卷书随而养之"②。位于洛阳仁和里的"六代祖"杜行敏的祖宅,"已属官舍",以至于杜牧到洛阳,不得不于履道坊"赁宅居止"③。此后杜牧"京中无一亩田","以旧第无屋,与长兄异居"。在此期间,杜牧与弟弟杜顗"食野蒿藿,寒无夜烛,默所记者,凡三周岁,遭遇知己,各及第得官"④。及后来杜顗患眼疾,需要照料,又有孀妹前来投靠,故至大中初年,杜牧"一家院累"从四十口扩大为"百口

---

① 如《唐语林》卷四《企羡》:"崔程出清河小房也,世居楚州宝应县,号八宝崔氏。……小杜相闻程诸女有容德,致书为其子让能娶焉。程初辞之,谓人曰:'崔氏之门若有一杜郎,其何堪矣。'而杜相坚请不已,程不能免,乃于宝应诸院取一娣侄嫁之。"又《北梦琐言》卷一一"心疾不妨文章"条:"刘崇望弟兄五人内四人皆登进士第,仕至将相丞郎。其元昆崇彝,不及第,官至省郎。生五男,每院各与一人为后"(《文渊阁四库全书》本)。
② 《樊川文集》卷一六《上宰相求湖州第二启》。
③ 杜牧:《上刘大夫诗注》云:"某六代祖国初赐宅在(洛阳)仁和里,寻已属官舍,今于履道坊赁宅居止。"这里的"六代祖"即杜行敏,其在贞观年间曾因平定齐王府之乱有功,受赐洛阳仁和里宅。
④ 《樊川文集》卷一六《上宰相求湖州第二启》。

之家"。尽管后来杜颛与孀妹李夫人在扬州寓居,但仍仰赖杜牧"经营衣食"。杜牧在做湖州刺史的七年间,"给弟妹衣食,有余兼及长兄(杜慥),亦救不足"。总之,杜牧时期大家族已有小房独立爨居,但这种分居并不彻底,传统大家族的观念仍在起作用,比如杜牧自己就把"某一身作刺史"则"一家骨肉,四处安活"① 作为义不容辞的责任。

至杜牧之子杜德祥时,杜氏家族的经济状况似乎仍未好转。德祥唐末昭宗时为吏部侍郎,小有政声。而与父亲一样,德祥仍要负担兄弟的家庭生活,《北梦琐言》卷十"前贤戏调"称:

> 杜德祥侍郎昆弟力困,要举息利钱济急用,召同坊富民到宅,且问曰:"子本对是几钱?"其人拂袖而出。

杜佑大家族的逐步瓦解和房院间的分化,与唐后期商品经济快速发展,各阶层间贫富剧烈分化的社会背景有直接的关系。在此社会环境下,想要维持血缘大家族的存在,实在不是一件易事,唐末"义门"的减少,大概也缘于此。处在晚唐五代激烈的社会变革中,世家子弟的命运沉浮不定,他们的思想也充满矛盾,一方面受功利追求的驱使,如杜牧勉励其侄:"朝廷用文治,大开官职场。愿尔出门去,取官如驱羊"②。另一方面又十分欣赏和羡慕"薄官业农,垦荒室完","以农力劳"的杜铨,赞许通过自己的劳作,获得

---

① 《樊川文集》卷一六《上宰相求杭州启》、《上刑部崔尚书状》。
② 《樊川文集》卷一《冬至日寄小侄阿宜》。

衣食丰足生活的人生态度①。中古社会发展到唐后期，宗族关系和宗族观念都有了很大的改变，世家大族子弟中的一部分人受传统礼法的束缚，负累沉重，另一部分人则向往精神相对自由的小家庭生活，渴望从大家族的羁绊中解放出来。但在这个时期，这种独立和解放显然是不可能彻底的，杜佑一支子孙从同居共爨的大家族向小房的分化并不彻底，杜牧、杜𢢀等房实际上都还不是完全独立的、以夫妻及其子女为中心的小家庭。

附：杜佑家族产业一览表

主人姓名	地 点	性 质	时 代	材 料
杜行敏（益州长史）	洛阳仁和坊	赐宅	唐初	《唐两京城坊考》注引杜牧文
杜 佑	长安城南	别墅	德宗	《新唐书》卷一六六《杜佑传》等
杜 佑	长安曲江	家庙	德宗	叶梦得《石林燕语》卷一
杜 佑	长安安仁里	住宅	德宪宗	《樊川文集》卷一六《上宰相求湖州启》
杜悰与岐阳公主	长安崇仁（昌化）里	宪宗赐宅	宪宗	《樊川文集》卷九《唐故岐阳公主墓志铭》
杜悰与岐阳公主	长安大通里故汾阳王郭子仪亭沼	别馆（岐阳公主外家赠与）	宪宗至文宗	《樊川文集》卷九《唐故岐阳公主墓志铭》
杜 牧	长安安仁里	住 宅	文武宗	《樊川文集》卷一六《上宰相求湖州第二启》
杜 牧	长安延福里	家 庙	文武宗	《樊川文集》卷一六《上宰相求湖州第二启》
杜 牧	洛阳履道坊	租赁住宅	文武宗	《隋唐两京坊里谱》履道坊引杜牧《上刘大夫诗注》

---

① 《樊川文集》卷九《复州司马杜君墓志铭并序》。

第四章 活跃在隋唐社会政治舞台上的杜氏家族　167

附：杜佑家族世系简表(始自杜预,共 16 代)①

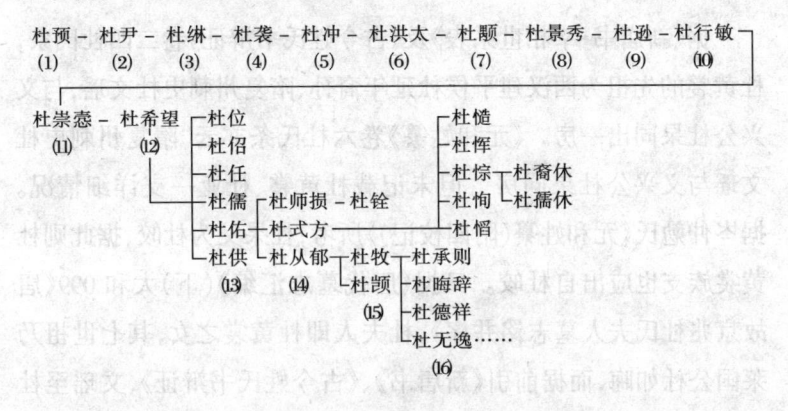

```
杜预 — 杜尹 — 杜绲 — 杜袭 — 杜冲 — 杜洪太 — 杜顗 — 杜景秀 — 杜逊 — 杜行敏
(1)    (2)    (3)    (4)    (5)    (6)     (7)    (8)     (9)    ⑩
杜崇悫 — 杜希望 ┬ 杜位           ┬ 杜憕
 ⑾       ⑿   ├ 杜佋            ├ 杜恽
              ├ 杜任            ├ 杜悰 ─ 杜裔休
              ├ 杜儒 ┬ 杜师损 ─ 杜铨   ├ 杜恂 ─ 杜孺休
              ├ 杜佑 ┼ 杜式方              ├ 杜慆
              └ 杜供 ├ 杜从郁 ┬ 杜牧 ─ 杜承则
                            └ 杜顗 ├ 杜晦辞
                    ⒀    ⒁    ⒂ ├ 杜德祥
                                   └ 杜无逸……
                                          ⒃
```

---

① 关于世系表的说明：本世系表依据岑仲勉《元和姓纂(附四校记)》杜氏部分、《新唐书·宰相世系表》、《古今姓氏书辩证》、《魏书·杜铨传》，同时参考郑鹤声《杜佑年谱》、岑仲勉《杜佑年谱补正》、缪钺《杜牧年谱》、赵超《新唐书宰相世系表汇校》等综合、简化而成。其中杜顗至杜牧，取杜牧《自撰墓志铭》中九代说。杜顗生景秀等六子，淹生行敏等三子，因《古今姓氏书辩证》较其他文献记杜佑一支世系详赡，人物历官封爵也有为诸史所阙者，故多采纳。至于杜希望诸子，《新唐书》记为八子，其名字及历官如下：

杜信，太子宾客；杜位，考功郎中、湖州刺史；杜佋，詹事司直、金城丞；杜任，河南府兵曹参军；杜儒，字巨卿，武进主簿；杜佑，字君卿，相德、顺、宪三朝；杜供，洪州长史；杜巨卿，兼侍御史。

但这里有几点可疑：其一，杜希望第八子，名"巨卿"。而《新唐书》中第五子杜儒，字"巨卿"；同一"巨卿"既为弟名，又为兄字，显然有违常例。而从杜佑字"君卿"来看，"巨卿"为杜儒之字应无误。又参《古今姓氏书辩证》，杜希望共七子，有杜儒而无"巨卿"，亦说明《新唐书》第八子巨卿是否存在值得怀疑。其二，杜希望长子杜信。唐另有一杜信，字立言，是杜昕之子，亦出京兆(《新唐书》)，但此人辈分上为杜希望诸子从叔。唐士族家讳至严，叔侄不应同名。杜昕子杜信，还见于《宝刻丛编》卷八引《关中金石录·唐太子宾客杜信碑》，此碑立于元和十四年，碑文称杜信历任国子司业、刑部员外郎、杭州刺史、太子宾客，祖父元志，官杭州刺史。父昕，殿中侍御史。可知此杜信也活动于宪宗时期。显然，《新唐书》误将此杜信作为杜希望之子。

据《元和姓纂》卷六杜氏条记载：杜希望共生位、佋、佑、任、供、巨卿(儒)六子，而未

杜黄裳房支

据《新唐书·宰相世系表》及《古今姓氏书辩证》卷二四杜氏条，杜黄裳的先祖为西汉建平侯杜延年裔孙、隋复州刺史杜文瑶，与义兴公杜杲同出一房。《元和姓纂》卷六杜氏条亦云"隋复州刺史杜文瑶与义兴公杜杲同房"，但未记载杜黄裳、杜亚一支详细情况。据岑仲勉氏《元和姓纂(附四校记)》所考，杜杲父为杜皎，据此则杜黄裳族支也应出自杜皎。又据《唐代墓志汇编》(下)大和099《唐故京兆杜氏夫人墓志铭并序》，杜夫人即杜黄裳之女，其七世祖乃莱国公杜如晦，而据前引《新唐书》、《古今姓氏书辩证》，文瑶至杜黄裳女共六代，又可推知杜文瑶晚杜如晦一代，为如晦从子。总之，综合诸史记载，杜黄裳房支的世系脉络大体如下：

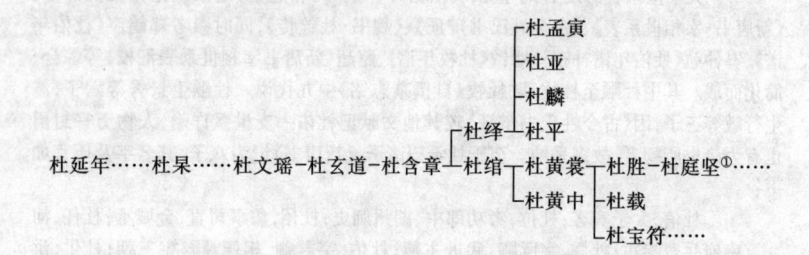

```
                                              ┌杜孟寅
                                              ├杜亚
                                              ├杜麟
                                    ┌杜绎─┬杜平
杜延年……杜杲……杜文瑶─杜玄道─杜含章─┤杜绾├杜黄裳─┬杜胜─杜庭坚①……
                                    └杜黄中 ├杜载
                                           └杜宝符……
```

从《新唐书·宰相世系表》中所记载的杜黄裳五代祖之官爵仕

有杜信。事实上，《元和姓纂》成书于宪宗元和七年，是奉敕之作，林宝与杜佑为同时人物，属当时人记当时事，应更可信。且杜佑为当朝宰相，其家世资料当不至有太多舛错。又据岑仲勉《唐人行第录》杜氏条(中华书局1984年版)，唐代通行大房排行，而杜位称"杜六"，杜佑称"杜十"，二人之间相差四人，也从另一个方面证明了杜佑六兄弟的排序应为杜位、杜佋、杜任、杜儒、杜佑、杜供。

① 据《古今姓氏书辩证》卷二四杜氏条补。该书又云自杜胜后，此支杜氏"遂家广陵"。待考。

宦来看,自隋杜文瑶后,此房支一直人气消沉,家族人物多为州府参军、县令。直到唐中叶,杜亚、杜黄裳脱颖而出,家族声望方得以重振。

杜亚(724—798),《旧唐书》传称"自云本京兆人"。据权德舆所撰杜亚神道碑铭并序,杜亚祖父杜含章,为千牛备身;父杜绎,为"忻州秀容县令",官非显赫。按辈分来说,杜亚是杜黄裳叔父杜绎之子,为黄裳从兄①。亚"早岁州里举经明","博通群书";"少颇涉学,善言物理及历代成败之事"②。先为宰相房绾所赏识。肃宗在灵武时,"上书论当世事,擢校书郎"。后入杜鸿渐河西节度使幕府,得到提携。代、德两朝,杜亚汲汲钻营权位,但因陷入元载、常衮与刘晏之间的党争,受刘晏牵连而外贬睦州。后出任淮南节度使,虽有修缮水利等业绩,但于文才德业,无所闻,时人讥其"薄知经籍,素懵文辞"③。但杜亚在淮南,热衷于奢靡享乐,"竞渡采莲龙舟,锦缆秀帆之戏,费金数千万"。与襄阳节帅于頔"点山灯,一上油二千石";荆南节帅李昌夔"打猎,大修富饰,其妻独孤氏亦出女队二千人,皆着红紫锦绣袄子",从而导致"此三府亦因而空耗"④。此外,杜亚还大开进奉之风,更为舆论谴责。

杜黄裳(737—808),字遵素,少年时代曾与郗昂同学于崧阳⑤,

---

① 《新唐书》卷七二《宰相世系表》,《权载之文集》卷一三《唐故东都留守东都汝州防御使银青光禄大夫检校吏部尚书判东都尚书省事兼御史大夫上柱国扶风县开国伯赠太子少傅杜公(亚)神道碑铭(并序)》。
② 《旧唐书》卷一四六《杜亚传》。
③ 《唐摭言》卷一三《无名子谤议》。
④ 《大唐传载》,《文渊阁四库全书》本。
⑤ 《唐语林》卷五"郗昂"条。

后登进士第、宏辞科,有"惨绿少年"之誉①,素为杜鸿渐所器重,在郭子仪幕府中也有声迹,在代、德两朝为权臣裴延龄所忌,未受重用。宪宗朝,杜黄裳始出任宰相,在是否讨伐西川刘辟问题上,"唯黄裳坚请讨除"。在其执政时期,强调反省德宗贞元姑息弊政,"以法度整肃诸侯",得到宪宗的赞同,"由是用兵诛蜀、夏之后,不容藩臣蹇傲,克复两河,威令复振,盖黄裳启其衷也"②。杜黄裳为相仅一年。对其短暂的宰相生涯,历来毁誉不一,如新旧《唐书》均称黄裳"寡廉洁之誉",因此不得久在相位,外迁河中晋绛等州节度使。晚唐人士张固《幽闲鼓吹》对杜黄裳有不同评价:

> 李师古跋扈,惮杜黄裳为相,未敢失礼。乃命一干吏寄钱数千缗,并毡车子一乘,亦直千缗。使者未敢遽送,乃于宅门伺候。累日,有绿舆自宅出,从婢二人,青衣褴褛。问:"何人?"曰:"相公夫人。"使者遽归以告师古,师古折其谋,终身不敢失节。

杜黄裳"相公夫人"从婢"青衣褴褛",竟令前来贿赂者羞惭而归的故事,似又说明新旧《唐书》谓杜黄裳"寡廉洁之誉"未必是的评。

杜黄裳家族的婚姻关系,如下表:

杜黄裳	⟷	赵郡李氏
杜黄裳子宝符	⟷	妻清河崔洪女

---

① 《幽闲鼓吹》,《文渊阁四库全书》本。
② 《旧唐书》卷一四七《杜黄裳传》。

第四章　活跃在隋唐社会政治舞台上的杜氏家族　171

杜黄裳女	⟷	京兆韦执谊
杜黄裳女	⟷	河东裴瀚
杜宝符女杜䌷	⟷	弘农杨宇①
杜　亚	⟷	范阳卢氏②

不难看出,与杜黄裳家族联姻的,几乎都是名门望族,如杜亚娶范阳卢氏女,杜宝符娶清河崔洪女。杜宝符长女杜䌷,也出嫁弘农杨氏子弟杨宇。宇父茂卿③,元和六年进士,监察御史。宇善文学,进士上第,时年28,时称诸生中少俊,后任国子助教等职④。杜䌷的墓志铭为诗人李商隐所书,可知其社会关系不仅多名门旧姓,更多进士、文人。杜黄裳女婿韦执谊,聪俊有才,进士擢第,应制策高第,年仅20余,即拜右拾遗、翰林学士,与德宗相唱和,深得赏识。杜韦翁婿之间所属党派不同,政治取向迥异,经常争吵⑤。后韦执谊与王叔文往来密切。顺宗即位,王叔文力援执谊为宰相,积极参预了永贞改革。宪宗即位后,剪除了改革派势力,"二王八司马"被外放边州。因执谊是杜黄裳之婿,数月后贬为崖州司户,最后卒于

---

① 周绍良主编:《唐代墓志汇编》(下)会昌021《唐故京兆杜氏夫人墓铭并序》,大中059《唐故文林郎国子助教杨君墓志铭》。
② 《权载之文集》卷一三《唐故东都留守东都汝州防御使银青光禄大夫检校吏部尚书判东都尚书省事兼御史大夫上柱国扶风县开国伯赠太子少傅杜公(亚)神道碑铭(并序)》。
③ 周绍良主编:《唐代墓志汇编》(下)会昌021《唐故京兆杜氏夫人墓铭并序》。
④ 周绍良主编:《唐代墓志汇编》(下)大中059《唐故文林郎国子助教杨君墓志铭》。
⑤ 《新唐书》卷一六九《杜黄裳传》:时王叔文用事,黄裳未尝过其门。婿韦执谊辅政,黄裳劝请太子监国,执谊曰:"公始得一官,遽开口议禁中事!"黄裳怒曰:"吾受恩三朝,岂以一官见卖!"即拂衣出。

贬所①。杜黄裳房支的婚姻状况表明，虽然已是中晚唐时期，传统旧姓内部的联姻依然很普遍，且士族子弟的相当部分已经成为科举制度下的文学新进。

杜黄裳一支也堪称进士之家。杜黄裳举进士、复擢宏辞科。次子杜胜、孙杜庭坚，均进士及第。德、宪二朝，杜黄裳房支声势鼎盛，有佳园别墅，在城南韦曲，为人称羡②。杜黄裳元和三年（808）卒于位，享年71岁③。黄裳有三子：载、胜、宝符④。次子杜胜，字斌卿，敬宗宝历初进士及第，宣宗时曾为给事中、户部侍郎判度支、扬州租庸使，李商隐有《为安平公兖州奏杜胜等四人充判官状》，称杜胜"流庆相门，荣名词苑。当仁罕让，见义敢为。符彩极高，涯涘难挹"⑤，对其人品才干评价甚高。据说宣宗也一度欲以杜胜为宰相，但终为宦官所阻挠，后出为天平军节度使，失意而卒⑥。据宋人韩元吉撰《右通直郎知袁州万载县杜君（杜铎，字文振）墓志铭》记载，杜胜为官扬州后，便定居永正（仪真郡），后人三代仕南唐，再徙家建业。杜黄裳余胤在宋代人物辈出，其后人杜镐、杜杞等在宋太宗、真宗朝以文章学术闻名于世，成为与杜衍等家族齐名的吴越望族⑦。

---

① 《旧唐书》卷一三五《韦执谊传》。
② 《文苑英华》卷八二八杜佑《杜城郊居王处士凿山引泉记》。
③ 《旧唐书》卷一四七《杜黄裳传》，《新唐书》卷一六九《杜黄裳传》云年70。
④ 杜黄裳之子宝符，据《唐代墓志汇编》（下）会昌021《唐故京兆杜氏夫人墓志铭并序》补。杜宝符职官为"朝议郎前守太子少詹事上柱国新野县开国男赐绯鱼袋"。
⑤ 《文苑英华》卷六三九。
⑥ 《新唐书》卷一六九《杜黄裳传》。
⑦ 《南涧甲乙稿》卷二〇，《文渊阁四库全书》本。

二、襄阳杜氏之杜审言、杜甫家族

襄阳杜氏是中古关中郡姓杜氏的一个特殊支派,不同于陈亡之后迅速衰落的吴姓士族,更不同于地道的山东、关中士族,它是汉魏旧族晚渡后遭受重大挫折但仍能顽强生存的典型,又是在隋唐全新社会历史条件下由儒学世家转向文学世家的典范。其宗族历经兴衰荣辱,发展过程更为曲折。

重归巩洛

南北朝末年,选举制度开始发生了一些有利于寒门庶族子弟入仕的变化①,隋文帝时废中正,创置科举,"自是海内一命以上之官,州郡无复辟署矣"。② 加之隋实现了全国统一,西晋以来持续数百年之久的分裂局面终于结束,而社会舞台的进一步扩大,更吸引了各地士人向京畿地区的聚集,流动与迁徙也再度影响了众多的士族家庭。

时世变迁同样给襄阳杜氏家族的命运带来了深刻的影响。如前所述,江陵之变后,襄阳杜氏叔毗一支实际上已经进入关中士族行列。据《元和姓纂》及《北史·杜叔毗传》,叔毗(?—567)生廉卿、冯石、安石、鱼石、黄石五子,其中,鱼石为隋河内郡司功参军、获嘉县令③,其余四子仕宦不详。从叔毗在北周的职位——都督、辅国

---

① 参阅唐长孺:《南北朝后期科举制度的萌芽》,载《魏晋南北朝史论丛·续编》。
② 《通典》卷一四《选举二》。
③ 周绍良主编:《唐代墓志汇编》(上)长安007《大唐故京兆男子杜并墓志铭并序》。

将军、硖州刺史来看,鱼石等人有可能由门荫入仕。但是北周至隋初恰是选举制度发生变化的时期,先是苏绰典吏部,"惩魏、齐之失,罢门资之制。其所察举,颇加精慎";入隋以后,"选无清浊"的趋向更为明显,直至进士科出现,科举制渐渐得到推广。在这个背景之下,鱼石之子依艺为河南巩县令,未必得益于祖父叔毗的门荫。当然,由于缺少史料,这些也只能是推测而已。无论如何,自叔毗仕北周、鱼石仕隋,直至依艺任巩县令并定居巩洛,襄阳杜氏又完成了一次新的迁徙。自永嘉之乱前杜耽离开洛阳算起,在大约 300 年之后,子孙后代又重归北土,而此时襄阳杜氏的籍贯实际上已再次与郡望分离,这也是或称杜审言为河南洛阳人的原因。

侠义门风

陈寅恪曾说:"士族之特点既在其门风之优美,不同于凡庶,而优美之门风实基于学业之因袭。"① 通常情况下,世家大族的家学与门风是有密切关系的。但襄阳杜氏的情况有所不同。经历过从"中华高族"沦落为侨寓"荒伧"的变故,这个家族的"门风"在"优美"之外多了几分豪壮。在杜叔毗至杜并四代人中,侠义之士辈出,留下了许多悲壮动人的传奇故事,如杜叔毗奉命出使北周时,留在襄阳的兄弟杜君锡及侄杜映、杜晰并为同僚曹策陷害致死。北周灭萧梁,曹策亦来到长安,据《周书·孝义传·杜叔毗》:

> 叔毗朝夕号泣,具申冤状。朝议以事在归附之前,不可追

---

① 陈寅恪:《政治革命与党派分野》,载《唐代政治史述论稿》,上海古籍出版社 1980 年版。

罪。叔毗内怀愤惋,志在复仇。然恐违朝宪,坐及其母,遂沉吟积时。母知其意,谓叔毗曰:"汝兄横罹祸酷,痛切骨髓。若曹策朝死,吾以夕殁,亦所甘心。汝何疑焉。"叔毗拜受母言,愈更感励。后遂白日手刃策于京城,断首刳腹,解其肢体。然后面缚,请就戮焉。太祖嘉其志气,特命赦之。

叔毗后为陈人所擒,亦辞色不挠,慷慨就义。杜鱼石女、王珪妻也以侠义闻名,隋末动乱中,房玄龄、杜如晦来访王珪,时值荒年家贫,王珪妻"剪髻鬘"酤酒待客,一时传为美谈①。杜审言次女、被杜甫称为"义姑"的裴荣期夫人,也曾在疾疫流行时,舍己子而救护侄子杜甫,结果杜甫痊愈生还而"姑之子卒"②。襄阳杜氏性情最刚烈的人物,是杜审言之子杜并。武则天时,杜审言为同僚周季童陷害下狱,年仅13岁的少年杜并,"盐酱俱断,形积于毁,口无所言。因公府宴集,手刃季童于座"。然而为父雪耻的杜并也当场为府署卫兵鞭挞而死③。诗人杜甫性情之中也有豪侠的一面,安史之乱间,宰相房琯兵败陈陶斜,杜甫上书为房琯申说,也不失质直本色④。

侠行义举,是对儒家所崇尚的忠信孝悌信条的实践,因此襄阳

---

① 《杜工部集》卷八《送重表侄王砅评事使南海》。
② 《杜工部集》卷二〇《唐万年县君京兆杜氏墓志》:"甫昔卧病于我诸姑,姑之子又病,间女巫为曰:'处楹之东南隅者吉。'姑遂易子之地以安我。我是用存,而姑之子卒……君子以为鲁义姑者,遇暴客于郊,抱其所携,弃其所抱,以割私爱,县君有焉。"
③ 周绍良主编:《唐代墓志汇编》(上)长安007《大唐故京兆男子杜并墓志铭并序》。
④ 《新唐书》卷二〇一《文艺上·杜审言传》。

杜氏的家风也是传统士族家族所倡导和追求的。然而这种家风的形成能够保持,最主要的,还与家族特殊的历史有关。在公元4世纪至9世纪大约500年间,襄阳杜氏家族一直处在不断的迁徙中,漂泊不定的生活,跌宕起伏的命运,或许影响及于家族成员的心理层面,以致形成了诸如豪爽侠义、狂放不羁等等心理和行为特征。

婚姻生活

襄阳杜氏家族的婚姻生活,也与不断迁徙的特殊经历有关。玄宗天宝三年(744),杜甫继祖母卢氏去世。祔葬偃师之际,杜甫代父杜闲作《唐故范阳太君卢氏墓志》[①],其中记载了前来赴丧的"内宗外宗"约30人。现据此墓志并结合有关史传资料,做出隋唐时期襄阳杜氏家族婚姻表如下:

人物(依辈分排列)	姻亲	郡望	联姻时代	史料出处	备注
杜鱼石女	王珪	乌丸王氏,梁王僧辩孙	周隋间	杜甫《送王砅评事》	南朝时襄阳杜龛曾娶王僧辩女
杜审言	前娶薛氏,继娶卢氏	一为河东郡姓;一为山东郡姓	隋末唐初	杜甫《唐故范阳太君卢氏墓志》	
杜闲	前妻崔氏,继妻卢氏	均为山东郡姓	唐武则天、中宗时期	张说《义阳公碑》[②]	
杜审言子	郑氏	山东士族	高宗	杜甫《唐故范阳太君卢氏墓志》[③]	

---

① 《杜工部集》卷二〇。据钱谦益考证,此志为天宝三年杜甫代其父杜闲所作,参阅钱谦益《杜工部集笺注》,清宣统三年上海时中书局石印本。

② 《张说之文集》卷一四《赠陈州刺史义阳王碑》,《四部丛刊》初编本。

③ 杜并、杜专早卒,杜并未婚,杜专婚否不详。但据《杜工部集》卷二〇《唐故范阳太君卢氏墓志》,除"冢妇"杜闲妻外,尚有"介妇"郑、魏、王三人,似为杜审言子杜专、杜登等人的妻子。

续表

人物(依辈分排列)	姻亲	郡望	联姻时代	史料出处	备注
杜审言子(杜专)	魏氏	巨鹿	高宗以后	杜甫《唐故范阳太君卢氏墓志》	
杜审言子(杜登)	王氏	山东郡姓	高宗以后	杜甫《唐故范阳太君卢氏墓志》	登为武康县尉
杜审言女	魏上瑜	巨鹿	高宗以后	杜甫《唐故范阳太君卢氏墓志》	县丞
杜审言女	裴荣期	关中郡姓	高宗以后	杜甫《唐故范阳太君卢氏墓志》	王府录事参军
杜审言女	王佑	京兆,应为山东郡姓之分支	中宗以后	杜甫《唐故范阳太君卢氏墓志》	
杜审言女	贺扐	会稽	中宗以后	杜甫《唐故范阳太君卢氏墓志》	
杜审言女	卢正均	山东士族	中宗以后	杜甫《唐故范阳太君卢氏墓志》	郡司仓参军
杜甫	杨氏	关中郡姓	中宗以后	元稹《唐故工部员外郎杜君墓志铭并序》①	司农少卿杨怡女
杜闲女(杜甫妹)	韦氏	关中郡姓	中宗以后	杜甫《奉赠韦左丞丈二十二韵》②	

按此表共统计襄阳杜氏家族成员15人(杜审言、杜闲前后两娶),时间大约在隋唐之际至安史之乱前,大体可以代表襄阳杜氏在隋初至唐天宝时期的婚姻状况。

综合上表,有如下几点值得注意:第一,襄阳杜氏没有与王室联姻③。第二,与山东士族通婚7例,占总数的46%;与关中士族通婚4例,占总数的26%;与一般中小官僚家庭通婚3例,占总数

---

① 《元氏长庆集》卷五六《唐故工部员外郎杜君墓志铭并序》,《文渊阁四库全书》本。
② 《杜工部集》卷一。
③ 杜甫曾外祖一辈曾与李唐宗室联姻,见杜甫《祭外祖祖母文》,《杜工部集·补遗》;《张说之文集》卷一一四《赠陈州刺史义阳王碑》。

的20%。此外,从襄阳杜氏联姻的对象来看,主要有王氏、卢氏、魏氏,以及崔氏、薛氏、裴氏、贺氏、韦氏、杨氏、郑氏诸姓。其中与王氏通婚3例,与卢氏通婚3例,与魏氏通婚2例,与崔氏、薛氏、裴氏、贺氏、韦氏、杨氏、郑氏各1例。

  王氏中王珪祖父王僧辩一支,韦氏中韦叡一支以及河东裴氏家族,都曾有过南渡的历史,而这几个家族,一直与襄阳杜氏保持着婚姻关系,南北朝时期如此,隋唐时期亦如此。而随着迁居洛阳,襄阳杜氏还与崔、卢、郑、王等山东士族中的名门望族建立了更为广泛的婚姻关系,社会关系的网络更为扩大。在唐初山东士族竞相炫耀门第、"卖婚"现象较为普遍的情况下,襄阳杜氏家族凭借着自己的声望,在婚姻方面继续保持着关中郡姓的影响。

家族的衰落

  至唐中叶,士族阶层发生了严重的分化,一部分魏晋旧门无力保持其原有的政治地位,陷于贫困,如《新唐书·高俭传赞》所云:"至中叶,风教又薄,谱录都废,公靡常产之拘,士亡旧德之传。言李悉出陇西,言刘悉出彭城。悠悠世祚,讫无考按。冠冕皂隶,混为一区。"而另一部分士族子弟通过科举进入仕途,从而保证了珪珇蝉联。例如清河崔氏家族,在宪宗至文宗两朝,崔邠与崔鄯、崔郾、崔郸等兄弟六人及邠子崔瓘、崔璜等,"皆登进士第,历位台阁","仕宦皆至三品,邠、郾、郸三人,知贡举,掌铨衡。冠族闻望,为时名德"。[①]又如范阳卢氏,在德宗贞元至僖宗乾符初年的近百年间,"登进士者一百十六人"[②]。这说明唐中叶后,相对于一部分家道

---

① 《旧唐书》卷一五五《崔邠传》。
② 《南部新书》卷六,《文渊阁四库全书》本。

第四章 活跃在隋唐社会政治舞台上的杜氏家族　179

中衰、逐渐没落的士族家族,根基深厚的山东旧族崔、卢两姓不仅没有衰微,反而锐意进取,跻身权力中枢,继续活跃在政治舞台上。

襄阳杜氏家族却属于家道中衰的类型。杜易简虽进士及第,但仕宦未达。杜审言亦举进士[①],曾为洛阳丞、著作佐郎、膳部员外郎等职,但因涉嫌与武则天宠臣张氏兄弟交往,在崔玄晖、张柬之发动兵变后,被放逐峰州[②]。至中宗广招天下文学,审言被召还,为修文馆直学士,但在任不久即去世,享年60余[③]。杜审言子杜闲,科第无名,终奉天令。杜闲生杜甫。

杜甫(712—770),字子美。虽"少贫不自振",但性情旷放,怀抱高远,每以"致君尧舜上,再使风俗淳"自勉[④]。与父祖一样,杜甫同样无法摆脱功名的羁绊,只是未能进士及第,仕宦不继,因此生路更为坎坷。待杜甫成年后,家道中衰,正像杜甫自己所说:"近代陵夷,公侯之贵磨灭,鼎铭之勋,不复照耀于明时。"[⑤]虽然杜甫父祖在长安杜曲、洛阳偃师及巩县有微薄产业[⑥],但也仅可免于躬耕劳作之苦。天宝五年(746),杜甫由洛阳移居长安,翌年再应举

---

① 辛文房《唐才子传》卷一杜审言小传:"杜审言咸亨元年宋守节榜进士。"
② 《旧唐书》卷七八《张行成传附易之》,《新唐书》卷二一〇《文艺上·杜审言传》。
③ 《文苑英华》卷九七八宋之问《祭杜学士审言文》。
④ 《杜工部集》卷一《奉赠韦左丞丈二十二韵》。
⑤ 《杜工部集》卷一九《进雕赋表》。
⑥ 玄宗开元二十九年,杜甫由齐鲁归洛,曾"筑室(即陆浑庄)首阳山下",即《奉寄河南韦尹丈人》(《杜工部集》卷一)原注所云"甫故庐在偃师"。又仇兆鳌同诗注引黄鹤说云:"诸杜庐与墓,多在河南偃师。"从甫继祖母卢氏、审言与妻子裴氏、卢氏以及甫本人均葬偃师来看,襄阳杜氏在此地应有宗族田产或庄园。天宝十年,杜甫移居长安,居南城之下杜城。其所作《秋日夔府咏怀》诗云:"两京犹薄产。"又《曲江三章章五句》称"自断此生休问天,杜曲幸有桑麻田。故将移往南山边。短衣匹马随李广,看射猛虎终残年"云云。

不第,于是寓居长安10年,在城南少陵原建草庐,号"少陵野老",处境日下,曾赖卖药石、寄食亲友为生,其《示从孙济》诗所吟"平明跨驴出,未知适谁门。权门多噂𠴲,且复寻诸孙。小人利口实,薄俗难具论。所来为宗族,亦不为盘飧。勿受外嫌猜,同姓古所敦"等句①,就是杜甫遭遇"宗族"冷落后复杂心境的表露。玄宗时期,向朝廷献书而授官的事例很多②,杜甫也受此风气影响,于天宝十四年(754)献《三大礼赋》,被玄宗授予河西尉、右卫率府胄曹参军。但很快安史之乱随即爆发,杜甫避走三川,历尽艰辛,以至"自负薪

附图十:位于少陵原上的杜公祠

---

① 《杜工部集》卷一《示从孙济》。
② 《封氏闻见记》卷三《制科》,《文渊阁四库全书》本。

采梠,儿女饿殍者数人"①。后流落剑南,为西川节度使严武幕僚。大历五年(770),杜甫出瞿塘,下江陵,至耒阳时,贫病而死。

杜审言、杜甫家族的衰落,发生在唐中叶政治经济生活急剧变化的年代,在社会变革对世家大族历史命运影响方面,也更多地具有个案分析的意义。隋唐以后,是否获得科场功名入仕,是家族能否继续兴旺的重要因素之一。杜审言后,杜闲、杜甫两代均无缘进士,子孙也未能猎取功名,遂无以致身通显,光复家业。此外,东晋以来,襄阳杜氏作为侨姓士族,定居南朝近200年,但他们的根基仍无法与吴姓土著相比。回归北朝后,由于远离故土,多历年所,他们已无法与地道的、社会基础雄厚的北方郡姓相抗衡。加之悬隔日久,襄阳杜氏与北朝京兆杜氏本宗的关系已经十分疏远,因而缺少来自其他郡望宗亲的奥援。这种情况也出现在其他家族,如隋初韦世康与韦鼎虽为同姓同僚,但二人因"宗族分派,南北孤绝,自生育以来,未尝访问"。后经隋文帝极力撮合,并"遣世康与鼎还杜陵,乐饮十余日。鼎乃考校昭穆,自楚太傅以下二十余世,作《韦氏谱》七卷"②。又如河东裴氏裴叔业、裴遂等房支,晋末宋初时属籍寿阳,由于南迁近百年,已经断绝了与河东原籍的联系,《新唐书·宰相世系表》因称寿阳裴氏为"南来吴裴",以示与河东裴氏的区别③。

永嘉之乱造成的士族宗族内部的"南北孤绝"现象,其影响是多方面的,例如,在唐宋时期流行的杜氏宗谱中,杜甫一支多被遗漏,以至引起后世学者的疑惑,这或许也是杜甫一支入隋唐后过早

---

① 《新唐书》卷二〇一《文艺上·杜审言传》。
② 《隋书》卷七八《韦鼎传》。
③ 参考韩树峰:《河南裴氏南迁述论》,《中国史研究》1996年第2期。

衰落的一个因素。

杜甫有子宗文、宗武,亦贫困潦倒,流落湖、湘①。宗武子嗣业之后,子孙史传无名。在宋人文献中,尚能见到有关杜甫后裔的记载,如《宋史·杜莘老传》称杜莘老为杜甫十三代裔孙。宋人王十朋撰《杜殿院墓志》,记载杜莘老身世甚详,志云:

> 杜陵先生以诗鸣于唐,忠不忘君,自比稷卨,卒穷以死,君子知其必有后。先生之子曰宗文、宗武。宗文之子居蜀之青神,号东山翁。东山翁生礼,僖宗时为谏官。礼生详,详生晏,景福中为侍御史。公,侍御史八世孙也。又以谏显,为宋名臣,于少陵有光矣。公讳莘老,字起莘。曾祖某。祖某。父某。皆潜德不仕,而以儒名家……②

到五代以后,杜甫后裔大多"潜德不仕",没有跻身显宦达官行列③。

---

① 樊晃:《杜工部小集序》,载《杜诗详注》卷二五。
② 《梅溪集·后集》卷二九,《文渊阁四库全书》本。
③ 《名臣碑传琬琰之集》卷五四杜大珪引查龠《杜御史莘老行状》也称杜宗文后人"皆潜光不仕,而儒业谨礼,世为乡党所敬"(《文渊阁四库全书》本)。

附:襄阳杜氏世系简表①

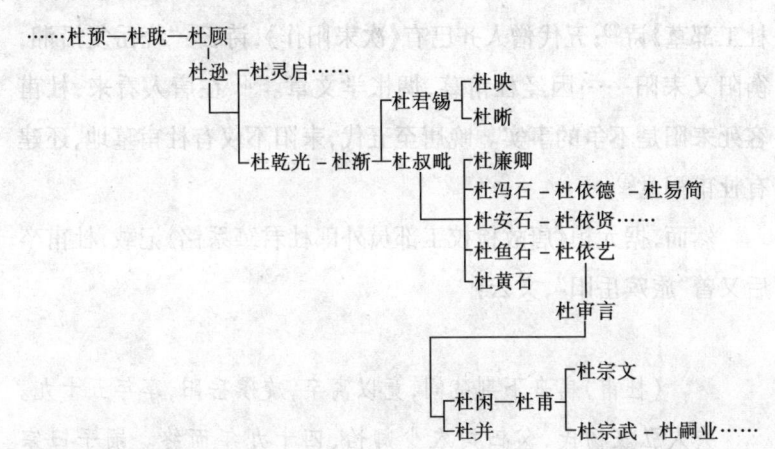

```
……杜预—杜耽—杜顾
         杜逊—杜灵启……
                  杜君锡—杜映
                         杜晰
              杜乾光—杜渐—杜叔毗—杜廉卿
                                杜冯石—杜依德—杜易简
                                杜安石—杜依贤……
                                杜鱼石—杜依艺
                                杜黄石
                                      杜审言
                                         杜闲—杜甫—杜宗文
                                         杜并      杜宗武—杜嗣业……
```

附:杜甫归葬地考

然宋元以来,有关杜甫的葬地,一直是文人聚讼之话题,时至今日,仍未有定论,计有耒阳说、平江小田说、偃师说、巩县说等②。其实,对杜甫之葬地,唐人诗文中早有明确记载,如略晚于杜甫的

---

① 关于世系表的说明:

1. 襄阳杜氏世系总表据《元和姓纂》卷六杜氏条,《新唐书·宰相世系表》,《梁书》、《南史》杜崱传,《宋书》、《南史》杜骥传,《周书》、《北史》杜叔毗传以及《杜工部集》等综合整理而成。

2. 据杜甫:《祭远祖当阳君文》,甫自称为杜预"十三叶孙";元稹:《唐故检校工部员外郎杜君墓系铭》,亦云:"晋当阳成侯姓杜氏,下十世而生依艺,令于巩。依艺生审言。审言善诗,官至膳部员外郎。审言生闲,闲生甫。"推算起来,杜预、杜甫之间亦十三代。此外,在杜甫诗文中,常常提到"从弟"杜位,此人出自杜预另一子杜尹之后,乃京兆杜希望之子、杜佑之兄。而据杜牧《自撰墓铭》,杜位、杜佑一代为杜预十三代裔孙,或可作为杜甫为杜预十三代裔孙之一佐证。

② 杜甫卒于耒阳,见于《旧唐书》本传;葬平江说,有清人李元度《杜工部墓考》(《天岳山馆丛钞》卷三八,光绪四年刻本)等;葬偃师说,见元稹《杜甫墓系铭》等。

诗人戎昱有《耒阳溪夜行》,序称"为伤杜甫作"[1];罗隐有《经耒阳杜工部墓》诗[2];五代僧人齐己有《次耒阳作》,诗云:"绕岳复沿湘,衡阳又耒阳……因经杜甫墓,惆怅学文章。"[3] 在唐人看来,杜甫客死耒阳是不争的事实。晚唐至五代,耒阳不仅有杜甫墓地,还建有杜甫祠堂[4]。

然而,据元稹《唐故检校工部员外郎杜君墓系铭》记载,杜甫卒后又曾"旅殡岳阳",文云:

> (杜甫)扁舟下荆楚间,竟以寓卒,旋殡岳阳,享年五十九。夫人弘农杨氏,父曰司农少卿怡,四十九年而终。嗣子曰宗武,病不克葬,殁,命其子嗣业。嗣业贫,无以给丧,收拾乞丐,焦劳昼夜,去子美殁后四十年,然后卒先人之志,亦足为难矣[5]。

岳阳代指岳州;"旅殡岳阳"是指杜甫被临时安葬在岳州平江县的小田,因为平江县(实即昌江县,五代后改为平江)唐代属岳州。联系前引杜甫葬耒阳说及元稹所作杜甫墓铭,当然也不排除杜甫病卒耒阳后,宗武护柩北归,在途中殡于平江小田,后由嗣业归葬于偃师首阳山下的可能。

---

[1] 《杜诗补注》卷上,《文渊阁四库全书》本。
[2] 《罗昭谏集》卷三,《文渊阁四库全书》本。
[3] 《白莲集》卷六,《文渊阁四库全书》本。
[4] 徐介:《耒阳杜工部祠堂》,载《杜诗补注》卷上。
[5] 《元氏长庆集》卷五六。

第四章 活跃在隋唐社会政治舞台上的杜氏家族

位于偃师县西北25里之首阳山,是京兆杜氏本宗的"祖茔"所在地,魏幽州刺史杜畿、晋当阳侯杜预的墓葬地都在此地①。南宋时,在首阳山的官路以北,仍可见"古冢累累,元凯墓犹载《图经》可考,子孙附葬者数十"②。偃师首阳山也是襄阳杜氏的家族墓葬地,襄阳杜氏家族的成员,如杜甫祖父杜审言、祖母薛氏、继祖母卢氏等,葬在偃师首阳山之东原③。玄宗开元二十九年,杜甫游历齐鲁归洛,曾在首阳山祭奠远祖杜预,即《祭远祖当阳君文》中所谓"小子筑室首阳之下,不敢忘本,不敢违仁。庶刻丰石,树此大道"④。因此清儒仇兆鳌云:"诸杜庐与墓,多在河南偃师……所以公殁,又归祔于偃师。"⑤

然而,论者多以交通条件不便而断定杜甫墓地一直在湘岳耒阳或平江小田,终未北迁,如清人李元度以为:"大历、元和间干戈梗道,或志(按指元稹所作杜甫墓系铭)具而殡不果归,亦意中事也。"⑥ 现代学者中因袭这种说法的人也很多。

那么,是否唐后期荆襄、荆偃之间"水路不通",以至妨碍了杜甫归葬河南呢?其实不然。代、德以后,汴河水路因淤塞及两岸骄兵作乱,公私漕运一度废绝。在此背景下,"南路"陆运得以开发,这条运道上有蓝田、商州武关、邓州内乡、襄阳、江陵、鄂州等关津要隘,水陆兼备,通达湘岳湖广,将黄河与汉水、淮水、长江流域相

---

① 《晋书》卷三四《杜预传》,《通典》卷一七七《州郡七·河南府·福昌县》。
② 《类说》卷一五《杜子美坟》,《文渊阁四库全书》本。
③ 《杜工部集》卷二〇《唐故范阳太君卢氏墓志》。
④ 《杜工部集·补遗》。
⑤ 《杜诗详注》卷一《奉寄河南韦尹丈人》注。
⑥ 《天岳山馆丛钞》卷三八《杜工部墓考》,光绪四年刻本。

连接,运送租赋钱粮之舟车,与宦游南北之士人,不绝于途①,据《旧唐书·韦伦传》:

> 属东都河南并陷贼,漕挽路绝。度支第五琦荐伦有理能,拜商州刺史,充荆、襄等道租庸使……会襄州裨将康楚元、张嘉延聚众为叛,凶党万余人……南袭破江陵,汉沔馈运阻绝,朝廷旰食……伦进军击之,收租庸钱物仅二百万贯,并不失坠。

据此可知,代宗初年,江陵已成为荆襄等道租庸的集散地。德宗贞元年间,曾有江西、湖南漕米 15 万石经襄州陆运至长安②,还发生过"漕江东租赋百余万贯在江陵,度支主吏宋栖桐无部置,遇火焚之,国用益窘"的事件③,足见当时江东地区与荆、襄、江陵之间运输之繁忙。

安史之乱爆发后,北方士族流离失所,纷纷寓居江南。而客死他乡者依照当时的礼法习俗,亦多由子孙迁葬故里。这种活动在战乱平息后尤其多见,如郭邕,天宝年间卒于临贺郡,"寻以旅榇归乡,葬于洛阳北原";其妻安史之乱后"避地荆楚",卒后也于大历四年归葬洛阳④。又如李涛"河朔军兴,避地江表",乾元二年(759)

---

① 《白香山诗集》卷一五《襄阳舟夜》有"下马襄阳郭,移舟汉阴驿"句,《文渊阁四库全书》本。
② 《陆宣公翰苑集》卷二《贞元元年冬至大礼大赦制》,《四部丛刊》初编本。
③ 《册府元龟》卷四八四《邦计部·经费》贞元元年四月条。
④ 周绍良主编:《唐代墓志汇编》(下)大历 019《大唐故濮州雷泽县令太原郭府君墓志铭并序》。

卒于润州,其妻独孤氏大历末卒于常州,夫妻二人"始迁兆合祔于洛阳北邙之东原"①。尤其是《唐代墓志汇编》(下)长庆008李府君墓志所记迁葬一事,似与杜嗣业迁葬祖父杜甫的过程相像,因略记于下:

> 维大唐元和十五年……有宜春郡宜春县尉李府君遘疾,捐馆于邑之官舍……粤以长庆元年三月十三日,公长男居贞、次男居简,自宜春扶护旅榇,侍奉夫人,来自荆楚,权居夷陵。家贫路远,未克营办,冀望亲知之救,以一图窆穸之事。是岁仲秋月,公夫人……又殁于硖州……以长庆二年……号哭徒行二千余里,远之洛汭,克遂归窆。以其年五月七日,安厝于河南府洛阳县清风乡诸葛村芒山原,礼也。

据此墓志可知,李府君之子护父灵柩归乡,途中又罹母丧,故历时年余,备尝艰辛。其回乡之路线,大体是循"南路"陆运路线,即经宜春、荆楚(江陵)、夷陵(硖州)、襄阳,再经由邓州内乡或商州武关道回到洛阳,"徒行二千余里","克遂归窆"。估计杜嗣业护杜甫灵柩之归葬偃师,也是取道"南路"陆运路线,即经江陵、襄阳北上,再辗转邓州内乡或商州武关道至洛阳偃师,总之,与李府君灵柩归乡之路线大致相同。

安史之乱后,士人客死江南,暂殡寓所,再由子孙迁葬故里的情况是相当普遍的。而长途迁葬所遵循的路线大多为"南路"陆

---

① 周绍良主编:《唐代墓志汇编》(下)大历068《大唐故李府君墓志铭》。

运。杜甫卒于耒阳后，甫子宗武因无力完成亡父遗志，遂先葬父于平江小田。直到"去子美殁后四十年"，甫孙嗣业于元和八年（813）再迁灵于此，终"卒先人之志"。其中之艰难，可以想见。

三、洹水杜氏家族

自永嘉之乱后杜曼在邺奠定家族基础开始，直到唐朝中叶，洹水杜氏的归葬地大约经历了三次大的改变，对此，韩愈《中散大夫河南尹杜君墓志铭》有详细记载，引述如下：

> （杜）曼为河东太守，葬其父洹水之阳，其后世皆从葬洹水。及正伦为太宗宰相，犹封襄阳公，太宗始诏葬京兆。襄阳公无子，以兄正藏子志静后，遂嗣襄阳公。生侨，为怀州长史。弃官，老沁水上，为富家，卒葬怀州武陟……（杜）兼元和四年卒。明年二月，从葬怀州。

这里提到的洹水杜氏的三处葬地——洹水、京兆、怀州，是揭示这一家族兴衰的重要线索，而与之有关的三位人物——杜曼、杜正伦、杜侨，又直接与这个家族的兴衰密切相关。

隋末秀才之家

由杜曼"葬父洹水之阳"开始，洹水杜氏开始定居邺城。直到隋末，洹水杜氏一直在邺一带繁衍生息，并逐渐枝繁叶茂，开始走向兴旺发达。隋大业四年（608），隋炀帝"诏发河北诸郡男女百余万开永济渠,引沁水南达于河,北通涿郡"①,是为著名的永济渠工程。在南起相卫、北抵幽燕的河北平原,永济渠贯通沁、清、淇、漳以及滹沱、桑干等大小河流,将河北平原与黄河、淮河流域联系起来。洹水杜氏的故里,地处永济渠上游,渠水流经洹水县城,南为永济渠的实际起点卫州汲县②,南北漕运物资集散地黎阳仓就建在卫州。据《隋书·地理志》:"魏郡邺都,所在浮巧成俗,雕刻之工,特云精妙,士女被服,咸以奢丽相高,其性所尚习,得京洛之风矣。"隋代的邺城,已经相当繁荣,且拥有比较开放的社会人文环境。而这一地区世家大族相对集中,例如赵郡李氏、博陵崔氏、范阳卢氏等大姓的一些房支,也都相继迁往相州、魏州③,他们通过仕宦、联姻建立了密切的关系,在"务在农桑,好尚儒学"的"信都、清河、河间、博陵、恒山、赵郡、武安、襄国"这一地区内,构成了一个地域文化群落,共同营造出了河北地区浓郁的文化氛围。这些因素都促使杜裕之子杜正玄兄弟放弃父祖的隐居传统,投身于科场角逐之中来。

杜正伦的政治生涯

入隋以后,选举制度的变化,为洹水杜氏杜正玄兄弟创造了入仕的机缘。隋文帝正式废除九品中正制,褫夺了地方辟举士人的权利。在一方面恢复传统的征召、察举制度的同时,隋炀帝又新增

---

① 《隋书》卷二《炀帝纪》。
② 参阅严耕望:《隋唐永济渠》,载《唐交通图考》,(台湾)《历史语言研究所专刊》之八十三,1986年。
③ 参阅毛汉光:《从士族籍贯迁移看唐代士族之中央化》,《中国中古社会史论》第八篇,台湾联经出版事业公司1988年版。

设了进士等科目①。但由于进士科刚刚出现,进士及第者还没有像以后那样被推崇为"白衣公卿"、"一品白衫",因此远不如秀才科重要。在隋末,秀才这一始于汉代、历史悠久的贡举科目仍独占鳌头,"取人稍峻"②,一时间在诸科中地位最隆,据《北史·杜铨附正玄传》:

> (杜正玄)隋开皇十五年举秀才,试策高第。曹司以策过左仆射杨素,怒曰:"周孔更生,尚不得为秀才,刺史何忽妄举此人?可附下考。"乃以策抵地,不视。时海内惟正玄一人应秀才,余常贡者,随例铨注讫,正玄独不得进止。曹司以选期将尽,重以启素。素志在试退正玄,乃手题使拟司马相如《上林赋》,王褒《圣主得贤臣颂》,班固《燕然山铭》,张载《剑阁铭》、《白鹦鹉赋》,曰:"我不能为君住宿,可至未时令就。"正玄及时并了。素读数遍,大惊曰:"诚好秀才!"命曹司录奏。属吏部选期已过,注色令还,期内重集。

杜正玄,字知礼,为杜裕长子③。他的入仕经历表明,秀才科在隋末取人之"峻"已经达到了登峰造极的程度,也预示着这一科目即将走到自己的尽头,正像杜佑所说的:"初,秀才科第最高,试方略

---

① 关于科举制度是否产生于隋,史学界素有分歧。而从后文杨素、苏威试正玄、正藏的过程和题目中,已多少有些进士科试杂文、诗赋的成分。
② 《唐六典》卷二《尚书吏部》。
③ 《北史》卷四五《杜铨传》,《隋书》卷七六《文学传·杜正玄》均谓杜正玄"字慎微"。

第四章　活跃在隋唐社会政治舞台上的杜氏家族

策五条,有上上、上中、上下、中上,凡四等。贞观中,有举而不第者,坐其州长,由是废绝。"①

但杜正玄步入仕途并非顺利,直到翌年再次参选,方为吏部优叙。此后晋王杨广镇扬州,妙选府僚,乃以杜正玄为晋王府参军,后又为豫章王记事。正玄弟正藏,字为善,亦好学善文章。开皇十六年(596),正藏举秀才,同样受到监选官苏威的刁难和贬抑,"试拟贾谊《过秦论》及《尚书·汤誓》、《匠人箴》、《连理树赋》、《几赋》、《弓铭》,应时并就,又无点蹿"。但仍被曹司抑为乙科。正藏不满上诉,苏威愈怒,又将其改为丙第,仅授纯州参军一卑职。炀帝大业中,正藏又以"学业该通,应诏被举。时正藏弟正仪贡充进士,正伦为秀才,兄弟三人同时应命,当世嗟美之"②。

杜正玄兄弟的经历说明,在隋朝罢中正、兴科举后,"举选不本乡曲,故里间无豪族,井邑无衣冠。人不土著,萃处京畿。士不饰行,人弱而愚"③。洹水杜氏家族开始同相当多的士族子弟一样,凭借自己的家学资本去竞技科场。

炀帝末年,杜正伦与兄弟杜正玄、杜正藏等先后中秀才,入仕为武骑尉④。时值北方饥馑,农民义军和地主武装蜂起,徐世勣、李密、窦建德等开黎阳仓赈济灾民,"就仓者数十万人"。杜正伦与魏徵等人也"客游"其中⑤,伺机寻求各自的政治出路。武德年间,

① 《通典》卷一五《选举》三《历代制下》。
② 《北史》卷四五《杜铨附正藏传》。
③ 《通典》卷一七《选举五》。
④ 《新唐书》卷一〇六《杜正伦传》。
⑤ 《大唐新语》卷七《识量·李勣条》,《文渊阁四库全书》本。

杜正伦被选入李世民的秦王府文学馆。贞观初,尚书右丞魏徵"表荐正伦,以为古今难匹",遂擢受兵部员外郎。后又为给事中、中书侍郎、兼知起居注等重要职务,正伦曾向太宗建言:"君举必书,言存左史。臣职当修起居注,不敢不尽愚直。陛下若一言乖于道理,则千载累于圣德,非直当今有损于百姓。愿陛下慎之。"太宗大悦,赐彩绢200匹①。贞观中,杜正伦出入两宫,参典机密,表现出杰出才干。太宗也以正伦"志怀贞悫,能敦直道",特命辅佐太子承乾。然而承乾有足疾不能朝谒,好昵近小人,太宗渐生不满,正伦数谏而承乾不纳,无奈以太宗不满之语告承乾,望其惧而悔改,结果以"漏泄禁中语"罪,被贬为交州都督,后承乾谋反事发,正伦配流驩州。

高宗即位后,于显庆元年(656)诏回杜正伦任黄门侍郎兼崇贤馆学士,不久又出任宰相。此间,杜正伦参与了《显庆礼》的修撰,并以宰相领衔润色玄奘所译佛经经文②,深得信任。大约在此时,发生了所谓"凿杜固"事件,洹水杜氏家族一时成为朝野关注的焦点。

太宗初年,杜正伦与杜如晦、杜淹三人都曾被选入秦王府文学馆,得到重用,但他却因"与京兆(杜氏)宗派不同,常蒙轻远"③,据《新唐书·杜正伦传》记载:

> 正伦与城南诸杜昭穆素远,求同谱不许,衔之。诸杜所居

---

① 《旧唐书》卷七〇《杜正伦传》。
② 《金石史》卷一,《文渊阁四库全书》本。
③ 《北梦琐言》卷一二"堑杜氏山冈事"条。

号杜固,世传其地有壮气,故世衣冠。正伦既执政,建言凿杜固,通水以利人。既凿,川流如血,阅十日止,自是南杜稍不振。

杜正伦与京兆杜氏的这场冲突,本因杜氏两郡望之间"昭穆素远"、洹水杜正伦欲与京兆叙亲缘、入同一谱牒而遭到拒绝,因而在为宰相后通过开凿杜固,以报复京兆诸杜。据北宋张礼《游城南记》,杜氏又分南北杜,"京兆宗派"、"城南诸杜",应即京兆杜如晦一支,居杜固,谓之"南杜",洹水杜正伦一支居杜曲,谓之"北杜"。而"杜固"位于今陕西西安市东南、唐时之杜陵,汉魏以来即为杜氏聚居处,著名的樊川就在此地。查张礼游城南在北宋元祐元年,时杜正伦"所凿之处崖堑尚存,俗谓马鞴崖或曰凤凰嘴"[1]。据史念海实地考察,杜固原址应在潏河岸边的神禾原上,至今仍叫"凤凰嘴";杜正伦凿冈,"川流如血","殆为红土红砂随波逐流,使水流成为红色"[2]。可见《新唐书》等书所记此事应非乌有。

实际上,杜正伦凿杜固事件发生在唐初,即从门阀士族社会向科举社会过渡的初期,其背后的内涵更深刻。尽管从北朝世家大族的政治分野来看,洹水杜氏与京兆杜氏属于不同的阵营,洹水杜氏属于"邺都文化圈"中的山东豪杰,而邺都文化圈日益扩张,迫使宇文氏不得不另立"关陇文化本位"政策以抗衡[3]。但事实上,隋唐以后,来自各地区的世家大族纷纷聚拢京师,脱离地域社会而进

---

[1] 《游城南记》"车次杜曲前瞻杜固盘桓移时"条,《文渊阁四库全书》本。
[2] 史念海:《古长安丛书总序》。
[3] 参阅陈寅恪:《隋唐制度渊源略论稿》。

入中央政权,统治上层在选拔人才方面,更多地还是遵循实用、广泛的原则,杜正伦与杜如晦、杜淹同时进入秦王府即是明证。但直到唐朝初期,南北朝以来形成的郡望高下、血统尊卑等价值标准,还在士族社会内部通行,伴随着世家大族的聚散分合,还深刻地影响着大姓郡望之间的关系。太宗、高宗与武则天都曾修订过《氏族志》等官方谱牒,也反映了这个现实。而这场"南北杜"之争,透露出洹水杜氏在唐初还不为诸杜正宗所接纳;同姓士族不同郡望之间仍存在着虽不成文但很严格的等级差异,因而导致了冲突的发生。

"凿杜固"事件某种程度上影响了杜正伦的政治生涯。不久,杜正伦又因与新贵李义府发生冲突,遭李诬陷,被贬为郁林郡横州刺史(今属广西),并削去封邑,不久,即终于贬所。

中晚唐洹水杜氏的婚姻与仕宦

杜正伦的宦海浮沉,给洹水杜氏家族日后的发展带来极大影响。

杜正伦无子,以侄志静嗣。正伦从子求仁,有雅才,永淳中,授监察御史,后因加入徐敬业幕府、参加讨武起义而被处死[①]。从孙杜咸,进士及第,亦有名于时。累迁右台监察御史,曾经监军出讨牂柯郡叛乱。开元中,为河北按察使。

杜正藏孙、杜志静子杜侨,曾为怀州刺史,但后来杜侨"弃官,老沁水上,为富家"。杜侨弃官后从商或务农不得而知,但他死后葬在了怀州武陟[②]。杜侨有二子:杜咸、杜损,兄弟相继入仕,杜咸

---

① 《新唐书》卷一〇六《杜正伦传》。
② 《朱文公校昌黎先生文集》卷二六《唐故中散大夫河南尹杜君墓志铭》。

为凉州都督,杜损为大理少卿。杜损生二子:杜廙、杜戬,分别为郑州录事参军、河北某县尉①。杜廙生杜兼(750—809),杜戬生杜羔。杜兼与常山郡张茝之女结婚②,杜羔则娶洹水刘氏③。值得注意的是,杜侨、杜损、杜廙、杜兼四代归葬于怀州,家族墓葬地又一次改变,表明杜正伦以后,洹水杜氏一度疏离了中央政权。像许多处在不断迁徙和分化中的士族家庭一样,受到"历世稍远,支胤衍繁,土地之限制,饥馑之驱迫,疾疫之蔓延,乱离之迁徙,宦游之侨寄"诸多因素的影响④,洹水杜氏的怀州籍贯实际上已经与郡望分离。

玄宗天宝十四年(755),安史之乱爆发,黄河以北地区沦陷于安史叛军。战乱中,杜兼父死于难,而当杜兼伯父存介被俘临刑时,杜兼"号呼愿为奴以赎,遂皆免"⑤。杜羔少年时代也曾经历颠沛流离之苦,据李肇《唐国史补》,杜羔父杜戬死于战乱,母不知所之。"会堂兄兼为泽潞判官,尝鞫狱于私第,有老妇人辩对,见羔出入,窃谓人曰:'此少年状类吾儿。'诘之,乃羔母也,自此迎侍而归。"杜羔又往来河北寻找亡父葬所。邑中故老已尽,不知所询。杜羔馆于佛庙日夜悲泣,"忽睹屋柱烟煤之下,见字数行,拂而视之,乃其父遗迹,言:'后我子孙,若求吾墓,当于某村某家询之。'羔号泣而往,果有老父年八十岁余,指其丘垄,因得归。"这个带有神

---

① 《新唐书》卷一七二《杜兼传》,《唐国史补》卷中"杜羔"条。
② 《朱文公校昌黎先生文集》卷二六《唐故中散大夫河南尹杜君墓志铭》。
③ 《玉泉子》:"杜羔妻刘氏,善为诗。羔累举不中第,乃归……。"
④ 岑仲勉:《唐史中望与贯》,载《唐史餘瀋》,中华书局1960年版。
⑤ 《新唐书》卷一七二《杜兼传》。

秘色彩的故事提供了如下史实：洹水杜氏在安史之乱中遭受重大打击，杜羔失去父母后，为叔父所抚养，宗族内存在着唇齿相依的亲密关系。也许是饱尝丧乱之苦，杜兼、杜羔自幼就显示出果敢、坚毅的品质，为其日后在仕途上的进取准备了条件。

德宗末、宪宗初，洹水杜氏因杜兼、杜羔兄弟在政坛初露头角而再度显赫一时。杜兼，建中初年进士高第。由徐泗节度使张建封幕府起家，德宗时为濠州刺史。宪宗即位，入朝为刑部、吏部郎中，给事中、河南少尹、河南尹等职，社会交往非常广泛，与韩愈、权德舆、李益、孟浩然等均有往来。但杜兼一生毁誉参半。德宗时期，由于朝廷"厌兵革，姑息戎镇"①，不仅河北割据藩镇气焰嚣张，河南、山东等地区的节度使也桀骜不驯，尤其是汴河（通济渠）沿线的军镇，常常发生哗变。在这种政治气候下，杜兼利用身在濠州这一运河交通要地的位置，"练卒修武，占召三千劲勇"，试图通过拥重兵而巩固自己的地位，以图乱中自保。此后，徐泗节度使发生兵乱，江淮运道受阻，杜兼"以甲兵三千防淮，道不绝"②，从而受到德宗嘉奖。但杜兼后因杖杀无辜僚属韦赏、陆楚，"赏进士擢第，楚，兖公象先之孙，皆名家，有士林之誉，一朝以无罪受戮，郡中股栗，天下冤叹之"③。但柳宗元作《杜兼对》，为杜兼辩护，认为杜兼不避权势，颇有骨鲠之气④。最终因得到宰相杜佑的庇护，杜兼免于罪责，宪宗初年还入朝为刑部、吏部郎中，后出任河南尹一职，元和

---

① 《旧唐书》卷一四六《杜兼传》。
② 《朱文公校昌黎先生文集》卷二六《唐故中散大夫河南尹杜君墓志铭》。
③ 《旧唐书》卷一四六《杜兼传》。
④ 《柳河东集》卷一四《杜兼对》，《文渊阁四库全书》本。

四年卒于任。

杜兼从弟杜羔,贞元初进士及第。史称杜羔有至性,宪宗元和中,杜羔为京兆万年县令,以正直敢言闻名。后为户部郎中、振武军节度使。

杜羔之子杜中立,字无为,以门荫入仕。开成年间,文宗欲以公主嫁士族,谓宰相曰:"民间修婚姻,不计官品而上阀阅",遂"取世家子"召见禁中,杜中立得拜著作郎,为驸马都尉,尚真源公主。洹水杜氏因与皇室联姻而名扬一时。但杜中立不甘无所事事,"数求自试",文宗先后以其为太仆、卫尉少卿、左右金吾大将军、司农卿。史称"中立居官精明",是唐朝驸马中少有的躬亲实务者。他严厉整治京师恶少,改革司农鞶钱制度,"吏不得为奸,后遂以为法"。在义武节度使治上,于州置"飞雪将"数百人,具舟以载海盐,使百姓免于以旧徭车輓运之苦,民不劳而军食足。大中十二年,洪水泛徐、兖、青、郓等州,中立亲自指挥军民排水入毛河,东注海,使地势低洼的沧州免于水患①。

现根据《北史》、《隋书》、新旧《唐书》、韩愈《中散大夫河南尹杜君墓志铭》等文献资料,列出隋唐时期洹水杜氏世系表②:

---

① 《新唐书》卷一七二《杜兼传》。
② 洹水杜氏人物关系存在明显错误者,岑仲勉氏《元和姓纂(附四校记)》中已做厘订,此从略。这里需补充说明:1.《唐代墓志汇编》开元360《杜乎碑》中另有一杜君赐,为京兆杜陵人杜乎曾祖,大约生于隋开皇初(582),与洹水杜景之父并非一人;2. 据《新唐书》卷七二《宰相世系表》,唐另有一杜羔,为杜师损子、杜佑孙,不属于洹水一系;3. 杜存介,《新唐书》卷七二《宰相世系表》作存、介,为杜损二子,但同书卷一七二《杜兼传》则称"安禄山乱,伯父存介为贼执"。今从《杜兼传》。

……杜畿–杜宽–□–□–杜曼–□–□–□–□–杜君赐–杜景–杜裕

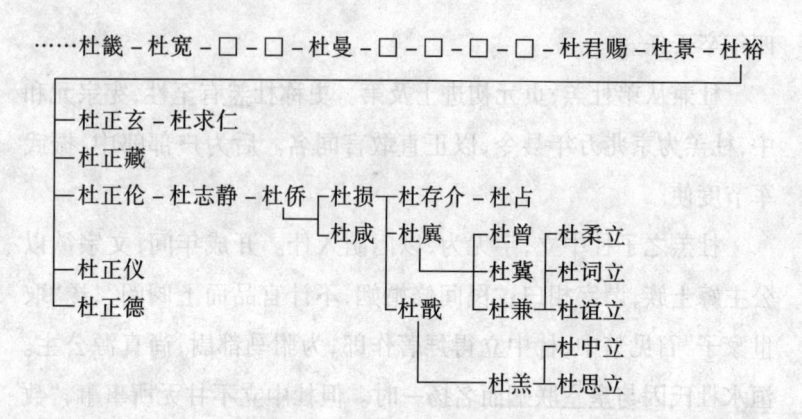

```
├─杜正玄–杜求仁
├─杜正藏
├─杜正伦–杜志静–杜侨┬─杜损┬─杜存介–杜占
│                  └─杜咸├─杜廙┬─杜曾┬─杜柔立
│                        │     ├─杜冀├─杜词立
├─杜正仪                  │     └─杜兼├─杜谊立
└─杜正德                  └─杜戡     │
                                     ├─杜中立
                                     └─杜羔─杜思立
```

附:

近代出土的唐代墓志中,有两通墓志的墓主籍贯在相州,应是洹水杜氏的宗属,但因缺少必要的背景材料,尚无法确定其与杜曼及其后嗣的亲属关系,暂胪列如下:

其一,《大唐相州安阳县日观乡杜君墓志铭并序》,因碑文漫漶不堪、阙文严重,墓主身份难明,惟从"德闲□□,邑仰□□,入孝出悌,□展名儒,握发吐□,□□宾彦"等句,可知杜君为邑间乡绅,卒于神龙二年(706),妻为太原郭氏女。开元十五年(727),夫妻合葬于县内"祖茔之域"[①]。

其二,《大燕故处士杜君墓志铭》:

> 君讳钦,字敬惠。望族长安,杜康之胤……曾祖可,祖伦,父讳元……六世祖仕于北齐,家于业(邺),今为相州安阳县人焉。君孝则先□,□□克家,谷帛盈储,泽润乡党。朋心酒德,

---

① 周绍良主编:《唐代墓志汇编》(下)开元278。

悦性怡神。县□□之□□,□冯唐之郎署,优游逍遥……妻留氏。①

杜钦卒于圣武元年,即玄宗天宝十五年(756)(按"圣武"为安禄山所建伪燕年号),与其妻合葬于相州西北。碑文表明,杜钦祖上亦仕北齐,家境殷富,为人行事有豪侠气,似为地方豪宗。

四、河东、齐郡、安德(平原)、醴泉等杜氏郡望

在《元和姓纂》记载的杜氏14个郡望中,有4个郡望的人物事迹主要集中在隋唐时期,故在此做如下考察。

河东杜氏

今本《元和姓纂》中的河东杜氏条,系南宋学者陈振孙所补,其略云:

> 状云延年后,屯田员外杜颂,名犯讳。又给事中杜宾王,又补阙杜颜,又骁骑将军杜宾客,生右庶子台贤,刑部郎中杜敏,并云京兆人。

按:这里的"状",应即河东杜氏的家状,与家谱相类似。家状自称杜颂出自西汉杜延年之后,因避讳而以字行;但其究为何朝之"屯田员外郎",却无从考知。而从本文所掌握的材料来看,河东杜氏

---

① 周绍良主编:《唐代墓志汇编》(下)圣武004。

主要活动于唐朝。

据岑仲勉考证，文中"又补阙杜颜"，疑是右补阙杜颁，为开元十五年进士；杜宾客，玄宗开元年间为灵州刺史。至于杜敏，则为"国子进士"、蕲州刺史①。而有关这一支杜氏的情况，新发现的碑刻资料——《有唐故云麾将军右武卫大将军东京副留守上柱国濮阳郡开国公杜府君夫人扶风郡夫人京兆韦氏墓志铭并序》提供了一些线索，碑曰：

> （韦）夫人京兆杜陵人也。大王父澄，隋民部侍郎、皇国子祭酒……列考行诠，皇朝尚书右丞……夫人即尚书之季女也……以既笄之辰，归于濮阳公……有子八人，男子子二人，长曰台贤，朝散大夫、尚舍奉御。次曰台仪，不天早世，有瘁王国。女子子六人……次册为越国王妃……（夫人）春秋七十七，以建中三年十月十七日终于上都延福里之私第②。

据此碑可知，碑主韦氏，即杜宾客之妻、杜台贤之母，出身于关中著姓韦氏，其曾祖是隋朝民部侍郎韦澄。从韦氏次子杜台仪早逝来看，《元和姓纂》中的杜敏并非杜台贤的嫡亲兄弟，也许是从辈弟兄也未可知。从古人以15岁为"既笄之年"以及韦氏卒于德宗建中三年(783)来推算，韦氏在开元八年左右(720)即与杜宾客结婚。在玄宗、肃宗时期，这个家族一度声势显赫，开元初年，杜宾客奉命

---

① 《元和姓纂（附四校记）》卷六河东杜氏附考。
② 《全唐文补编》第三辑。

多次征讨吐蕃,以军功封濮阳公。而杜颜、杜台贤、杜敏等人,多为进士出身,仕宦方面亦均跻身台省;特别是杜宾客次女被册为越王妃,河东杜氏因联姻李唐王室而备受瞩目。

齐郡杜氏

李吉甫《元和郡县图志·河南道·齐州》云:

> 《禹贡》兖州之城。春秋及战国时属齐国,秦并天下为齐郡……隋大业三年,罢州为齐郡。隋末陷于寇贼。武德元年,海、岱平定,罢郡复州。

自秦汉定郡县,至隋各朝一直保留着齐郡建制,只是在郡、州名称上稍有变动而已。在唐代,齐州管历城、全节、章丘、亭山、临邑、临济、长清、丰齐、禹城九县。但在文献中,齐郡杜氏的历史渊源不详,其被视为杜氏郡望之一,仅见于林宝《元和姓纂》卷六齐郡杜氏条①:

> 状云(杜)延年后。皇太子太保、行台尚书令、吴王杜威,赐姓李氏;生德隽,右骁卫将军、宿国公。

按:此齐郡杜氏的"家状"自称杜延年后裔,亦无从稽考。"杜威"即杜伏威,是隋末唐初章丘一带领导农民暴动的领袖人物,《元和姓纂》将其作为齐郡杜氏的不祧之祖。据《旧唐书·杜伏威传》:"伏威

---

① 按:《元和姓纂(附四校记)》卷六齐郡杜氏内容为陈振孙所补。

齐州章丘人。少落拓，不治产业，家贫无以自给，每穿窬为盗，与辅公祏为刎颈之交。"隋末动乱初起，杜伏威即"聚众为盗"，因骁勇善战，"其党咸服之，共推为主"。后与扬州沈觅敌等起兵，众至数万，曾被隋朝右御卫将军陈稜击破①。杜伏威出身贫苦农民，又有起兵反抗朝廷的经历，这是齐郡杜氏与其他世代仕宦或出自地方强宗的杜氏郡望的显著区别。

在隋末起义领袖中，杜伏威治军残忍，又没有长远的战略，最后投降了李唐政权。杜伏威于大业九年（613）起兵，武德七年（624）卒，年仅27岁②。

杜伏威死后，妻子一度被籍没，嗣子杜德隽（亦作"德俊"）后为右骁卫将军、袭爵宿国公③。大概德隽的后裔在唐朝尚仕宦有成，

---

① 《北史》卷一二《隋本纪》："大业十二年九月，东海人杜伏威、扬州沈觅敌等作乱，众至数万，右御卫将军陈稜击破之。"按《册府元龟》卷一二一《帝王部·征讨一》云："大业十二年九月，东海人杜扬州沈觅敌等作乱。"据《北史》，"东海人杜"后应脱"伏威"二字。而《隋末农民战争史料汇编》（中华书局1980年版）、《北史·隋炀帝纪》校勘记均据《册府元龟》，以"杜扬州"是，应误。

② 《新唐书》卷九二《杜伏威传》，《资治通鉴》卷一八二隋炀帝大业九年（613）二月。有关杜伏威之死因，史传记载各异，如《新唐书》本传称伏威好神仙长年术，饵云母中毒而死；《旧唐书》本传则仅为"在长安暴卒"数语。根据前后史实推测，杜伏威或为李氏诸王谋害致死：武德七年，宗室诸王王位之争激烈，背景复杂，而杜伏威功劳过人，李渊封之为吴王，位在齐王元吉之上，因此招来诸王的猜忌。另外，杜伏威虽归降李唐，但其原部将阚稜为赵郡王孝恭所杀，因此在朝中自危。当时辅公祏仍在江南，朝廷也对之防备有加。且伏威入朝途中，"度淮至沥阳，即狐疑中悔"。而辅公祏果然在武德六年八月再次起兵，且以"伏威名给其众"。虽然辅、杜二人已经产生隔膜，但在朝廷看来，他们仍属异心力量，为潜在危险因素，故有可能为防止内外呼应，设计谋杀了杜伏威。

③ 《元和姓纂（附四校记）》卷六杜氏条，有岑仲勉校云："《旧唐书》卷六五《杜伏威传》为'封其子德俊为山阳公'。"

得以保持了爵禄,因此也才有了《元和姓纂》中杜氏齐郡望的存在。当然,记载杜伏威事迹的史料,目前只有《旧唐书》、《新唐书》以及《齐乘》,而德隽以后的情况在正史、笔记小说和墓志中均无记载,因此上述说法都还只是推测,尚有待于材料的证明。

安德(平原)杜氏

安德为汉唐德州平原郡的辖县,故文献中常将这一地区的杜氏称作安德杜氏或平原杜氏。然而在现存的文献中,有关安德(平原)杜氏的记载极其稀少,目前只发现如下两个房支:一支活动于南朝刘宋时期,据《故员外散骑侍郎明府君墓志铭》①,刘宋有明府君,其继母为平原杜氏杜融之女。杜融官至齐郡太守,并娶清河崔氏、州治中崔丕之女为妻。平原杜氏与山东门阀之首清河崔氏通婚②,在齐鲁之地建立了深厚的社会基础。

安德(平原)杜氏的另一支,为活跃于唐初的杜文纪家族。据《元和姓纂》卷六杜氏"平原望"中云:

> 状云延年之后,徙平原。唐司勋郎中杜文纪,生慎盈,国子司业。文纪孙照烈③,虞部郎中。

---

① 赵超:《汉魏南北朝墓志汇编》。
② 平原杜氏清河崔氏通婚事例又见于《颜氏家训》卷一《治家》:南青州刺史崔僧深娶平原杜氏,生四子,后居青州。
③ 据周绍良主编:《唐代墓志汇编》(上)景龙043《大唐虞部郎中右监门卫中郎将上柱国赠曹州刺史杜府君墓志铭并序》,《元和姓纂(附四校记)》卷六中"杜照烈"应为杜昭烈。

这里的"状",即平原杜氏自己提供的"家状",是《元和姓纂》编纂诸姓世系时所依据的重要材料。《元和姓纂》所记之杜文纪,又见《郎官石柱题名》"司勋郎中"及"度支郎中"条,为贞观时期人物;其子杜慎盈,为国子司业①。至于这一支杜氏的先祖,出土材料《周故朝散大夫洛州永宁□□□柱国杜□君墓志铭》提供了如下线索:

> 公讳□,字慎微,其先京兆杜陵人。十五代祖、后汉御史大夫璧方,徙居平原,子孙□家焉。遂为平原安德人也……曾祖盖,魏著作佐郎……祖逑,隋……县令……父文纪,唐雍州录事参军、考功员外郎、水部祠部司勋郎中……②。

按此墓志铭主为杜慎微,即《元和姓纂》平原杜氏中杜文纪之第四子杜慎盈之弟。据此墓志铭可知,平原杜氏的始迁祖为东汉御史大夫杜璧方。然而有关杜璧方的事迹,未见载于史传,更多情况无从了解。碑中提到的北魏著作佐郎杜盖,隋县令杜逑,以及唐司勋郎中杜文纪,国子司业杜慎盈,杜慎微子虞部郎中杜昭烈,杜昭烈子杜芳泽,均系家族重要人物。平原杜氏居住在长安延康里,家族墓葬地在河南洛阳附近北邙山麓③,这一支与京兆杜氏昭穆疏远。

---

① 《元和姓纂(附四校记)》卷六杜氏条。
② 《全唐文补编》第四辑,三秦出版社 1998 年版。
③ 据周绍良主编:《唐代墓志汇编》(上)景龙 043《大唐虞部郎中右监门卫中郎将上柱国赠曹州刺史杜府君墓志铭并序》,杜慎微死后与妻冯氏归葬河南合宫县家族墓地。景龙年间杜昭烈卒后,也归葬合宫县家族墓地。

附：平原杜氏杜文纪一支世系表：

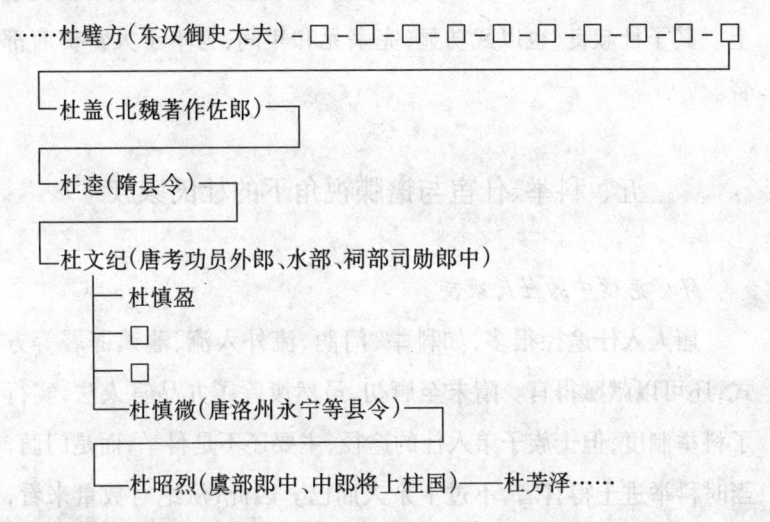

……杜璧方(东汉御史大夫)－□－□－□－□－□－□－□－□－□
　┌ 杜盖(北魏著作佐郎)┐
　├ 杜逸(隋县令)
　├ 杜文纪(唐考功员外郎、水部、祠部司勋郎中)
　│　├ 杜慎盈
　│　├ □
　│　├ □
　│　└ 杜慎微(唐洛州永宁等县令)
　└ 杜昭烈(虞部郎中、中郎将上柱国)——杜芳泽……

醴泉杜氏

《元和姓纂》卷六杜氏醴泉望系南宋陈振孙所补，其略云：

> 检校右仆射、节度杜希全，生叔良，兼御史中丞。全弟希进，右神策将军又振武督护兼御史大夫。

据同书所附岑仲勉的考证，唐德宗建中末年避乱奉天，杜希全率盐、夏二州士兵6000人前来赴援，与戴休颜、浑瑊、韩游瓌等捍御有功①。在将赴灵州时，杜希全还曾献《体要》八章，"多所规谏"，德宗特意"为《君臣箴》，用答其意"②。杜希全还著有《新集兵

---

① 《新唐书》卷二二三《卢杞传》。
② 《旧唐书》卷一三四《马燧传》。

书要诀》三卷①,对兵书兵法颇有造诣。希全后终于朔方节度使职上。其子杜叔良,也以武功显,宪宗元和年间,为单于大督护府都督。

五、科举、仕宦与谱牒视角下的杜氏家族

科场竞逐中的杜氏家族

唐人入仕途径很多,如科举、门荫、流外入流、藩镇辟署等方式,还可以献赋得官。隋末至唐初,虽然废除了九品官人法,实行了科举制度,但士族子弟入仕的途径,主要还不是科举,而是门荫,当时科举进士得官者,不过十余人而已。因此,从绝对数量来看,进士入仕的士族子弟远没有门荫一途多。开元时国子祭酒杨玚曾对此深表忧虑:"省司奏限天下明经、进士及第,每年不过百人。窃见流外出身,每岁二千余人,而明经、进士不能居其什一,则是服勤道业之士不如胥史之得仕也。臣恐儒风浸坠,廉耻日衰。"② 这种情况在《新唐书·选举志》中也有记载,国子学生、太学生,皆按父祖官品分别入学,惟独四门学接受"庶民之俊异者"。弘文馆和崇文馆,也为高官子弟所垄断。《通典》载武则天垂拱年间,魏玄同发现:"今贵戚子弟,例早求官,或龆龀之年,已腰银艾;或童卯之岁,已袭朱紫。弘文、崇贤之生,千牛、辇脚之徒,课试既浅,艺能亦薄,

---

① 《新唐书》卷五九《艺文志》。
② 《资治通鉴》卷二一三玄宗开元十七年(729)三月条。

而门阀有素,资望自高。"① 因此批评吏部选举未尽得人之术。这些事例说明,唐初贵族子弟入仕主要还是通过门荫的途径来实现的。这也使得进士及第的世家子,更易获得进入高层的资本。杜氏家族进士较多、其中出任宰相者也较多的情况,也印证了上述结论。

任何家族的发展,都有时代所赐予的机缘。隋唐时期,科举制度获得了充分的发展和完善,在魏晋旧姓和新进文士中,涌现出许多进士之家。对杜氏家族来说,积极参与科场竞争,经科举入仕,是十分重要的。尽管杜氏有些房望是以军功或门荫起家的,如杜希望、杜佑父子就很典型,但就其大多数房望来说,主要还是凭藉文化优势,由进士科入仕。清人徐松所作《登科记考》,萃集唐代科举重要资料为一编,其中不仅搜罗进士科及第者,还包括了明经、制举、诸科及知贡举及第者的姓名。虽然晚近以来唐代墓志大量出土,新的科举资料得以发现,徐松的统计已经不能反映唐代科举的全貌,但还是有重要参考价值的。据《登科记考》中的有关唐代世家大族进士及第人数(包括明经、制举等)的统计,排在前 25 位的家族分别为:

李氏
崔氏
王氏 }各产生进士、明经 100 人以上;
张氏
刘氏

---

① 《通典》卷一七《选举五·杂议论中》。

杨氏 ⎫
郑氏 ⎬ 各产生进士、明经 100 人左右；
韦氏 ⎭

卢氏 ⎫
陈氏 ⎪
裴氏 ⎬ 各产生进士、明经 100 人以下、50 人以上；
赵氏 ⎪
颜氏 ⎭

杜氏 ⎫
韩氏 ⎪
冯氏 ⎪
高氏 ⎪
郭氏 ⎪
孙氏 ⎬ 各产生进士、明经 50 人以下。
孔氏 ⎪
许氏 ⎪
徐氏 ⎪
沈氏 ⎪
柳氏 ⎪
陆氏 ⎭

其中，杜氏共出进士 42 人，位居 14 位。

进士及第人数不仅标志着家族所具有的文化优势，同时也在很大程度上影响着家族的政治地位和社会声望，这一点还可以从以下方面得到印证：其一，杜姓宰相中的进士人数比例。有唐一代，杜姓共出宰相 12 人，即杜如晦、杜淹、杜正伦、杜景佺、杜暹、杜鸿渐、杜元颖、杜审权、杜佑、杜黄裳、杜悰、杜让能，其中进士出身者 8 人，即杜正伦、杜景佺、杜暹、杜鸿渐、杜元颖、杜审权、杜黄裳、杜让能，占这个姓氏宰相总数的 66.6%。其二，唐代杜氏诸房望主要成员入仕途径。为便于表述此问题,据新旧《唐书》人物传记以及《新唐书·宰相世系表》并参考被称为"唐三大缙绅录"的《元和姓纂》、《唐尚书省郎官石柱题名考》、《唐尚书省御史台精舍题名考》诸文献,综合而成"唐代杜氏官员入仕途径表"如下①:

唐代杜氏官员入仕途径表

序号	郡望/房支	人物	科举★	门荫▲	未详●	备注
1	京兆杜如晦房	杜如晦			●	隋末以常调入吏部选
2	京兆杜如晦房	杜楚客			●	
3	京兆杜如晦房	杜淹			●	隋末以常调入吏部选
4	京兆杜如晦房	杜构		▲		
5	京兆杜如晦房	杜荷		▲		
6	京兆杜如晦房	杜审权	★			
7	京兆杜如晦房	杜元颖	★			
8	京兆杜如晦房	杜让能	★			
9	京兆杜如晦房	杜弘徽	★			
10	京兆杜如晦房	杜彦林	★			
11	京兆杜如晦房	杜晓			●	
12	京兆杜黄裳房	杜黄裳	★			
13	京兆杜黄裳房	杜亚			●	《旧唐书》本传:早岁州里举明经

---

① 由于晚近以来唐代墓志大量出土,新资料时有发现,因此这个统计仍然是不全面的,还需要补充和修正。

210　中古杜氏家族的变迁

序号	郡望/房支	人物	科举★	门荫▲	未详●	备注
14	京兆杜黄裳房	杜胜	★			
15	京兆杜黄裳房	杜庭坚	★			
16	京兆杜佑房	杜行敏			●	
17	京兆杜佑房	杜希望			●	
18	京兆杜佑房	杜佑			●	
19	京兆杜佑房	杜师损		▲		
20	京兆杜佑房	杜从郁		▲		
21	京兆杜佑房	杜式方		▲		
22	京兆杜佑房	杜位			●	
23	京兆杜佑房	杜悰			●	
24	京兆杜佑房	杜憓			●	
25	京兆杜佑房	杜牧	★			
26	京兆杜佑房	杜颢	★			
27	京兆杜佑房	杜慥			●	
28	京兆杜佑房	杜德祥	★			
29	京兆杜佑房	杜裔休	★			
30	京兆杜佑房	杜孺休	★			
31	洹水	杜正伦	★			
32	洹水	杜求仁			●	
33	洹水	杜羔	★			
34	洹水	杜兼	★			

第四章 活跃在隋唐社会政治舞台上的杜氏家族　211

序号	郡望/房支	人物	科举★	门荫▲	未详●	备　注
35	洹水	杜咸	★			
36	洹水	杜中立		▲		
37	襄阳	杜审言	★			
38	襄阳	杜易简	★			
39	襄阳	杜闲		▲		
40	襄阳	杜甫				因献赋得官
41	濮阳	杜暹	★			
42	濮阳	杜鸿渐	★			
43	濮阳	杜昱	★			
44	濮阳	杜惟志			●	
45	濮阳	杜慎行			●	
46	平原	杜文纪			●	
47	平原	杜慎微			●	
48	平原	杜昭烈			●	
49	平原	杜芳泽			●	
50	河东	杜颁	★			
51	河东	杜宾客			●	
52	河东	杜台贤			●	
53	河东	杜敏	★			
54	偃师	杜确	★			

按：列入表中的人物共54人，其中以进士科等科举途径入仕者25人，门荫入仕者7人，途径不详者22人。此统计说明，杜氏

家族的主要房望,如京兆杜如晦、杜黄裳等房支,洹水、襄阳、濮阳等郡望,科举入仕显然占据更重要的位置。从上述统计结果来看,有些历史悠久的山东士族和关中士族仍然通过科第途径,继续保持着自己的政治权力和社会地位,而这时的杜氏子弟,已经是科举摇篮中出生的一代,他们已经或正在蜕变为新型的官僚士人阶层。在科举制度下,杜氏家族子弟大多通过竞奔科场来猎取功名。比起魏晋以来影响士族至深的婚、宦两个因素来,士族家族所独有的文化传统或家学优势,往往更为重要。这也是隋唐以后杜氏家族所以能继续发展并得到更生的根本原因。

政治生活与中央权力核心中的杜氏家族

《新唐书·宰相世系表》云:

> 唐为国久,传世多,而诸臣亦各修其家法,务以门族相高。其材子贤孙不殒其世德,或父子相继居相位,或累数世而显,或终唐之世不绝。呜呼,其亦盛矣。然其所以盛衰者,虽由功德薄厚,亦在其子孙。

从《新唐书》的此番议论来看,是否"居相位",既是"门族相高"、光耀"世德"的资本,又是家族"盛衰"的标志,而家族能否长盛不衰,永保世祚,根本还在于子孙是否努力进取。在同一历史时段中,不同家族(姓氏)出任宰相的人数无疑是判断其政治地位的重要指征。杜氏共出宰相12人,其中出自北朝京兆望的,有杜如晦、杜淹、杜黄裳、杜佑、杜元颖、杜审权、杜悰、杜让能;洹水望则有杜正

第四章 活跃在隋唐社会政治舞台上的杜氏家族 213

伦,濮阳望有杜暹、杜鸿渐父子。另外还有杜景佺,郡望未详①。据《新唐书·宰相世系表》所提供的数字,有唐一代,共有宰相369人,出自98个家族(姓氏)。其中出宰相人数在前10位的家族(不分房望)依次为:

李氏,27人(其中赵郡李17人,陇西李10人);崔氏,27人;裴氏,17人;张氏,17人;韦氏,17人;王氏,13人;杜氏,12人,刘氏,12人;杨氏,11人;萧氏,10人;卢氏,8人。如图所示:

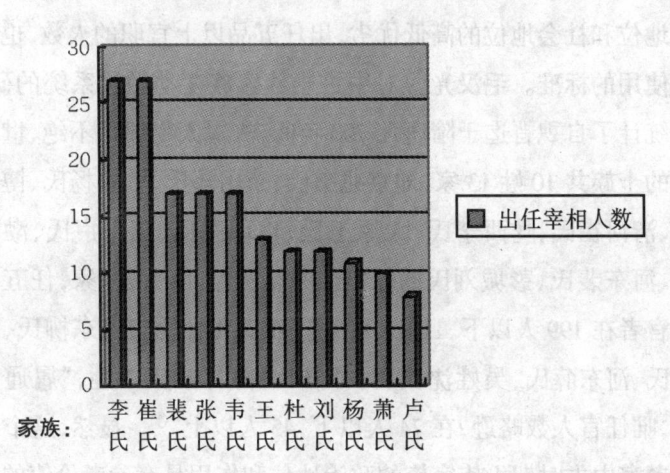

家族: 李氏 崔氏 裴氏 张氏 韦氏 王氏 杜氏 刘氏 杨氏 萧氏 卢氏
(■ 出任宰相人数)

---

① 按:《新唐书》卷一一六《杜景佺传》作"杜景佺",《旧唐书》卷九〇《杜景俭传》作"杜景俭",《十七史商榷》卷七一"杜景佺"条王鸣盛以"杜景佺"是。又新旧《唐书》本传均称杜景佺为"冀州武邑人",但据《故南充郡司马高府君夫人杜氏(景佺女)墓志铭并序》,景佺也出自京兆,其祖父杜姥,曾为隋冀州刺史(周绍良:《唐代墓志汇编》(下)天宝184)。另据《新唐书》卷七二《宰相世系表》:杜氏家族共出宰相11人。而实际上该表未载杜景佺,据《旧唐书》卷六《则天皇帝本纪》:证圣二年(按即万岁通天元年)"冬十月,前幽州都督狄仁杰为鸾台侍郎,司刑卿杜景佺为凤阁侍郎,并同凤阁鸾台平章事",故唐代杜氏家族出宰相人数应为12人。

统计结果显示,从产生宰相人数的家族的排序来看,京兆杜氏家族以12人与刘氏并列第七位。在太宗、高宗、玄宗、肃宗、代宗、德宗、顺宗、宪宗、武宗、宣宗、昭宗11朝,都有杜氏宰相执政,几乎分布于有唐一代300年间各个阶段。由此可以说,杜氏家族子弟作为唐朝统治阶级上层的重要分子,在这个历史阶段的政治和社会生活中,发挥过重要的作用和深刻的影响。

另外,除宰相人数这一指征外,在中古时期,衡量一个家族政治地位和社会地位的高低优劣,出任五品以上官职的人数,也是通常使用的标准。毛汉光曾对中古士族家族变动做过系统的研究,并统计了自魏晋迄于隋唐凡700年间,衣冠人物绵延不绝、世代强盛的士族共10姓13家,即京兆韦氏、荥阳郑氏、弘农杨氏、博陵崔氏、清河崔氏、陇西李氏、太原王氏、琅琊王氏、范阳卢氏、渤海高氏、河东裴氏、彭城刘氏的仕宦。并认为此10姓13家,任五品以上官者在199人以下、118人以上。而京兆杜氏与河东柳氏、兰陵萧氏、河东薛氏、吴姓沈氏、吴郡陆氏、陈郡袁氏7姓,"属通世大族,唯任官人数略逊,在74人以下,45人以上"①。显然,这个结论对考察中古时期士族家族的政治地位和作用是有参考价值的。但不知何故,毛汉光忽略了魏晋南北朝时期杜氏人物的仕宦状况,仅仅统计了杜氏在隋唐两朝五品官的人数,比如隋至安史之乱前,以38个家族出任五品以上官人数为计,京兆杜氏以21人居16位;安史之乱后至唐末,仍以前述38个家族为计,杜氏以27人居第9位。而事实上,根据笔者对有关史传、碑志等材料的保守统计,如

---

① 毛汉光:《中国中古社会史论》,第58页。

果从曹魏尚书仆射杜畿、幽州刺史杜恕以及西晋征南大将军、当阳侯杜预算起,包括杜预四子吏部郎、尚书左丞杜锡,弘农太守杜尹,新平太守杜跻,凉州刺史杜耽,另外还有西海太守杜顾,魏兴太守杜逊,交州刺史杜慧度等子孙数代,再加上成都杜氏等等未予统计的杜氏人物,杜氏家族南北诸郡望出任五品以上官的人数大约为71人(详见第三章附《杜氏家族南北郡望仕宦表》);而据不完全统计,在隋唐两朝,杜氏家族出任五品以上官员的人数至少有81人(详见下文附《隋唐时期杜氏家族五品及以上官员简表》)。如此说来,在始于魏晋,迄于唐末的大约700年间,杜氏家族至少有150多人出任五品以上官员。这个数字,已远远超过了渤海高氏、河东裴氏、彭城刘氏等家族,杜氏理应跻身韦氏、郑氏等在中古时期"衣冠人物绵延不绝、世代强盛的"10姓13家士族的行列。

隋唐时期杜氏家族五品及以上官员简表

序号	郡望	人物	官职	备注
1	不详	杜贤	隋渤海郡守	《唐代墓志汇编》(上)贞观081《大唐故苏州吴县丞杜府君墓志铭》
2	不详	杜㛃	隋冀州刺史	《唐代墓志汇编》(下)天宝184《故南充郡司马高府君夫人杜氏墓志铭》
3	京兆	杜献	济阴太守	《隋书》卷一《高祖杨坚纪》上
4	京兆	杜粲	叠州刺史	《隋书》卷八三《西域传·序》
5	京兆	杜彦	大都督、陇州刺史、爵永安县伯、进位上开府,改封襄武郡侯、魏郡太守、云州总管	《隋书》卷五五《杜彦传》
6	中山	杜之亮	黄州刺史	《隋书》卷五八《杜台卿传》
7	中山	杜台卿	著作郎	《隋书》卷五八《杜台卿传》

序号	郡望	人物	官职	备注
8	京兆	杜肃	通直散骑常侍、北地太守	《隋书》卷五四《杜整传》
9	京兆	杜德遇	职方侍郎	《唐代墓志汇编》(上)咸亨019《大唐故赵府君夫人墓志铭》
10	京兆	杜恭	湖州刺史	《唐代墓志汇编》(上)永淳016《隋故骑都尉司马君墓志铭》
11	京兆	杜宠	巴陵太守	《唐代墓志汇编》(上)永淳016《隋故骑都尉司马君墓志铭》，永隆007《大唐故沧州景城县令萧公及夫人杜氏墓志铭》
12	京兆	杜整	库部郎中、礼部侍郎；加上开府、长广郡公、左武卫将军、行军总管兼元帅长史	《隋书》卷五四《杜整传》；《唐代墓志汇编》(上)天授004《大唐常州司法参军事柳君故太夫人京兆杜氏墓志铭》
13	京兆	杜忍	叠州总管、煦山公	《唐代墓志汇编》(上)天授007《唐故南州刺史杜府君志文并序》
14	京兆	杜舒	少府少监、左卫将军等	《唐代墓志汇编》(上)天授007《唐故南州刺史杜府君志文并序》
15	京兆	杜懿	金部侍郎	《全唐文补编》第七辑《唐故邛州火井县丞韦君夫人墓志铭并序》
16	京兆	杜举	麟、宕、忻等五州刺史	《唐代墓志汇编》(上)天授007《唐故南州刺史杜府君志文并序》
17	京兆	杜如晦	吏部尚书、监东宫兵马事、尚书右仆射、知选事	《旧唐书》卷六六《杜如晦传》
18	京兆	杜淹	御史大夫、检校吏部尚书、参议朝政	《旧唐书》卷六六《杜如晦传》，《新唐书》卷二《太宗纪》
19	京兆	杜楚客	工部侍郎	《旧唐书》卷六六《杜如晦传》
20	京兆	杜敬同	鸿胪寺卿	《旧唐书》卷六六《杜如晦传》
21	京兆	杜从则	蒲州刺史	《旧唐书》卷六六《杜如晦传》
22	京兆	杜元颖	朝散大夫、尚书户部侍郎、知制诰、翰林学士、上柱国、建安县开国男、守本官、同中书门下平章事	《旧唐书》卷一六《穆宗纪》，《旧唐书》卷一六三《杜元颖传》
23	京兆	杜元绛	太子宾客	《旧唐书》卷一六三《杜元颖传》

第四章 活跃在隋唐社会政治舞台上的杜氏家族

序号	郡望	人物	官职	备注
24	京兆	杜佐	大理正	《旧唐书》卷一七七《杜审权传》；《新唐书》卷七二《宰相世系表》上
25	京兆	杜审权	河中节度使、兵部侍郎、判度支、门下侍郎、同平章事、浙西观察使、尚书左仆射	《旧唐书》卷一七七《杜审权传》；《旧唐书》卷一九《懿宗纪》
26	京兆	杜让能	左仆射、监修国史、判度支、兼司空、司徒、门下侍郎、平章事	《旧唐书》卷二〇《昭宗纪》
27	京兆	杜彦林	中大夫、中书舍人、上柱国、赐紫金鱼袋、为太中大夫、守御史中丞	《旧唐书》卷二〇《昭宗纪》
28	京兆	杜弘徽	中书舍人、户部侍郎	《新唐书》卷一〇《昭宗皇帝纪》，卷一八三《郑綮传》
29	京兆	杜黄裳	门下侍郎、同平章事、南阳郡开国公、检校司空、同平章事兼河中尹、河中晋绛等州节度使	《旧唐书》卷一五《宪宗纪》上
30	京兆	杜亚	淮南节度使、东都留守、检校吏部尚书	《旧唐书》卷一三《德宗纪》下；卷一四六《杜亚传》
31	京兆	杜胜	朝请大夫、权知刑部侍郎、赐紫金鱼袋、户部侍郎、判户部事	《旧唐书》卷一八《宣宗纪》下
32	京兆	杜载	太仆少卿	《旧唐书》卷一九六《吐蕃传》下
33	不详	杜景佺	司刑卿、凤阁侍郎、同中书门下平章事	《新唐书》卷四《则天顺圣武皇帝纪》
34	京兆	杜行敏	荆、益二州都督府长史、南阳郡公	《旧唐书》卷一四七《杜佑传》
35	京兆	杜希望	鸿胪卿、恒州刺史、西河太守、河西节度史	《旧唐书》卷一四七《杜佑传》
36	京兆	杜位	湖州刺史	《宝刻丛编》卷八引《关中金石录·唐太子宾客杜信碑》
37	京兆	杜佑	检校司徒、同平章事、岐国公	《旧唐书》卷一四七《杜佑传》
38	京兆	杜式方	司农少卿	《旧唐书》卷一四七《杜佑传》
39	京兆	杜从郁	左补阙、秘书丞	《旧唐书》卷一四七《杜佑传》

序号	郡望	人物	官职	备注
40	京兆	杜师损	工部侍郎、司农少卿	《旧唐书》卷一四七《杜佑传》
41	京兆	杜牧	黄、池、睦三州刺史、司勋员外郎、史馆修撰、吏部员外郎、湖州刺史、考功郎中、知制诰、中书舍人监察御史	《旧唐书》卷一四七《杜佑传》
42	京兆	杜悰	尚书左仆射、诸道盐铁转运使、同平章事	《旧唐书》卷一九《懿宗纪》上
43	京兆	杜裔休	翰林学士、给事中	《新唐书》卷一六六《杜佑列传》
44	京兆	杜孺休	苏州刺史	《新唐书》卷一〇《昭宗皇帝纪》
45	京兆	杜德祥	考功员外郎、集贤殿学士、工部郎中、知制诰、吏部侍郎	《旧唐书》卷二〇《昭宗本纪》
46	京兆	杜元志	考功郎中、杭州刺史	《新唐书》卷七二《宰相世系表》上
47	京兆	杜周士	监察御史、节度使	《新唐书》卷二二二《南蛮传下》
48	京兆	杜信	太子宾客	《宝刻丛编》卷八引《关中金石录·唐太子宾客杜信碑》
49	洹水	杜正伦	黄门侍郎、度支尚书、同中书门下三品	《新唐书》卷一〇六《杜正伦传》
50	洹水	杜兼	刑部郎中、吏部郎中、河南尹、东都留守	《新唐书》卷一七二《杜兼传》
51	洹水	杜羔	户部郎中、振武军节度使	《新唐书》卷一七二《杜兼传》
52	洹水	杜侨	怀州刺史	《新唐书》卷一七二《杜兼传》
53	洹水	杜求仁	詹事府司直、监察御史	《新唐书》卷九三《李靖传》，一〇六《杜正伦传》
54	洹水	杜咸	凉州都督	《新唐书》卷七二《宰相世系表》上
55	洹水	杜损	大理少卿	《新唐书》卷七二《宰相世系表》上
56	洹水	杜中立	义武军节度使、司农少卿	《新唐书》卷一七二《杜兼传》
57	襄阳	杜审言	著作佐郎、膳部员外郎	《新唐书》卷二〇一《文艺传上》
58	襄阳	杜易简	吏部员外郎、殿中侍御史、考功员外郎	《新唐书》卷二〇一《文艺传上》

第四章　活跃在隋唐社会政治舞台上的杜氏家族　219

序号	郡望	人物	官职	备注
59	濮阳	杜义宽	王府咨议	《文苑英华》卷九〇三孙逖《杜义宽碑》
60	濮阳	杜鹏举	太子赞善大夫	《文苑英华》卷九〇三孙逖《杜义宽碑》
61	濮阳	杜暹	检校黄门侍郎兼碛西副大都护、同中书门下平章事	《旧唐书》卷八《玄宗本纪》
62	濮阳	杜昱	朝散大夫、守河南少尹	《唐代墓志汇编》(上)开元433《大唐故大禅师塔铭》
63	濮阳	杜鸿渐	太常卿、兵部侍郎，并同中书门下平章事	《旧唐书》卷一一《代宗本纪》
64	醴泉	杜希全	朔方灵盐节度副大使、太子少师、检校左仆射、余姚郡王	《旧唐书》卷一三《德宗本纪》
65	不详	杜确	同州刺史、河中尹、河中绛州观察使	《旧唐书》卷一三《德宗本纪》
66	平原	杜文纪	司勋郎中	《全唐文补编》第四辑《周故朝散大夫洛州永宁□□□柱国杜□君墓志铭》
67	平原	杜慎盈	国子司业	《全唐文补编》第四辑《周故朝散大夫洛州永宁□□□柱国杜□君墓志铭》
68	平原	杜昭烈	虞部、刑部郎中	《全唐文补编》第四辑《周故朝散大夫洛州永宁□□□柱国杜□君墓志铭》
69	河东	杜敏	郸州刺史	《元和姓纂》卷六
70	京兆	杜洪	开府仪同三司、检校太师、中书令、西平王、武昌军节度使	《旧唐书》卷二〇《昭宗本纪》上
71	濮阳	杜濮阳公	东都副留守	《全唐文补编》第三辑《有唐故云麾将军右武卫大将军东京副留守上柱国濮阳郡开国公杜府君夫人扶风郡夫人京兆韦氏墓志铭并序》
72	河东	杜台贤	尚舍奉御、朝散大夫	《全唐文补编》第三辑《有唐故云麾将军右武卫大将军东京副留守上柱国濮阳郡开国公杜府君夫人扶风郡夫人京兆韦氏墓志铭并序》

序号	郡望	人物	官职	备注
73	京兆	杜宝	游击将军、守虢州全节府果毅都尉	《全唐文补编》第二辑《大唐故五品子杜府君夫人刘白郭等三氏墓志铭并序》
74	京兆	杜崇基	文、成二州刺史	《全唐文补编》第七辑《唐故邛州火井县丞韦君夫人墓志铭并序》
75	濮阳	杜华	朝散大夫	《唐代墓志汇编》(上)贞观081《大唐故苏州吴县丞杜府君墓志铭》
76	京兆	杜仁则	正谏大夫、岷州刺史	《唐代墓志汇编》(上)开元029《唐中大夫安南都护府长史权摄副督护上柱国杜府君墓志铭并序》
77	京兆	杜忠良	安南副督护	《唐代墓志汇编》(上)开元029《唐中大夫安南都护府长史权摄副督护上柱国杜府君墓志铭并序》
78	京兆	杜济	梓州刺史兼御史中丞	《唐代墓志汇编》(下)大历055《唐京兆尹兼中丞杭州刺史剑难东川节度使杜公墓志铭》
79	京兆	杜师仁	吉州刺史	《唐代墓志汇编》(下)大中054《唐故银青光禄大夫工部尚书致仕上柱国乐安县开国男食邑五百户孙府君墓志铭》
80	不详	杜怀宝	安西副都护、庭州刺史	《张说之文集》卷十六《唐故夏州都督太原王公神道碑》；《新唐书》卷一一一《王方庆传》；《唐杜怀宝造像题铭》(《新疆文物》1998年第2期发表)
81	不详	杜楚臣	沙州刺史兼豆卢军使	敦煌文书P.3721《瓜沙两郡史事编年并序》

在以上对文献资料的统计的基础上,根据《唐尚书省郎官石柱题名考》、《唐御史台精舍碑》的记载①,从唐初至唐末宣宗大中年

---

① 参阅岑仲勉:《〈元和姓纂〉所见唐左司郎官及三院御史》,《金石论丛》,上海古籍出版社1981年版;赵钺、劳格:《唐尚书省郎官石柱题名考》,中华书局1991年版;赵钺、劳格:《唐御史台精舍题名考》,中华书局1997年版。

间,在尚书省、御史台石柱题名的尚书省左司及六部诸司员外郎、郎中一级官员,共有2195人,其中李、崔、张、韦、王、郑、裴、卢、杜、赵为前十姓,杜氏居第九位;另外,在御史台精舍碑碑阴题名的御史台御史大夫、御史中丞以及三院长官——侍御史、殿中侍御史、监察御史大约1000人,共出自115姓,其中李、张、王、杨、裴、宋、崔、韦、郭、郑、杜、薛列居前十位,杜氏也居第九位[1]。综合以上几个数据,能够大体反映杜氏家族在隋唐政权中的实际地位。

谱牒姓氏文献中的杜氏家族

贞观中,出于政治上平衡统治阶级内部各阶层关系,调和汉魏旧族与李唐皇室和关陇军事集团矛盾的需要,太宗命吏部侍郎高士廉、中书侍郎岑文本、礼部侍郎令狐德棻以及"四方士大夫谙练门阀者,修《氏族志》,勒成百卷,升降去取,时称允当,颁下诸州"[2]。《贞观氏族志》100卷,共收录293姓、1651家,以九等划分士族高下。高宗、武则天时期,又改《贞观氏族志》为《姓氏录》,并增至200卷,旨在提高当朝新贵显宦的地位和社会声望。这两部官修谱牒在不同程度上折射出当时的郡姓等级,但此类大型的官修谱牒,都早已亡佚,现在所能见到的,只有唐宪宗七年(812)由朝议郎、行太常博士林宝奉诏修撰的《元和姓纂》。

《元和姓纂》宋以后即为残帙,现存10卷,是目前存世的、惟一以姓、望、房三级结构条贯姓氏、家族以及人物,并对姓氏渊源、支

---

[1] 参阅郭锋:《唐代士族个案研究——以吴郡、清河、范阳、敦煌为中心》第一章《汉唐张氏的社会发展状况》中的统计,厦门大学出版社1999年版。
[2] 《旧唐书》卷八二《李义府传》。

系流变以及在房望兴衰过程中起过重大作用的人物均予记述的唐代官修谱牒。《元和姓纂》记载的郡望，较之其他谱系文献，不仅数量多，且分支复杂，如诸裴（"南眷裴"、"北眷裴"）、诸崔（如"八宝崔氏"）、诸杜的许多不知名郡望，往往被正史所忽略，《元和姓纂》却能予以记录，说明林宝在编纂此书时，能看到的姓氏谱系文献还相当多，而在现实生活中，大姓之下的郡望房支更多，区分也更为细致。从《元和姓纂》常在郡望之下称"状云"或"状称"来看，它所援引的资料部分直接来自各郡望的家状，应该是比较可靠的。

晚近以来，敦煌文书谱牒资料如北京图书馆藏位字79号《贞观氏族志残卷》[①]、S.2052号文书《新集天下姓望氏族谱》残卷等的相继发现，为唐代谱牒研究提供了新的第一手资料，但前者为残帙，京兆、襄阳等郡缺失，故无从了解唐朝初年杜氏的主要郡望及其在士族序列中的地位。能够记载当时"姓望"在各个地区的分布和排序，反映郡姓在各个时期的升沉，对考察杜氏家族社会地位和影响有所裨益的文书材料，仅有S.2052《新集天下姓望氏族谱》（以下简称《新谱》）。据王仲荦、毛汉光等学者考证，《新谱》为代宗大历十四年至咸通年间（799—806）的文献[②]。其中"雍州京兆郡出

---

① 此文书的新编号为"北8418"。对此文书的定名，学界有不同说法：如陈垣定名为《氏族录》，王仲荦定名为《唐贞观八年条举氏族事件》，唐耕耦定名为《天下姓望氏族谱》。在残卷时间的确定上虽然也存在分歧，但大多肯定其成于唐安史之乱前。

② 王仲荦：《新集天下姓望氏族谱考释》，《崭华山馆丛稿》，中华书局1987年版，第365—447页。对《新集天下姓望氏族谱》时间的确定，学术界也素有分歧，如王仲荦认为成于德、顺之间（《〈天下新集姓望氏族谱〉考释》），毛汉光认为成于元和十五年至咸通十三年之间（见《敦煌唐代氏族谱残卷之商榷》，载《中古社会史论》）。但大多肯定此残卷成于代、德以后，是唐后期郡姓、郡望面貌的真实反映。

卅姓"之下,有"韦、杜、段、严、黎、宋、秦、铉、雍、田、粟……"等姓。而在"襄州襄阳郡出五姓"下,没有杜姓的襄阳望。但在"泽州晋昌郡出五姓"下,却有"唐、杜、乜、爨、炅"五姓。考唐代地方建制,无晋昌郡;唐以前虽有泽州称建州,也无晋昌郡,因此这个"晋昌杜氏"郡望何指以及是否存在,都是疑问。而在《新谱》"雍州京兆郡"40个关中郡姓之中,杜氏位居第二,这说明唐后期杜氏的地位有了明显的提升,谱牒也与现实社会中杜氏家族的发展趋向相符合。

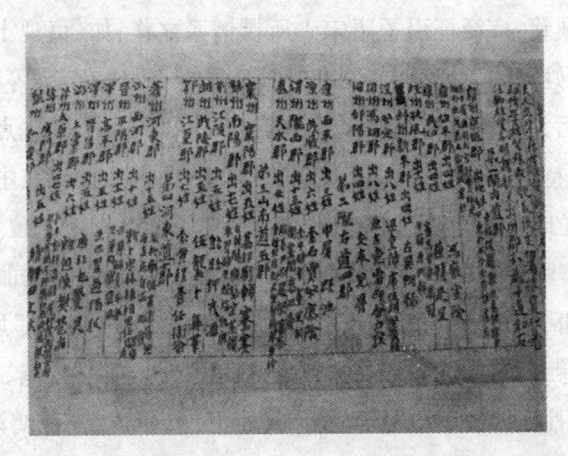

附图十一:敦煌文书《新集天下姓望氏族谱》(S.2052)
说明:谱中关内道雍州京兆郡下有"韦、杜、扶、段、宋、田、黎、金"八姓,杜排在第二位。

唐宋以来,还有一些文献涉及了杜氏家族评价,如乐史撰于北宋太宗太平兴国年间(976—983)的《太平寰宇记》,在州之下记载了当地的郡姓,因"括州"处有避唐德宗讳的痕迹,故学者多认为它所依据的素材,是唐德宗以后编纂的官谱,故能反映唐朝贞元后史实。但《太平寰宇记》只记载了75个郡，共358个姓（其中还脱去5姓），因此也是不全面的，如其濮州濮阳郡7姓中，无濮阳杜氏。又因阙山南西道部分，故无从知晓此道襄阳郡下是否有杜氏襄阳望。在关内道雍州京兆郡下8姓中，有"韦、杜、扶、段、宋、田、黎、金"，杜氏排列第二名，与前面提到的《新集天下姓望氏族谱》大体相同。

至于姓氏学著述，大体都提到杜氏，如南宋邓名世撰著、其子邓椿年编次而成的《古今姓氏书辩证》，是一部考辨姓氏源流，记述郡望分布的姓氏名著，它取材于《左传》、《国语》、《风俗通》、《姓苑》等诸种典籍，广泛征引了唐宋人所撰谱系之作，如《贞观士族志》、张九龄《姓源韵谱》、林宝《元和姓纂》、孔至《姓氏杂录》等（这些作品宋以后大多亡佚），具有文献价值高、"长于辩论"的优点，"较他姓氏书，特为精核"[①]。《古今姓氏书辩证》在言及杜氏在中古郡姓中的地位时称："至隋唐都京兆，杜氏、韦氏皆以衣冠名位显，故当时语曰：'城南韦杜，去天尺五。'二家各名其乡，谓之杜曲、韦曲。自汉至唐，未尝不为大族。"此外，宋景祐二年（1035）邵思撰《姓解》，在卷二"杜氏"部分记载了"京兆杜氏"的"名臣"杜淹、杜如晦、杜元颖、杜让能、杜晓、杜暹、杜佑、杜正伦、杜黄裳、杜鸿渐、杜景佺、杜牧、杜甫、杜亚等十余人，虽然人物先后次序混乱，但几乎遍举杜氏诸望代表人物，且提到了襄阳望的杜甫，也有一定的史料价值。

另外，宋人陈彭年等人编纂的《广韵》云："杜亦姓，出京兆、濮阳、襄阳三望。"《广韵》多本于唐玄宗时孙愐《唐韵》，其中有关郡望

---

① 《四库全书总目提要》卷一三五《子部·类书类一》。

的认识,更多地是沿袭了唐朝人对郡姓、郡望的说法①。

那么,究竟如何看待杜氏在上述文献中的排序及其变化呢?

首先,以上文献对杜氏诸郡望的记载已有不同,至于杜氏在关中郡姓中的地位,则更是不尽相同。其实,这种情况的出现是很自然的。自唐中叶以后,郡望之别渐趋混乱,郡姓的变动也日益频繁,不仅郡姓的数量有大的增加,同一姓氏之内的郡望高下,也趋于模糊。据前引北京图书馆藏"位字79号"("北8418")《贞观氏族志残卷》、《新集天下姓望氏族谱》残卷中的不完全统计,唐安史之乱前,全国85郡中,共有398个郡姓;到德宗以后,郡姓的数量则成倍增加,在全国91个郡中,已有777个郡姓。除去部分魏晋旧望继续得以保留外,还包括了许多新兴的庶族官僚姓望,以及一些少数民族首领姓望。再有,在科举制日益发展和完善以后,士族子弟纷纷脱离了原籍,通过科举进入仕途。以杜氏家族为例,从唐初开始,杜氏的襄阳、洹水、濮阳等郡望相继迁往两京,其著名人物大都跻身于中朝显宦行列。从唐中叶开始,杜氏的众多郡望出现了渐趋划一的过程,这种情况与《新唐书·高俭传赞》所云"至中叶,风教又薄,谱录都废,公靡常产之拘,士亡旧德之传。言李悉出陇西,言刘悉出彭城。悠悠世祚,讫无考按。冠冕皂隶,混为一区"的趋向,又是大体吻合的。

其次,对于考察杜氏政治和社会地位来说,除《新集天下姓望氏族谱》以及《太平寰宇记》外,较有价值的应该属柳芳的意见。如

---

① 池田温:《唐代の郡望表(上)——九·十世紀の敦煌寫本を中心として》,《東洋學報》第42卷,1959年。

前所述,柳芳在《氏族论》中以地域划分士族排名,他认为:江左"侨姓"王、谢、袁、萧,东南"吴姓"朱、张、顾、陆,山东"郡姓"王、崔、卢、李、郑,关中"郡姓"韦、裴、柳、薛、杨、杜,以及代北"虏姓"元、长孙、宇文、于、陆、源、窦①,分别为各地郡姓之首。而无论"侨姓"、"吴姓"还是"郡姓",又都是所谓"四海大姓"。虽然有学者认为,柳芳所揭示的实际是北魏孝文帝定姓族后的士族序列,其能否代表唐代的情况还不能确定②,但柳芳活动于玄宗至代宗之间,曾为史官,谙熟姓氏谱系之学,如他在代宗永泰年间,曾编撰皇室谱20卷,号《永泰新谱》,因此,柳芳《氏族论》所论士族系统和排序,应该是有所凭依的。但他在世时,杜氏家族在唐朝政治中的地位正处于较为低落的时期,故柳芳将其排在韦、裴、柳、薛、杨之后,大体是不错的。而反映后期士族郡望状况的《新集天下姓望氏族谱》、《太平寰宇记》,均将杜氏排在雍州京兆诸郡姓的第二位,恐怕与唐德宗以后杜佑、杜元颖等人长期执掌宰辅之任,联姻皇室,家族政治地位明显上升有关。总之,谱系以及有关文献记载的杜氏郡望的变动信息,与实际生活中的情况大致相符合。

由上可见,在隋唐时期的社会历史舞台上,特别是在唐中央政权的核心,杜氏家族都是一支不可或缺的力量,正如古谚"城南韦杜,离天尺五"所暗喻的,杜氏家族自始至终与唐王室保持了密切的关系,是隋唐皇权的重要支柱,在社会政治、文化、军事生活中都留下了深刻的影响。那么,与其他士族家族相比,杜氏家族的发展

---

① 《新唐书》卷一九九《儒学·柳冲附柳芳传》。
② 参阅唐长孺:《论北魏孝文帝定姓族》,载《魏晋南北朝史论拾遗》,中华书局1983年版。

第四章 活跃在隋唐社会政治舞台上的杜氏家族

又有哪些特点呢?

与杜氏同为四海大姓的张氏,从姓氏的发源来看,其远祖张仲为周宣王大臣后裔,与杜氏的先人杜伯为同时期人物;张氏与杜氏也同属多郡望大姓①。另外,从郡望的地域分布来看,杜氏与张氏一样,都有一个从黄河流域向长江流域乃至全国迁徙流动,最后遍及全国大部分地区的过程。所不同者,汉魏南北朝以来,杜氏人口没有张氏多。在隋唐时期,张氏家学以经学、文学并重,而堪称汉魏南北朝以来经学冠冕之家的杜氏,在隋唐以后却渐渐放弃了经学传统,诸房望子弟以文学或以史学显名于世。唐中叶以后,张氏家族政治上渐入低谷,文化地位下降,诸房望普遍衰落,没有像杜氏家族那样直到唐末仍然是唐王朝政治的有力支柱。正如杜佑谈论自己家世时所说的:"家于杜陵,绵历千祀。"② 像杜氏这种源远流长,繁荣滋盛长达千年之久的家族在历史上是不多见的。

韦氏也是汉魏旧族,南北朝隋唐以来一直为关中首望,有谚语称"城南韦杜,去天尺五",表明两大家族在中古时期的社会影响和政治地位难分轩轾。但韦氏郡望较少,只有杜陵、襄阳、京兆、延陵四望③,活动空间主要还局限于北方,跨地域的流动不大。也正因为如此,在周隋时期,韦、杜两大家族虽多以军功显名,但韦氏的政治、社会基础比杜氏更加深厚,这表现在:

---

① 据《古今姓氏书辩证》记载:张氏有河东、始兴、冯翊、吴郡、清河东武城、河间、中山、魏郡、汲郡、郑州十郡望;该书又援引《元和姓纂》曰:张氏"唐有安定、范阳、太原、南阳、敦煌、修武、上谷、沛国、梁国、荥阳、平原、京兆等四十三望,大抵皆留侯远裔"。
② 《文苑英华》卷八二八杜佑《杜城郊居王处士凿山引泉记》。
③ 《元和姓纂(附四校记)》卷二韦氏条。

北周时期,韦孝宽为大司空。隋文代周之际,韦孝宽再为行军元帅,因平定尉迟迥叛乱有功,六子多至高官①。又有韦世康,为荆州大总管(隋有四大总管,其中三为亲王)②。在婚姻关系上,韦氏与王室为姻亲,韦寿女为晋王昭妃,韦冲女为豫章王暕妃,韦师民女为长宁王俨妃。这种与周隋皇室多次联姻的外戚背景是杜氏所没有的。此外,韦氏的经济实力雄厚,食邑封户的数目十分可观,韦氏食邑共计 26300 户,其中韦孝宽 10000 户,韦成国 3000 户,韦洸 3200 户,韦艺 1800 户,韦世康 2500 户,韦寿 5800 户③。

有唐一代,在与皇室通婚方面,杜氏一直无法与韦氏相比。杜氏子弟做驸马的,共有 3 人:杜荷、杜中立、杜悰;还曾有一女为王妃。而入唐后,韦氏继续保持了与李唐王室的联姻,前后出现过两位皇后(一为中宗韦皇后,一为懿宗宣懿皇后)、3 位皇妃(太宗韦贵妃、肃宗韦妃和德宗妃),韦氏子弟为驸马者也达 8 人。与杜氏一样,韦氏入唐后子弟也多偃武修文,纷纷竞逐科场,如武则天朝,宰相韦思谦与其子韦承庆、韦嗣立均以进士位至宰辅。有唐一代,韦氏在宰相和科举方面均跻身士族前列,比杜氏略有优势。但韦氏势力在唐玄宗景云元年(710)发生的宫廷政变中受到重创,就唐前后期比较而言,韦氏发展的鼎盛期在前,杜氏则在后。安史之乱后,韦氏大多数房望渐呈颓势,风光不在。

反观隋唐时期的杜氏家族,大体上是沿着螺旋式上升的轨道向前发展的,尤其是在唐中叶以后直到唐末这一历史阶段,杜氏家

---

① 《北史》卷六四《韦孝宽传》。
② 《隋书》卷四七《韦世康传》。
③ 参阅田廷柱:《隋唐士族》,三秦出版社 1990 年版。

族政治上没有遭遇大的挫折,人物辈出,在德、顺、宪、穆、敬、文、武、宣、懿、僖、昭11朝,连续有宰辅秉政,出将入相,蝉联珪珇,在有唐一代300年间长盛不衰,余绪绵绵,这无疑是杜氏区别于张氏、韦氏等家族的显著特征。

古人习一业，则累世相传，数十百年不坠。盖良冶之子必学为裘，良弓之子必学为箕，所谓世业也。工艺且然，况于学士大夫之术业乎！

——赵翼：《廿二史札记》卷五"累世经学"

第五章　杜氏家族不同郡望的家学取向

从杜氏先人由南阳杜衍徙居茂陵，到唐末五代杜氏子孙远离桑梓，播迁东浙，杜氏家族走过了千年漫长的旅程。潺潺潏水，寂寂樊川。这个古老家族在悠悠千年的历史长河中究竟留下了什么？也许探讨这个家族的学术文化传统，特别是不同历史时期杜氏各郡望所拥有的不同的家学面貌，才是寻找这个答案的重要途径。

在漫长的中古时代，士族家族的家学和家风是其特殊的身份性标志，正如陈寅恪氏所说："夫士族之特点既在其门风之优美，不同于凡庶，而优美之门风实基于学业之因袭。故士族家世相传之学业乃与当时之政治社会有极重要之影响。"[①] 在东汉以后，闻名

---

① 陈寅恪：《唐代政治史述论稿》，上海古籍出版社1997年版，第71页。

遐迩的世家大族,多已形成自己的学术传统。而到了门阀制度形成的魏晋时期,家族学术更成为士族门阀的重要特征。士族子弟社会声望和政治前途的获得,除婚宦之外,还须有深厚的文化修养,因此,致力于学术传家,以家学名世,既是社会价值取向之所在,也成为士族高门保持自身优势发扬祖业的内在要求,这一点,与冠冕加身同样重要。

永嘉之乱以后,中国历史进入南北分裂时期。在此阶段,杜氏自汉魏以来形成的家族学术传统也在逐渐发生着某些变化。此时,中国思想文化以玄学的兴盛,释道二教的普遍传播为显著特点,而具体到南北两地,又有所差异。在南朝,社会环境相对安定,学术思想文化面貌主要表现为玄学的发展,而东晋以来,江左道教(天师道)也得到迅速而广泛的传播,释道信徒遍及社会各阶层。这个时期,士人阶级中的活跃分子,热衷于追求释道玄理的新异,此种趋向,也鲜明地体现在这个时期世家大族的家族学术中。

一、京兆杜氏:从刑名到经学

两汉是杜氏家族的崛起时期。杜周、杜延年父子均以精通刑律起家,其所创立的《大杜律》、《小杜律》,已独立为学,从东汉至南北朝时期一直流行于世,为法吏所必修[①]。但从汉武帝开始,儒家

---

① 有关杜周、杜延年父子的刑名之学,详见本书第二章《从杜衍到杜陵——汉代关中世家的形成》。

思想确立了统治地位,"以经术润饰吏事"之风盛行,经学经术在士人晋身之途中所起的作用愈来愈重要,钻研经术不仅是一种学术风尚,同时更是追逐功利的现实要求。《汉书·夏侯胜传》云:"胜每讲授,常谓诸生曰:'士病不明经术。经术苟明,其取青紫如俛拾地芥耳。学经不明,不如归耕。'"此时世家大族子弟,往往依凭其优越的教育条件,研讨经术,并有所成就。杜氏子孙也在这个时期放弃了父祖的刑名之学,归宗于经学。如杜延年之子杜钦,"少好经书",后来成为颇负盛名的经学家。从杜钦开始,经学成为杜氏家族较为明确的学术方向,而这种选择,适应了儒士取代法吏、经术取代刑名的时代潮流,折射出时代学术思想的变化。

魏晋时期的京兆杜氏,十分重视家庭教育。杜畿、杜恕和杜预都有深厚的文化修养,祖孙"三世善草书,时人以卫瓘方之"[①]。从杜畿开始,杜氏家学的经学特征已十分明显。在魏初社会动荡、经学相对沉寂之时,杜畿就已经在河东积极推广乐详的《左氏春秋》学,"又开学宫,亲自执经教授,郡中化之"。故鱼豢《魏略》说:"博士乐详,由畿而升。至今河东特多儒者,则畿之由矣。"[②]

杜畿长子杜恕,亦长于经学,他对汉朝灭亡后经学中衰之势,深为忧虑,他指出:"今之学者,师商、韩而上法术,竞以儒家为迂阔,不周世用,此最风俗之流弊,创业者之所致慎也。"[③] 在幽禁章武的三年中,杜恕仍关注朝政,积极著述,阐述其政治主张,著有

---

① 《三国志集解·杜畿传》引《书断》。
② 《三国志》卷一六《杜畿传》注引《魏略》。
③ 《三国志》卷一六《杜畿传》。

《体论》八篇①、《笃论》四卷② 以及《家戒》等③。杜恕认为:"人伦之大纲,莫重于君臣;立身之根本,莫大于言行;安上理民,莫精于政法;胜残去杀,莫善于用兵。"他强调君臣之道重于一切,并探讨了如何通过言行、政法、甲兵等手段和方法来达到"得体"和"致礼"的境界,这些都反映出杜恕之学理所宗仍然是儒家思想。

在曹魏时代,京兆杜氏已经在《左传》研究方面独擅其长,杜畿少子杜宽,对《左氏春秋》情有独钟,史称杜宽"清虚玄静,敏而好古","笃志博学,绝于世物,其欲探赜索隐,由此显名,经传之义,多所论驳"。但因中年早逝,"草创未就,惟删集《礼记》及《春秋左氏传解》",流行于当世④。但杜宽在《左传》疏解方面的钻研和成就,对其侄儿杜预日后的学术生涯产生了重要的影响,杜预自称有"《左传》癖",显然与这种家庭影响有关。

魏晋时期,正是中古学术思想发生重大变化的时期。由于社会动乱、政权更迭频繁,士人厌世思想较为普遍,他们或寄情山林,或纵酒为乐,或放浪形骸,崇尚虚无,一时间玄学盛行,学术文化竞染玄风。魏文帝之后,九品中正制度下的中正举荐制在政治生活中发挥着重要作用,士人已不必仅凭借经术进身,这种情况在一定

---

① 《隋书》卷三四《经籍志》儒家类:《杜氏体论》四卷,魏幽州刺史杜恕撰。《新唐书·艺文志》同。清人严可均由《群书治要》、《太平御览》、《白氏六帖》中辑出《体论》,且认为所谓八篇者,一君、二臣、三言、四行、五政、六法、七听察、八用兵;四卷者,卷凡二篇;其原书尽亡于唐末(《三国志集解》)。

② 《三国志》卷一六《杜畿传附杜恕》有《兴性论》一篇而无《笃论》。严可均认为:据《意林》引《笃论》,知《兴性论》即《笃论》之首篇。

③ 《三国志》卷一一《邴原传》。

④ 《三国志》卷一六《杜畿传》引《杜氏新书》。

程度上也影响了经学的繁荣。

在这样的背景下,杜预仍旧恪守父祖两代治《左氏》学的传统,他"少而好学,在官则勤于吏治,在家则滋味典籍"①。《晋书·杜预传》称:

> 预博学多通,明于兴废之道,常言:"德不可以企及,立功立言可庶几也。"……预好为后世名,常言:"高岸为谷,深谷为陵。"刻石为二碑,记其勋绩,一沉万山之下,一立岘山之上,曰:"焉知此后不为陵谷乎!"

杜预志在立功、立言,留名青史,同时他也确有在学术上开宗立派的能力。至于《春秋经传集解》的撰述过程,杜预在后序中有这样的自述:

> 太康元年三月,吴寇始平。余自江陵还襄阳,解甲休兵,乃申抒旧意,修成《春秋释例》及《经传集解》②。

据此可知,杜预完成《春秋经传集解》,是在西晋平定了东吴政权、实现了一统大业以后。此时,一向有"《左传》癖"的杜预方"解甲休兵",有余暇专心著述。而《春秋经传集解》问世后不久,很快就风行一时,正如《北史·儒林传》序所称:在东晋南朝,"江左,《周易》则

---

① 《全晋文》卷四三杜预《自述》,《全上古三代秦汉三国六朝文》,中华书局影印本。
② 《晋书》卷三四《杜预传》。

王辅嗣,《尚书》则孔安国,《左传》则杜元凯。"一时习《左传》者咸尊杜注,在南朝时期的经学学派中独树一帜①。在北朝,虽然是以讲服虔注为主,但杜预的《左传》学也有相当的影响,如太学博士张吾贵,聚徒千数,"兼读杜(预)、服(虔),隐括两家,异同悉举。诸生后集,便为讲之,义例无穷,皆多新异","学者以此益奇之"②。而杜预之所以能在《左氏春秋》学方面有所创新,得益于以下几个条件:首先,杜预的一生,波澜起伏,为西晋政权立下赫赫功勋。这种特殊的人生阅历,使他较之闭门造车的迂阔儒生更多了一些来自实践的智慧。此外,时代学术潮流的影响和启迪也是一个重要的因素。魏晋时期,正统的儒学思想受到玄学兴盛的冲击,反映在学术上,经学渐趋衰弱,史学相对繁荣,故杜预的《左传》注特别注重从史学的视角去疏解阐发,带有新鲜的时代精神。在杜预看来:"《春秋》者,鲁史记之名也。记事者,以事系日,以日系月,以月系时,以时系年,所以纪远近,别同异也。故史之所记必表年以首事,年有四时,故错举以为所记之名也。"③ 从史学的角度解经,可以说是杜预注《左传》的一个基本指导思想。而受玄学崇尚清谈的影响,杜注更简约、明快,易于被人接受,因而"别异先儒"④。这种风格,也体现在同时代学者王弼的《周易》注、韦昭的《国语》注中。上述两个特点,使杜注更受当时士人的欢迎。

---

① 参阅赵伯雄:《春秋学史》第四章《魏晋南北朝时期的春秋学》第三节《杜预与春秋经传集解》,山东教育出版社2004年版。
② 《魏书》卷八四《儒林·张吾贵传》。
③ 杜预:《左传后序》,载《春秋左传注疏》,《文渊阁四库全书》本。
④ 皮锡瑞:《经学通论》,中华书局1954年版,第43页。

随着隋唐在政治上的统一,经学也渐归于一统,《左传》贾、服注终于被杜注所压倒。在朝廷颁行的《五经正义》中,《左传》独取杜注,杜注由此获得了正统的独尊地位,而贾、服注则被冷落以致渐趋亡佚。杜预注经之法,对唐代乃至后世的经学都产生了一定的影响。唐贞观二十一年(647),太宗下诏以左丘明、孔安国、刘向、服虔、王弼、杜预等22人"并为先师",配享孔子①,标志着杜预在经学领域一代宗师地位的确立。

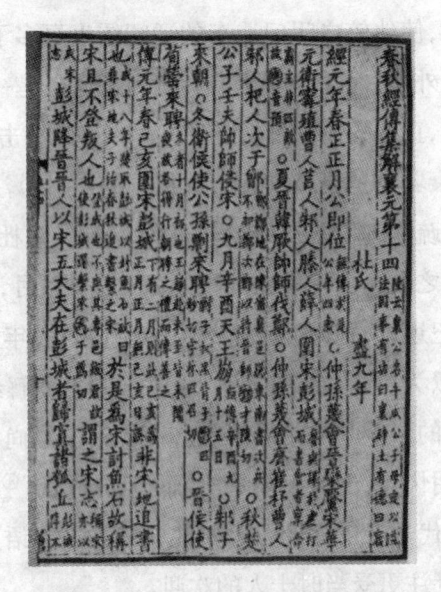

附图十二:宋本杜预《春秋经传集解》书影

唐宋以来,很多学者对杜预的《春秋经传集解》推崇备至,孔颖达说:"晋世杜元凯又为《左氏集解》,专取丘明之传以释孔氏之经,

---

① 《通典》卷五三《孔子祠 先儒及弟子附》。

所谓子应乎母,以胶投漆,虽欲勿合,其可离乎!今校先儒优劣,杜为甲矣。"① 宋人晁公武、陈振孙、郑樵等人,也都高度评价过杜预的《左传》注,并称杜预为"左氏功臣"。尽管清儒基于汉学的立场,对杜预的《左传》注多有指摘,如批评杜注引据前人之说,统统不标出处,而蒙攘善之嫌,但杜注的优长之处还是十分明显的,其在《左传》学史上的地位仍然是不可动摇的。

除上述《春秋经传集解》外,杜预的著作还有"参考众家谱第"而作的《释例》。在自序中,杜预称此书"别集诸例及地名、谱第、历数,相与为部,凡40部、15卷,皆显其异同,从而释之"。秘书监挚虞称赞其书本为《左传》而设,"而所发明,何但《左传》,故亦孤行"。杜预的著述又有《女记赞》、《盟会图》、《春秋长历》等。

二、襄阳杜氏:"诗是吾家事"

襄阳杜氏是永嘉之乱后由南渡的房支,曾经历从"中华高族"沦落为"南渡荒伧"的巨大变化。到南朝之初,襄阳杜氏的一房——杜坦、杜骥兄弟,也曾热衷于传授杜预之《左氏》学,如杜预玄孙杜坦、杜骥兄弟,"于宋朝并为青州刺史,传其家业,故齐地多习之"②。因此,青、齐一带杜预《左氏》学的流行应归功于杜坦、杜骥兄弟。此后襄阳杜氏子弟渐染武人习气,儒雅门风渐渐改变。特别是杜幼文一支,不仅儒学传统全然改变,子弟多出骠悍武夫,最

---

① 孔颖达:《春秋正义序》,《十三经注疏》中华书局影印本。
② 《北史》卷八一《儒林传》序。

后还惨遭刘宋王室满门杀戮,唐以后已不见传人。

南朝襄阳杜氏的另一房支——杜乾光一族,原本也是恪守经学传统的儒门,乾光与叔毗祖孙两代在学术渊源上都继承了杜预《左氏春秋》学的传统,并有所成就①,如杜乾光著有《春秋释例引序》,流行于齐、梁间②;杜叔毗也"励精好学,尤善《左氏春秋》"③。然而到隋唐之际,襄阳杜氏杜乾光家族的后人,即杜鱼石、杜依艺两代,渐渐改变了家族的经学传统,转向文学创作。而促成家族学术取向转变的,除去时代学术文化背景这一社会历史因素外,可能还与侨姓士族特殊的政治地位有关。

周隋以后,由于关陇军事贵族在权力中枢处于核心地位,迁入关中的江南士族和回归关中的侨姓士族,大都只有竞技科场方有望跻身通显,这是他们谋求政治权利的主要途径。在隋唐之际,虽然杜鱼石、杜依艺仕宦多为令丞低品,社会地位较为低微,但皆有"文学俊异"之称④。活跃于唐初诗坛的杜易简,9岁即能属文,后进士及第,博学有高名,著有《御史台杂注》5卷,文集20卷⑤。杜审言亦进士及第⑥,与李峤、崔融、苏味道为文章四友,世号"崔、李、苏、杜",有文集10卷流传⑦。在唐初文坛,江左余风还占据主

---

① 《周书》卷四六《杜叔毗传》。
② 《隋书》卷三二《经籍志》云"齐正员郎杜乾光撰",按此书唐时已亡佚。
③ 《北史》卷八五《节义传·杜叔毗》。
④ 周绍良主编:《唐代墓志汇编》(上)长安007《大唐故京兆男子杜并墓志铭并序》。
⑤ 《新唐书》卷二〇一《文艺上·杜审言传》,《新唐书》卷六〇《艺文志》。
⑥ 参阅傅璇琮:《唐诗人丛考·杜审言考》,中华书局1980年版。
⑦ 《新唐书》卷二〇一《文艺上·杜审言传》,《新唐书》卷六〇《艺文志》。

流,而身为侨姓后人的杜审言积极倡导六朝诗风,独领风骚,如明人胡应麟说:"唐人句律有全类六朝者",惟杜审言"啼鸟惊残梦,飞花揽独愁"句①。清人王夫之亦云:"近体梁、陈已有,至杜审言而始叶于度。"②杜审言的诗风对杜甫也有深刻的影响,如清人施闰章《蠖斋诗话》说:"杜审言排律皆双韵,《和李大夫嗣真四十韵》,沈雄老健,开阖排荡,壁垒与诸家不同。子美承之,遂尔旌旗整肃,开疆拓土,故是家法。"可见在梁陈以来"近体诗"发育过程中,杜审言是做出了卓越贡献的。在中古南北文学的融会交流过程中,像杜审言这样的侨姓诗人曾经发挥了特殊的作用。至于杜审言之子杜并,幼年即"日诵万言,尤精翰墨",只因早卒,未能施展其文学才华③。

到杜甫时代,襄阳杜氏的家学取向已经有了很大的改变,杜甫在写给其子宗武的诗中说:"诗是吾家事",并要求儿孙们"熟精《文选》理"④。此时襄阳杜氏已经相当明确地将文学作为家学的传统与方向。杜甫从少年时代开始"出游翰墨场",自信"扬雄、枚皋可企及也"⑤。杜甫有诗文60卷⑥,他的诗"善陈时事,律切精深,至

---

① 《诗薮》内篇。
② 《薑斋诗话》卷二《夕堂永日绪论》内编三八。
③ 周绍良主编:《唐代墓志汇编》(上)长安007《大唐故京兆男子杜并墓志铭并序》。
④ 《杜工部集》卷一六《又示宗武》、《宗武生日》。
⑤ 《杜工部集》卷六《壮游》、卷一九《进雕赋表》。
⑥ 《新唐书》卷六〇《艺文志》。苏舜钦《题杜子美别集后》云:"杜甫本传(按应为《新唐书·艺文志》)云有集六十卷,今所存者才二十卷,又未经学者编辑,古律错乱,前后不伦,盖不为近世所尚。坠逸过半,吁!可痛闵也!"(《苏学士集》卷一三,《文渊阁四库全书》本。)

千言不少衰,世号'诗史'",是唐代诗坛与李白齐名,文学成就最高的诗人。元稹曾这样评价杜甫:"诗人以来,未有如子美者。"而一向在评骘文章方面不肯轻易誉人的韩愈,也有诗句赞美杜甫——"李杜文章在,光焰万丈长"①。

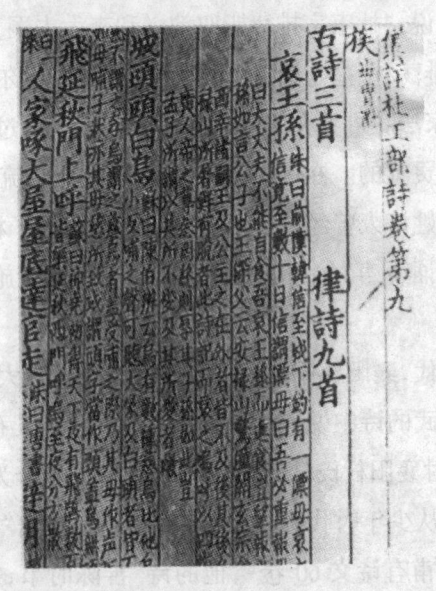

附图十三:宋刊本《分门集注杜工部诗》书影

三、中山杜氏:儒释道杂糅之学

自永嘉之乱后,中国北方"宇内分崩,礼乐文章,扫地将尽"。②

---

① 《新唐书》卷二〇一《文艺传上·杜甫》。
② 《北史》卷八一《儒林传》。

"中原战争相寻,干戈是务"①,汉魏以来的文化传统遭到严重的破坏。尽管也有一些割据政权积极倡导文教,招徕士人,如前秦苻氏政权、后秦姚氏政权,而到宋武帝北伐入关时,"收其图籍,府藏所有才四千卷,赤轴青纸,文字古拙"。文化的破坏如此严重,在短时间内难于振兴。北魏鲜卑族统治者统一北方后,便积极着手文化重建,史称魏孝文帝"初定中原,虽日不暇给,始建都邑,便以经术为先。立太学,置《五经》博士,生员至三千人",后又征召汉族士族卢玄、高允等,令州郡各举才学②。及迁都洛邑,"儒术转兴","经术弥显",燕、齐、赵、魏之间,经学著述,蔚然成风。至北齐北周东西对峙,戎马生郊,仍于诸郡立学校,置博士、助教传授经学。由于北方世家大族多聚族而居,因此相对于南朝而言,更多地保持了东汉以来世家大族的家学传统,使北方士族多能以经学继世。然而魏晋南北朝以来,燕赵之地同时也是佛教、道教相当发达的地区,所谓"儒风极盛之区,亦即佛教义学流行之域"③。受到佛教和道教的影响,一些原本崇尚儒学的世家大族,亦一改古朴门风,文化面貌上渐渐有了变化。中山杜氏就是这类世家的典型。

中山(今属河北)杜氏家族的代表人物是北朝著名学者杜弼(491—559)④。杜弼出生在北魏末年。当时的中山,汉魏旧族聚居,人物荟萃,除杜氏外,当地的文化世家还有张氏、刘氏、石氏、甄

---

① 《隋书》卷三二《经籍一》。
② 《北史》卷八一《儒林传》序。
③ 汤用彤:《汉魏两晋南北朝佛教史》,北京大学出版社1997年版,第375页。
④ 《北齐书》卷二四《杜弼传》:北齐文宣帝天保十年(559)夏,"上因饮酒,积其愆失,遂遣就州斩之,时年六十九。"按《资治通鉴》卷一六七记此事在陈永定三年(559),以此推之,则杜弼生于北魏孝文帝太和十五年(491)。

氏等①,如中山张雕武、张吾贵等,都曾受到鲜卑统治者的重视,"大儒张吾贵有盛名于山东,四方学士咸相宗慕,弟子自远而至者恒千余人"②。北魏历朝皇帝,除太武帝拓跋焘一度反佛外,大多佞佛,特别是魏太祖道武帝拓跋珪,既好黄老,又尚释道,颇览佛经③。此后北魏皇室与胡汉士族阶层,大多热衷于佛教,朝野释徒众多,王侯与庶民,纷纷"舍资财若遗迹,于是招提栉比,宝塔骈罗","金刹与灵台比高,广殿共阿房等壮"。④入北齐、北周后,佛教继续发展,随着南北文化交流的便利和密切,北方士人也受南学重视讲论风气的影响,佛家义学十分兴盛。当时的名僧大德都有阐发义学的著作,《涅槃》、《成实》、《毗昙》等学派在燕、齐、赵、魏等地拥有深厚的基础⑤。此时佛教与中国传统文化的交流,多采取"格义"与论战的方法。而中山杜氏杜弼的思想主张,实际上就深受"格义"论辩的影响。

杜弼少览经书,精通儒学和老庄之学,"性好名理,探味玄宗,自在军旅,带经从役";"耽好玄理,老而愈笃"⑥,撰有《道德经》注⑦、《庄子·惠施篇》注、《易·上下系》注,名《新注义苑》,流行于

---

① 《魏书》卷四八《高允传》中有中书博士中山刘策;《北史》卷九三《僭伪附庸传·后梁萧詧传》有中山甄玄成,"博达经史,善属文"。
② 《魏书》卷八四《儒林传·张吾贵传》、卷六九《崔休传》。
③ 《魏书》卷一一四《释老志》。
④ 杨衒之:《洛阳伽蓝记自叙》,载《洛阳伽蓝记》,《文渊阁四库全书》本。
⑤ 参阅张国刚:《佛学与隋唐社会》第八章《佛教与传统文化》,河北人民出版社2002年版。
⑥ 《北齐书》卷二四《杜弼传》。
⑦ 《北齐书》卷二四《杜弼传》。又传称杜弼注老子《道德经》二卷,杜光庭《道德真经广圣义序》(《道藏》第十四册)有"秦人杜弼注二卷",与此相符。

世。《北齐书》杜弼本传记载了他与当时的思想家、文学家邢邵(字子才)"共论名理",即有关"神灭"问题的一场辩论,从一个方面反映出杜弼的学术旨趣,如邢邵认为:"死之言澌,精神尽也";"神之在人,犹光之在烛,烛尽则光穷,人死则神灭"。而杜弼坚持神不灭之说,反驳道:

> 骨肉下归于土,魂气则无不之,此乃形坠魂游,往而非尽。如鸟出巢,如蛇出穴。由其尚有,故无所不之;神之于形,亦犹君之有国。国实君之所统,君非国之所生。不与同生,孰云俱灭?

> 光去此烛,得燃彼烛。神去此形,亦托彼形。腐草为萤,老木为蝎。造化不能,谁其然也?

杜弼与邢邵二人激烈辩论,以至往复再三,以邢邵理屈而止。

杜弼与邢邵的这场辩论,在北朝思想史上意义深远。当时,南朝思想界关于神灭、神不灭的争论也影响到了北朝。邢邵坚持无神论,以为死而复生之说,是为蛇画足。而杜弼则认为烛、人不能同喻,"光"受烛质制约,"神"却不受"形"所系。相比而言,杜弼所阐发的神不灭论,混合了大量玄学思想和范畴,比起邢邵以及南梁贵族的佛学理论家来,显然更高一筹[①]。

杜弼还曾经"奉使诣阙",与东魏孝静帝讨论"佛性、法性为一为异"的问题,《北齐书》杜弼本传对此也有详细记载:

---

① 参阅任继愈:《中国佛教史》第二卷,中国社会科学出版社1985年版。

魏帝见之于九龙殿,曰:"朕始读《庄子》,便值秦名,定是体道得真,玄同齐物。闻卿精学,聊有所问。经中佛性、法性为一为异?"弼对曰:"佛性、法性,止是一理。"诏又问曰:"佛性既非法性,何得为一?"对曰:"性无不在,故不说二。"诏又问曰:"说者皆言法性宽,佛性狭,宽狭既别,非二如何?"弼又对曰:"在宽成宽,在狭成狭,若论性体,非宽非狭。"诏问曰:"既言成宽成狭,何得非宽非狭?若定是狭,亦不能成宽。"对曰:"以非宽狭,故能成宽狭,宽狭所成虽异,能成恒一。"

结果杜弼以学理深邃、博辩有力得到孝静帝的赞赏,"上悦称善,乃引入经书库,赐《地持经》一部,帛一百匹"①。值得注意的是,杜弼提出"佛性、法性,止是一理"以及他的机智论辩,颇似魏晋清谈以及佛教的"格义"方法,即以儒、道等释教以外的经典与佛经相结合,用以阐发、引申佛学义理②。"格义"之学在佛教义理的传播中发挥了重要作用。

东魏武定六年(548),孝静帝集名僧于显阳殿讲说佛理,杜弼与吏部尚书杨愔、中书令邢邵、秘书监魏收等并侍法筵。"敕弼升师子座,当众敷演"。杜弼在来自昭玄寺的众高僧"问难锋至,往复数十番"的情况下,力驳众论,结果"缁林之英","莫有能屈",显示

---

① 《北齐书》卷二四《杜弼传》。
② 《高僧传》卷四《晋高邑竺法雅传》:"竺法雅,河间人。凝正有气度,少善外学,长通佛义,衣冠士子,咸附谘禀。时依雅门徒并世典有功,未善佛理。雅乃与康法朗等,以经中事数拟配外书,为生解例,谓之'格义',以训门徒……雅风采洒落,善于枢机,外典、佛经,递会讲说,与道安、法汰,每披释凑疑,共尽经要。"参阅陈寅恪:《清谈误国(附格义)》,载《魏晋南北朝史讲演录》,黄山书社 1987 年版,第 60—64 页。

出他在佛教义学方面的高深造诣。

杜弼尊崇佛教,曾追随过两位高僧:一为昙衍,一为僧范。据法藏集《华严经传记》卷二《讲解》第六上,北齐天保年间(550—559),昙衍造《华严经疏》七卷,巡回宣讲,"声辨雄亮,言会时机。自齐、郑、燕、赵,皆履法化。常随义学,千僧有余,出家居士,近于五百",从此华严之学"于兹再盛"。杜弼时为胶州刺史,也与赵郡王高元海等"并齐朝懿戚重臣",一起留请昙衍讲经①。杜弼追随的第二位高僧僧范,俗姓李,平乡人,自幼游学群书,"理思兼通",他融会《涅槃经》、《法华经》、《华严经》诸经巡讲,听众千余②。杜弼亲自到邺城显义寺,请僧范冬讲③。《华严经》为大乘佛学的代表性经典,为华严宗所宗奉。杜弼所推崇的昙衍、僧范,都是《华严经》注疏方面卓有成就的名僧,这些名僧的讲经,对日后华严宗派的形成有一定的促进作用。杜弼积极参与了这些活动,在学理上是受到了早期华严宗人物及思想的影响的。而杜弼原本具有深厚的儒学修养,且精通老庄,这些条件使他能够在佛教义学方面有所作为。

有关中山杜弼的学术取向,对释、道之学均有造诣的魏孝静帝曾有如下评价:"息棲儒门,驰骋玄肆。既启专家之学,且畅释老之言。户列门张,途通径达。理事兼申,能用俱表。彼贤所未悟,遗老所未闻。旨极精微,言穷深妙。"④ 应该说魏孝静帝全面客观地

---

① 《续高僧传》卷八《义解篇四·齐洛州沙门释昙衍传》。
② 《续高僧传》卷八《义解篇四·隋京师净影寺释慧远传》。
③ 《续高僧传》卷八《义解篇四·齐邺东大觉寺释僧范传》。
④ 《北齐书》卷二四《杜弼传》。

概括出了杜弼学兼儒、释、老三家的特点,而这个特点,反映了魏晋以降北朝世家大族思想学术的复杂性。也从一个侧面说明,南朝佛教偏重义学,北朝佛教偏重禅学之说似乎过于笼统,而那种认为北朝统治者既无儒家传统,也无道家思想传统,更无玄学清谈传统的说法,显然是片面的。佛教传入中原并蓬勃发展为中土思想文化的重要组成部分的过程,也正是世家大族形成、兴盛并开始发生重大变化的时期。佛教渗透到社会生活各个领域,世家大族也必然与佛教发生多方面的联系。魏晋以来,士族传统家学渐与释道相互浸润,相互影响,从而推动了学术文化的发展。杜弼作为北朝世家大族的代表人物,他对佛法、禅法的探讨与阐发,以论辩的方式传播给僧俗信徒,对于佛教理论在世家大族以及普通民众中的传播和普及,是有重要意义的。只是由于杜弼的著作隋唐以后散佚不传,他的学术建树及其在北朝思想史上的地位,一直未能为世人所了解和重视。

杜弼也是北朝著名的文学家,他所作移送梁朝的檄文,成为文学史上的名篇。杜弼的子孙,活跃于北朝末至隋唐初年,各有所成。其中长子杜蕤、次子杜台卿兄弟并有学业。杜台卿文笔尤工,见称当世,与其父杜弼同享文苑"髦俊"之誉,历任北齐大著作、修国史等职。入北周后,杜台卿因聋疾归乡,以《礼记》、《春秋》教授子弟①。隋文帝开皇初,被征入朝,拜著作郎,专心著述。杜台卿的作品有《玉烛宝典》12卷,文集15卷,《齐记》(国史)20卷,并行

---

① 《隋书》卷五八《杜台卿传》。

于世①。此外,杜台卿还精通音韵,著有《韵略》,隋陆法言撰《切韵》,就曾经捃选其中的精华②。

杜蕤子杜公瞻,史称其"少好学,有家风"③。据传著有《编珠》2卷,《补遗》2卷,以及《续补遗》2卷④,另有《荆楚岁时记注》2卷⑤。杜公瞻子杜之松,唐贞观中为河中刺史。之松亦精于文辞,曾与隋儒王绩相友善⑥,在文坛颇有声望,有文集10卷行于世⑦,《全唐文》卷一三四载其《答王绩书》,文辞典雅,堪称骈文佳作。

四、洹水杜氏:文学相传

洹水杜氏家学的形成有其特殊的历史条件。4世纪初,杜曼及其后人在洹水之滨定居之时,相卫之地就已经是经济文化相当发达的地区。邺城(今河北临漳),为春秋时期齐桓公始建,战国时代,魏文侯建都于此。秦置县,西汉时邺为魏郡治所。汉末以来,邺城一直是北方政治、文化的中心之一。建安十八年(213)曹操称魏公,在邺定都。曹丕代汉,魏都洛阳,邺城仍与洛阳、长安、谯、许

---

① 《北齐书》卷二四《杜弼传》、卷四五《文学·杜台卿传》。
② 唐写本王仁煦《勘误补缺切韵》,陆法言:《切韵序》,《全隋文》卷二七,《全上古三代秦汉三国六朝文》本。
③ 《北齐书》卷四五《文学·杜台卿传》。
④ 同上。
⑤ 《新唐书》卷五九《艺文志》著录杜公瞻《荆楚岁时记》二卷,《四库全书总目提要》卷七〇《史部》云:"《唐志》宗懔《荆楚岁时记》一卷下又出杜公瞻《荆楚岁时记》二卷,岂原书一卷,公瞻所注分二卷,后人又合之欤?"
⑥ 《新唐书》卷一九六《隐逸·王绩传》。
⑦ 《新唐书》卷六〇《艺文志四》。

昌合称五都。由于曹魏积极发展经济,兴修了白沟、平虏渠等一系列大规模的水利工程,促进了河北地区农业生产的发展。当时的邺都,经济繁荣,人文荟萃,孕育了建安文学。十六国时期,后赵、冉魏、前燕及北朝的东魏、北齐也都定都邺城。北魏以来,鲜卑族统治上层重视儒学,河北地区的大族人物辈出,在各个时期的政权中颇受重视,"横经受业之侣,遍于乡邑。负笈从宦之徒,不远千里。入闾里之内,乞食为资,憩桑梓之阴,动逾十数。燕、赵之俗,此众尤甚焉"[1]。相卫地区发达的社会经济和良好的人文环境,是洹水杜氏家学得以生长、延续的一个有利条件。

洹水杜氏的家学渊源,可以追溯到东西魏至北齐时期的杜景、杜裕父子时代。杜景,字宣明[2],"学通经史",但不乐仕宦,"州县交辟不就"[3],一直过着隐居生活。杜景子杜裕,字庆延[4],仕北齐,为乐陵县令。齐亡后退居教授,终于家。李延寿称杜景、杜裕父子"虽官非贵仕,而文学相传"[5]。洹水杜氏在北朝政治中没有大的作为,但这种隐遁不仕、居家教授的经历,颇有益于家族学术的养成和积累,为洹水杜氏在隋朝文坛的崛起做了必要的准备。到杜正玄一代,洹水杜氏渐渐形成了自己的家学专长,即兼经史、文学

---

[1] 《北史》卷八一《儒林传》序。
[2] 《元和姓纂》缺杜景,疑有阙文。《新唐书·宰相世系表》、《古今姓氏书辩证》等以"宣明"为景弟。据《北史·杜铨传》,"铨族孙景,字宣明"。按李延寿《北史》成书于唐高宗显庆四年(659),早于其他文献,故从《北史》说。
[3] 《北史》卷二六《杜铨传》。
[4] 《新唐书·宰相世系表》、《古今姓氏书辩证》等误名子裕,应据《北史》卷七二《杜铨传》。又《新唐书》称杜裕为隋乐陵令,亦误。
[5] 《北史》卷二六《杜铨传》。

第五章　杜氏家族不同郡望的家学取向　249

于一体,而尤以文学见称,这一家学传统也改变了洹水杜氏的命运。

隋朝罢中正、兴科举后,"举选不本乡曲,故里间无豪族,并邑无衣冠"①。洹水杜氏家族也同大多数士族子弟一样,须要凭借自己的家学优长去竞技科场,加入向京畿流动的行列中。在隋末,秀才这一始于汉代、历史悠久的贡举科目仍独占鳌头,"取人稍峻"②,在诸科中地位最隆,据《北史·杜铨附正玄传》:隋开皇十五年,杜裕长子杜正玄举秀才,试策高第。正玄"少传家业,耽志经史","博涉多通",在试辞赋时文词速敏,使考官杨素大为叹服③。翌年,正玄弟正藏也举秀才,试赋"应时并就,又无点蹿",折服了监选官苏威。炀帝大业中,正藏弟正仪贡充进士,正伦为秀才。在当时"重举秀才,天下不十人",而正伦一门三秀才,"为世歆美"④。

杜正伦著述富赡,最擅长文学,文章为一时之选。中书舍人董思恭曾与杜正伦在省衙夜直,切磋文章之道,思恭后谓人曰:"与杜公评文,今日觉吾文顿进。"⑤ 杜正伦有《文集》10 卷行于世,还有《春坊要录》4 卷(史部类)、《百行章》1 卷(儒家类)⑥。《百行章》在宋代即已失传,所幸在敦煌莫高窟中发现了数量可观的写本⑦,据

---

① 《通典》卷一七《选举五·杂议论中》。
② 《唐六典》卷二《尚书吏部》。
③ 《北史》卷二六《杜铨传》,《隋书》卷七六《文学·杜正玄传》云杜正玄"字慎微"。
④ 《新唐书》卷一〇六《杜正伦传》。
⑤ 同上。
⑥ 《新唐书》卷五八《艺文志》。
⑦ 《百行章》具体的文书编号如下:S. 1815/S. 1920/S. 3491/S. 5540/P. 2808/P.3053/P.3077/P.3306/P.3796/P.4937,以及北图卫字 68 号和罗振玉影印本等 13 件。

研究,这些写本都是唐至五代时期完成的,其中 S.1920 首尾俱全,前后有装轴痕迹,因此判断为《百行章》完帙。这份写本有序,仅1卷,约 7000 字,共 84 章,每章以 2 字为题,主要围绕着忠孝节义主题,将采自《论语》《说苑》和史传中的警句、故事通俗化,宣传伦理教化[①]。《百行章》作于唐太宗贞观初年,是目前杜正伦传世的重要作品。

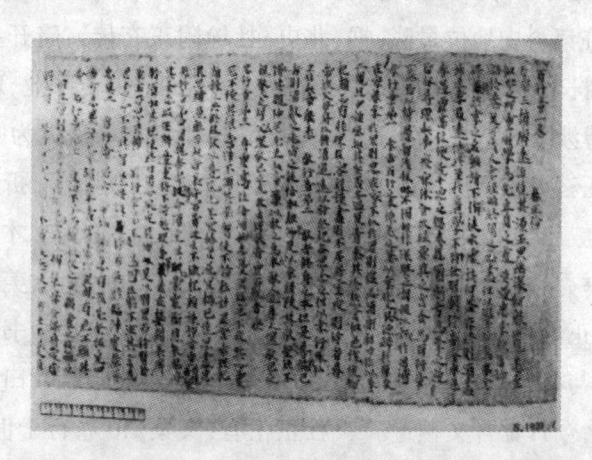

附图十四:敦煌写本 S.1920 杜正伦《百行章》,藏英国国家图书馆

除《百行章》外,杜正伦还撰有《文笔要诀》,此书专为对作文之法"或有未悟"的"新进之徒"而撰,今仅存"句端"一篇,比较系统地总结了"观夫"、"惟夫"、"原夫"、"若夫"等句首语助词的用法。但《文笔要诀》一书历代史志均未予著录,惟存日本五岛庆太郎所藏平安末期写本,昭和十八年(1943)曾印行于世。此书对文学、语言

---

① 邓文宽:《敦煌写本〈百行章〉述略》,《文物》1984 年第 9 期。

学研究极有价值,已引起学界的重视①。

在唐初的礼制建设方面,杜正伦也做出过重要贡献,他在高宗显庆初年任宰相时曾参与《显庆礼》的修纂,杜佑在《通典·礼·沿革序》中,列举了自汉兴以来,"历代于礼制有贡献者",其中"皇唐有孔颖达、褚亮、虞世南、陆德明、令狐德棻、朱子奢、颜师古、房玄龄、魏徵、许敬宗、杨师道、贾公彦、杜正伦"。此外,杜正伦还以宰相领衔,润色高僧玄奘翻译的佛经②,在佛教经典的传播方面做出了成绩。

至于杜正藏,"为文迅速,有如宿构",也是名闻一时的文学家,"著碑诔铭颂诗赋百余篇",又著《文章体式》20卷,"大为后进所宝,时人号为'文轨',乃至海外高丽、百济,亦共传习,称为《杜家新书》"③,成为应试士子的作文"指南"。此外,活动于唐中叶的杜兼、杜羔兄弟也以文学闻名于时,其社会交往中多著名诗人,如韩愈、孟浩然、李益、权德舆等都与杜兼有唱和。杜兼酷爱藏书,"尝聚书万卷,每卷后必自题云:'清俸写来手自校,汝曹读之知圣道。坠之鬻之为不孝'"④。杜兼题书谕子孙事在当时几乎家喻户晓,反映出杜兼对家学传统的珍爱,特别是对以文传家的重要性有深刻的认识。杜羔诗文存者甚少,惟《全唐诗》卷三一九收录一首应制联句。杜羔妻刘氏亦颇富诗才,《玉泉子》云:"杜羔妻刘氏,善为

---

① 《文笔要诀》辑本见张伯伟《全唐五代诗格校考》(陕西人民教育出版社1996年版);另有王利器:《文笔要诀校笺》,载《纪念陈寅恪先生诞辰百年学术论文集》,北京大学出版社1989年版。
② 《金石史》卷一,《文渊阁四库全书》本。
③ 《隋书》卷七六《文学·杜正伦》。
④ 《类说》卷三二《清俸写书》,《文渊阁四库全书》本。

诗。羔累举不中第,乃归,将至家,妻即先寄诗与之曰:'良人的的有奇才,何事年年被放还?如今妾面羞君面,君到来时近夜来。'羔见诗,即归而去,竟登第而返。"《全唐诗》卷七九九收有刘氏作《夫下第》、《闻夫杜羔登第》、《杂言》等诗。

五、京兆杜佑房:史学与文学

北朝以来,京兆杜佑家族一向以出武人、建军功显,但入唐以后,京兆杜佑家族门风逐渐趋向于文史之学。如杜佑父亲杜希望爱重文学之士,其在河西节度使职上,曾奖拔著名诗人崔颢等[1]。杜佑则自幼刻苦读书,擅长书法,据宋人徐度记载,杜佑"少时所节《史记》一编,字如蝇头,字字端楷,首尾如一,又极详备,如《禹本纪》九州岛所贡名品略具"[2]。而杜佑老年后仍勤于书法,"既致仕还家,年已七十,始学草书,即工",并对草书的写法有深刻感悟:"草书之法,当使意在笔先,笔绝意在,为佳耳。"徐度曾在杜佑裔孙杜鼎家见过杜佑 78 岁时所书《论草书》帖,"笔势纵逸,有如飞动",令人惊叹。

然而杜佑每自称:"性且蒙固,不达术数之艺,不好章句之学。"[3] 似乎更对经世致用之学有浓厚兴趣。唐人李肇曾这样的评价唐中叶以后各界之专学者:

---

[1] 《新唐书》卷一六六《杜佑传》。
[2] 《却扫编》卷中"杜岐公"条,《文渊阁四库全书》本。
[3] 《文苑英华》卷七三七杂序三杜佑《通典序》。

第五章 杜氏家族不同郡望的家学取向 253

　　大历后,专学者有蔡广成《周易》,强蒙《论语》,啖助、赵匡、陆质《春秋》,施士丐《毛诗》,刁彝、仲子陵、韦彤、裴茝讲《礼》,章廷珪、薛伯高、徐润并通经。其余地理则贾仆射,兵赋则杜太保,故事则苏冕、蒋乂,历算则董和,天文则徐泽,氏族则林宝①。

显然,杜佑是"兵赋"方面首屈一指之"专学者"。安史乱后,朝廷百废待举,军事与财政问题突出,急需推陈出新,多方改革,而擅长"兵赋"的杜佑在此时脱颖而出,亲身参与了中唐多项重大财政制

附图十五:日本宫内厅书陵局藏北宋本《通典》书影

---

① 《唐国史补》卷下。

度的改革和创新。在丰富的实践经验的基础上,杜佑以敏锐的历史眼光,毕30年之精力,完成了典章制度通史《通典》的撰述。《通典》凡200卷,立食货、选举、职官、礼、乐、兵、刑、州郡、边防九门,内容丰富,结构严谨,"采《五经》、群史,上自黄帝,至于有唐天宝之末,每事以类相从,举其始终,历代沿革废置及当时群士论议得失,靡不条载,附之于事"①,为中国古代史学史上一部巨著。《通典》会通与分门相结合的编纂方法,开创了通史撰述的新格局。体现在书中的作者的朴素的历史进化观和进步的社会历史观,给后人留下了宝贵的思想财富②。

杜佑《通典》之撰述,也为京兆杜氏家学增添了辉煌的篇章,杜牧在《冬至日寄小侄阿宜诗》曾经提到:

> 我家公相家,剑佩尝丁当。
> 旧第开朱门,长安城中央。
> 第中无一物,万卷书满堂。
> 家集二百编,上下驰皇王。
> 多是抚州写,今来五纪强……③

这里"旧第开朱门,长安城中央",是指杜佑大家族居住的位于长安城中心地带的安仁里;"家集二百编",即祖父杜佑在抚州撰写,并

---

① 李翰:《通典原序》,载《通典》,《文渊阁四库全书》本。
② 参阅瞿林东:《论〈通典〉的方法和旨趣》,《历史研究》1984年第5期;《论〈通典〉在历史编纂上的创新》,《中国史研究》1985年第2期。
③ 《樊川文集》卷一。

已流传了60余年的《通典》。而在杜牧心目中,《通典》是与"大明帝宫阙,杜曲我池塘"同样令杜家子孙引为荣耀的宝贵财富。

安仁里杜佑旧宅,藏书十分丰富,所谓"上都有旧第,唯书万卷,终南山下有旧庐,颇有水树"①。祖父杜佑潜心于学的影响以及他为子孙创置的良好的读书环境,使杜家格外重视子女的家庭教育。子弟的启蒙教育开始很早,如杜牧幼侄阿宜,"未得三尺长"即"随兄旦夕去"读书,并已经能"下口三五行","敛手整衣裳"。在杜家子弟中,可能只有杜牧弟杜颉"幼孤多疾,目视昏近",其母"不令就学"②,其他子弟都勤勉读书,如杜牧常劝勉子侄:"愿尔一祝后,读书日日忙。一日读十纸,一月读一箱。"③

尤其可贵的是,杜佑注重经世致用之学的传统也被孙儿杜牧所继承。杜牧自己曾说:"某世业儒学,自高、曾至于某身,家风不坠,少小孜孜,至今不怠。"但他不喜经学,自称"性颛固,不能通经"④;"及年二十,始读《尚书》、《毛诗》、《左传》、《国语》、十三代史书"⑤。他"于治乱兴亡之际,财赋兵甲之事,地形之险易远近,古人之长短得失",抱有浓厚兴趣,以致每被顾问⑥。《新唐书·艺文志》著录杜牧《孙子注》三卷,足见他在"兵甲"方面确有浓厚的兴趣和相当的造诣。但杜牧的最大成就还在于文学。他的《阿房宫赋》

---

① 《樊川文集》卷一三《上知己文章启》。
② 《樊川文集》卷一《冬至日寄小侄阿宜》、卷六《唐故淮南支使试大理评事兼监察御史杜君墓志铭》。
③ 《樊川文集》卷一《冬至日寄小侄阿宜》。
④ 《樊川文集》卷九《上李中丞书》。
⑤ 《樊川文集》卷七《注孙子序》。
⑥ 《樊川文集》卷九《上李中丞书》。

辞彩瑰丽,又有诗人规谏之风,至今为人称颂。杜牧诗作清新奇绝,情致豪迈而意境高远,独步晚唐诗坛,与李商隐并称"小李杜";文论则纵横捭阖,指陈时事利病,锋芒犀利,正如清儒李慈铭所说:读杜牧文,"一展卷间,如层峦叠嶂,烟景万状;如名将号令,壁垒旌旗,不时变色;如长江大河,风水相遭,陡作奇致。又如食极洁谏果,味美于回",因此称赞杜牧"真韩、柳外一劲敌也"[1]。杜牧也善书法,他的遗墨行书《张好好诗卷》,今藏故宫博物院,用笔雄浑恣肆,"气格雄健,与其文章相表里"[2]。

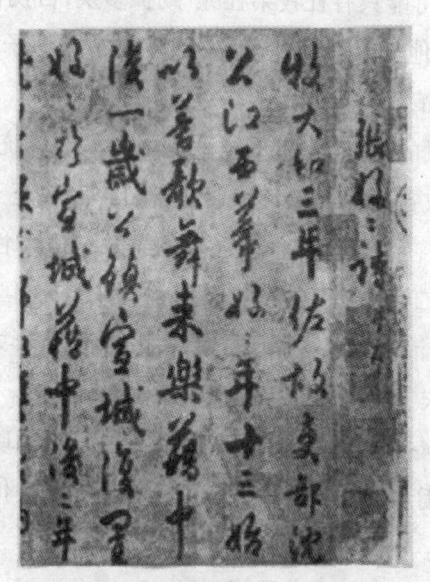

附图十六:杜牧行书《张好好诗卷》真迹

---

[1] 李慈铭:《越缦堂读书记》,上海书店 2000 年版。
[2] 《宣和书谱》卷九《行书三·唐杜牧》。

杜牧弟杜顗,17岁始读《尚书》、《礼记》、《汉书》,而未言曾读《左传》①,可见杜佑子孙更多关注于文史以及经世致用之学,不再专治经典。杜顗因眼疾,直到24岁、备考进士时才开始写作,"始握笔,草阙下献书与裴丞相度,指言时事。成,合数千字,不半岁遍传天下"。一向恃才傲物、"峭涩不许可人"的崔岐非常赏识杜顗,特地登门拜访并赋诗称赞:"贾马死来生杜顗,中间寥落一千年。"杜顗不久一举登第,主试官礼部侍郎贾𬯎也称赞:"得一杜顗,敌数百辈足矣!"②

在杜佑家族成员中,有著述成就的,还有被杜佑称为"族子"的杜环③。杜环,唐玄宗时期为安西节度使府幕僚。天宝十年(751),唐大将高仙芝与大食军战于怛逻斯,唐朝军队失利。时杜环从军在营,亦被掳往亚俱罗(今伊拉克境内),直到代宗宝应元年(762),才随商船回到广州,著《经行记》,详细记录了被俘期间的亲身经历和见闻,以及拔汗那国、拂菻国、石国、大食等国的地理、风土人情等。《经行记》一书早已散佚,赖杜佑《通典》卷一九二、一九三《边防》中征引一部分内容,方得以流传至今,此书内容涉及了8世纪中西之间的政治、经济、文化交流,以及中亚、西亚各国情况,所包括的国家和地区有:拔汗那国、康国、狮子国、拂菻国、摩邻国、波斯国、碎叶、石国、大食国、朱禄国等。《经行记》还记载了唐朝工

---

① 《樊川文集》卷九《唐故淮南支使试大理评事兼监察御史杜君墓志铭》。
② 同上。
③ 《通典》卷一九一《边防·西戎》。杜环身世以及究竟出自何房,均不详。按唐代同姓兄弟间往往通行大排行,称"族兄"、"族子"者,并非同属一房。此处姑将杜环置于杜佑一房下。

匠在西亚、中亚的活动和中国古代工艺技术的传播,是唐朝与中西亚间经济文化交流的珍贵史料。其中有关伊斯兰教、大秦法的记载,一直受到学者的重视,被视为重要的宗教文献[①]。

综上所述,自汉代形成的杜氏家族的学术传统,在家族的发展过程中起过重要作用。汉魏以后,由于社会剧烈动荡、官学荒废,杜氏家族更在保存和传播汉魏儒学传统方面做出了贡献。隋唐以来,随着科举制度的发展和完善,进士科为时所尚,诗赋辞章之学风靡一时。与此相应,传统经学却因其思想内涵的僵化而陷入沉寂,处在有名无实之境地,而曾经作为杜氏家族特征的经学传统也未能继续发扬光大。有唐一代,主要的经学著述,在《春秋》学方面有孔颖达《春秋左传正义》,徐彦《春秋公羊传注疏》,杨士勋《春秋谷梁传注疏》,啖助《春秋集传》、陆淳《春秋集传纂例》、《春秋微旨》、《春秋集传辨疑》,赵匡《春秋阐微纂类义统》,陆希声《春秋通例》,陈岳《春秋折衷论》等。而这个时期,杜氏主要郡望的家学方向大都发生了明显的转变:在京兆、襄阳、濮阳等房望,文学、史学大放异彩,如襄阳杜审言、杜甫三代均以诗享誉文坛;京兆杜佑在史学领域创立了新体,经学则黯淡衰萎,完全失去了往日经学世家的光芒。尽管有唐一代,仍有许多学者在钻研经学包括杜预的《左氏春秋》学,但在《春秋》学这一杜氏家族原本最具优势的领域,杜氏子孙没有再取得成果。可以说,唐以后,杜氏作为经学世家的历史已经终结。

杜氏家族自汉代以来即活跃于中古社会政治文化舞台,杜氏

---

① 参阅张一纯:《〈经行记〉笺注》,中华书局1963年版。

主要郡望和房支的家学传统及其演变过程呈现出复杂多变的面貌。探讨这个家族的家学及其演变过程,可以得到以下几点启示:

首先,像杜氏这样的中古世家大族,其家学传统大多形成在汉代,并在家族的兴起过程中起过重要作用。汉以后,世家大族的家族学术得到充分发展,显示出这个阶层在文化方面所具有的显著优势。但家学也不是一成不变的,而是每每随着时代潮流而发生变化。东汉以后,中国历史进程显现出剧烈的社会动荡的特点,分裂与统一的局面曾反复出现,带来对文化传统的严重破坏,如"董卓之乱,献帝西迁。图书缣帛,军人皆取为帷囊。所收而西,犹七十余载。两京大乱,扫地皆尽"。至西晋永嘉之乱,"京华荡覆,渠阁文籍,靡有孑遗"[①]。在官府学术扫地的情况下,传统儒学更多地仰赖世家大族方得以保存。永嘉之乱后,中国历史进入南北分裂时期,在此阶段,中国思想文化以玄学的兴盛,释、道二教的普遍传播为显著特点;这些新的思想因子,也鲜明地体现在杜氏家族诸郡望的家学中,促使杜氏自汉魏以来形成的家族学术传统逐渐发生了某些变化。而剧烈的社会变革、频繁的社会动荡,迫使士族家族流徙播迁。杜氏家族与王、谢、庾、崔、卢、裴、韦、柳等家族一样,在迁徙流动过程中,杜氏郡望从黄河流域到长江流域,分布渐广,家族学术亦随此流布传播,并与新地域之文化不断交流融会,进而得到新的发展。可以说,杜氏家族与南北众多世家大族的家学成果,汇聚融通,共同构建了中古思想学术宝库。

众所周知,在中古时代,声名显赫的世家大族曾如群星绚烂一

---

① 《隋书》卷三二《经籍志一》。

时。然而并非所有的大家族都有自己独特的家学传统。即便有一些家族文人辈出,比如与杜氏并称的韦氏家族,见于《隋书·经籍志》和《新唐书·艺文志》的作家和作品都多于杜氏,《旧唐书》称"议者云自唐以来,士族之盛无逾于韦氏。其孝友词学,承庆、嗣立为最;明于音律,则安石为最。达于礼仪,则叔夏为最。史才博识,以述为最。所撰《唐职仪》三十卷,《高宗实录》三十卷,《御史台记》十卷,《两京新记》五卷,凡著书二百余卷,皆行于代"①。虽然韦氏从三国孙吴侍中韦昭开始也以传统经学起家,后又以治《汉书》为家学传统,但韦昭《春秋》和《诗经》方面的著作在唐宋时期就已亡佚大半。另外,《隋书》和《新唐书》共著录韦氏人物创作的文集共 15 部,而在《宋史·艺文志》中,韦氏作品的数量已大为减少,今天则仅存《韦苏州集》一部,其他著作流传下来的也不多。

再如崔氏。博陵崔氏自东汉崔骃、崔寔开始以著述显名;清河崔氏则在北魏时期才开始出现著名学者。到南北朝时期,崔氏虽有以萧梁崔灵恩的《春秋》学,北魏崔浩的经学、历数之学,以及崔鸿的史学等为代表的学术成就,但崔灵恩的经学著作,见于《隋书·经籍志》和《新唐书·艺文志》者多达 7 种,《宋史·艺文志》仅存《三礼义宗》一种,而此书今已亡佚。《隋书》和《新唐书》著录崔氏人物诗文集 20 部,但宋以后大为减少,能流传至今者更是屈指可数。而就文献流传的一般规律来说,达官显宦的文字容易流布一时,但能够长久地保存并世代流传绝非易事。尽管不排除历代兵燹动乱所造成的对典籍的毁坏,但一般不具较高文学或学术价值的作品,

---

① 《旧唐书》卷一〇二《韦述传》。

确实难于流芳千古。历史长河也确如大浪淘沙,一部分世家大族在中古学术文化发展史上,如同过眼烟云,未能将自己的家学成果保留下来。而像杜氏这样为后世留下了丰富精神遗产的文化世家,在中古士族中尚不多见。

汉至唐五代杜氏诸郡望人物著述表

序号	时代	郡望	人物	著作名称	史料来源及说明
1	西汉	京兆	杜周	《大杜律》	王先谦《后汉书集解》卷四十六引惠栋语曰:"周所定者,为《大杜律》,荆州从事苑镇碑云'韬律大杜'是也;其延年所定者,为《小杜律》,丹阳太守郭昊碑云'治律小杜'是也。"又宋洪适《隶释》卷七《汉车骑将军冯绲碑》,亦称冯绲"治《春秋》严、《韩诗》仓氏,兼律《大杜》"。
2	西汉	京兆	杜延年	《小杜律》	同上。
3	西汉	不详	杜忠	《算术》16卷	《汉书·艺文志》。
4	东汉	茂陵	杜邺	《杜邺集》5卷	《隋书·经籍志》云"梁有凉州刺史《杜邺集》二卷,骑都尉《李寻集》二卷,亡"。但新旧《唐志》均著录《杜邺集》5卷。
5	东汉	茂陵	杜林	★《苍颉训纂》1篇,《苍颉故》1篇。	《后汉书·杜林传》。《隋书·经籍志》云:"梁有《苍颉》二卷,后汉司空杜林注,亡。"但《旧唐书·经籍志》著录有"杜林《苍颉训诂》二卷",或即《后汉书》杜林本传所云"《苍颉训纂》一篇、《苍颉故》一篇"。清代有黄奭辑本(《清史稿》卷五四《艺文志》)。
6	东汉	河南	杜子春	★《周礼注》2卷	《隋书》卷三二《经籍志一》。《清史稿》卷一四五《艺文志》。马国翰辑本。
7	东汉	京兆	杜笃	《杜笃集》5卷	《隋书》卷三五《经籍志》云1卷。新旧《唐志》云5卷。
8	魏	河东	杜挚	《杜挚集》2卷	《隋书·经籍志》、《新唐书·艺文志》。《旧唐书·经籍志》云1卷。
9	魏	京兆	杜恕	★《杜氏体论》4卷(今存辑本) ★《笃论》4卷	《隋书》卷三四《经籍志》;《新唐书·艺文志》,《旧唐书·经籍志》。

序号	时代	郡望	人物	著作名称	史料来源及说明
10	西晋	京兆	杜预	《丧服要集》2卷,★《春秋左氏传集解》30卷,《春秋左氏传音》3卷,★《春秋左氏释例》15卷,★《春秋左氏传评》2卷,★《杜预集》20卷(今存《杜征南集》),《善文》50卷,《律本》21卷,《杜预杂律》7卷,《女记》10卷,《杜预宗谱》。	《丧服要集》,《隋书·经籍志》云"二卷,晋征南将军杜预撰";《新唐书·艺文志》、《旧唐书·经籍志》云"杜预撰《丧服要集议》三卷";《清史稿·艺文志》云1卷。《杜预集》,《新唐书·艺文志》、《旧唐书·经籍志》云20卷,《隋书·经籍志》云18卷。《杜预宗谱》,《玉海》著录。杜佑《通典》有引述。
11	西晋	京兆	杜宽	删集《礼记》、《春秋左传》	《三国志·杜畿传》引裴注。
12	西晋	庐江	杜嵩	《任子春秋》1卷	《隋书·经籍志》、《新唐书·艺文志》、《旧唐书·经籍志》。
13	西晋	庐江	杜育	《杜育集》2卷	《隋书·经籍志》、《新唐书·艺文志》、《旧唐书·经籍志》。育,国子祭酒。
14	东晋	庐江	杜夷	《幽求子》30卷①	《晋书》卷九一《儒林·杜夷》。新旧《唐志》。
15	未详	不详	杜延业②	《晋春秋略》20卷	《新唐书·艺文志》、《旧唐书·经籍志》;《宋史·艺文志》。
16	陈	钱塘	杜之伟	《杜之伟集》12卷	《隋书·经籍志》。之伟,陈大匠卿。
17	未详	不详	杜惠明	《秦记注》(裴景仁撰,11卷,杜惠明注)。	《新唐书·艺文志》、《旧唐书·经籍志》。
18	北魏~北齐	中山	杜弼	《老子道德经注》2卷,《新注义苑》。	《北齐书》卷二四《杜弼传》。
19	隋	中山	杜公瞻	《荆楚岁时记》注2卷,《编珠》4卷	《旧唐书·经籍志》;《宋史·艺文志》。
20	隋	中山	杜台卿	★《玉烛宝典》12卷;《韵略》	《隋书·经籍志》、《新唐书·艺文志》、《旧唐书·经籍志》、《宋史·艺文志》。日本现存抄本,缺第九卷,后编入《古逸丛书》,又另有《丛书集成》影印本。《韵略》见陆法言《切韵》序(《全隋文》卷二七)。
21	隋	中山	杜之松	《杜之松集》10卷	《新唐书·艺文志》、《旧唐书·经籍志》。

---

① 《晋书》卷九一《儒林·杜夷传》称"所著《幽求子》二十篇行于世"。《隋书·经籍志》:《杜氏幽求新书》20卷,杜夷撰。新旧《唐书》均著录杜夷《幽求子》30卷。
② 杜延业,官秘书正字,时代不详。

第五章 杜氏家族不同郡望的家学取向

序号	时代	郡望	人物	著作名称	史料来源及说明
22	唐	襄阳	杜易简	★《御史台杂注》5卷	《通典》卷二四《职官六·御史台》云4卷。
23	唐	襄阳	杜审言	★《杜审言集》10卷	《新唐书·艺文志》、《旧唐书·经籍志》。
24	唐	襄阳	杜 甫	★《杜甫集》60卷(今存20卷)	《新唐书·艺文志》。
25	不详	不详	杜 仲	《三正通甲》1卷	《隋书·经籍志》。
26	唐	不详	杜英师	《职该》2卷	《新唐书·艺文志》2卷;《宋史·艺文志》1卷。
27	唐	不详	杜 宝	《大业杂记》10卷	《新唐书·艺文志》;《宋史·艺文志》。
28	唐	不详	杜儒童	《隋季革命记》5卷,《中书则例》1卷	《新唐书·艺文志》;《宋史·艺文志》。
29	唐	洹水	杜正藏	《文轨》20卷(即《文章体式》,又称《杜家新书》)	《隋书》卷七六《文学传·杜正玄》;《北史》卷二六《杜铨传附正藏》。
30	唐	洹水	杜正伦	《杜正伦集》10卷,《春坊要录》4卷,★《百行章》1卷。《文笔要诀》(仅存"句端"1篇],日本五岛庆太郎氏藏平安末期写本,1943年印行。王利器著《文笔要诀校笺》①,辑本见张伯伟《全唐五代诗格校考》②。	《新唐书·艺文志》;按:《百行章》敦煌文书有13残卷,罗振玉《秘笈丛残》有影印本。
31	唐	京兆	杜顺③	★《华严法界观门》(简称《法界观门》)、★《五教止观》、《十门实相观》、《会诸宗别见颂》、《华严一乘十玄门》各1卷	《大藏经》卷四五。《法界观门》据澄观所著《华严法界玄镜》及宗密所著《注华严法界观门》所引;《华严一乘十玄门》,杜顺说,唐智俨撰。

---

① 《纪念陈寅恪先生诞辰百年学术论文集》,北京大学出版社1989年版。
② 陕西人民教育出版社1996年版。
③ 杜顺(557—640),释法顺,俗姓杜,故名杜顺。雍州万年人(道宣《续高僧传》。但释赞宁《高僧传·周洛京佛授记寺法藏传》云"敦煌杜顺"。张礼《游城南记》杜光村条称杜顺为杜光村人)。据释智谕撰《终南山文殊化身杜顺说华严五教止观解题》,顺年18弃俗出家,礼因圣寺僧珍禅为师。据称顺有高深之术,可使哑者说话,聋者听闻,以此远近闻名。唐太宗亦"仰敬其德,请人宫禁,隆礼崇敬"。贞观十四年,杜顺圆寂于长安南郊义善寺,享年84岁。初葬于樊川北原,后弟子凿原为窟,建杜顺墓塔,是为华严寺,后为佛教华严宗的祖庭。至于是否可视杜顺为华严宗的初祖,学界尚有很多争论。杜顺的传记资料见《续高僧传》卷二五《感通类》,其他参考文献尚有《华严经传记》卷一、三、四;《佛祖统纪》卷二十九;《法界宗五祖略记》、《大正藏》第五十五册等。参阅王颂:《关于杜顺初祖说的考察》,《世界宗教研究》2000年第1期。

序号	时代	郡望	人物	著作名称	史料来源及说明
32	唐	未详	杜嗣先	★《兔园策府》	通俗性小类书，敦煌文书中发现，为 P.2573, S.1722 两残卷，可组合成原书的第一卷，另有 S.614, S.1086 为夹注本残卷卷一之中间部分。《宋史·艺文志》著录《兔园策府》30卷，《郡斋读书志》著录《兔园册》10卷，署唐虞世南撰。王国维为敦煌本作叙录引宋王应麟《困学纪闻》云："唐蒋王恽令僚佐杜嗣先仿《应科目策》，自设问对，引经史为训注。"恽为太宗子，故用汉代梁王兔园之典名其书。此书唐五代时盛行于私塾，南宋以后亡佚。推测此书大约曾并30卷为10卷，敦煌残卷仅为全书十之一①。王三庆《敦煌类书》有录文，图版与考订笺释。
33	唐	京兆	杜元颖	《元和辨谤略》10卷，《五题》1卷。	《旧唐书》卷一九〇下《文苑传·唐次》。《新唐书·艺文志》云："令狐楚、沈传师、杜元颖撰"。
34	唐	京兆	杜周士	《广人物志》3卷	《新唐书·艺文志》，《宋史·艺文志》作2卷，《直斋书录解题》作10卷。
35	唐	京兆	杜元志	《杜元志集》10卷	《新唐书》卷六〇《艺文志》。
36	唐	京兆	杜环	★《经行记》(今存辑本)	杜佑《通典》卷一九一《边防·西戎》征引。
37	唐	京兆	杜佑	《管氏指略》1卷，★《通典》200卷，《宾佐记》1卷。	《新唐书·艺文志》；《宋史·艺文志》。
38	唐	京兆	杜信	《元和子》2卷，《东斋籍》20卷，《史略》30卷，《京兆杜氏家谱》1卷。	《新唐书·艺文志》；《直斋书录解题》。
39	唐	不详	杜肃	《礼略》10卷	《新唐书·艺文志》；《宋史·艺文志》。
40	唐		杜友晋	★《吉凶书仪》2卷	《新唐书》卷五八《艺文志》、《宋史》卷二〇四《艺文志》，曾著录杜有(友)晋《书仪》2卷，但此书宋元以后已经失传。后在敦煌文书中(如 P.3442, S.329, S.361)发现了唐杜友晋《书仪镜》残卷。据赵和平《敦煌写本书仪研究》考证，杜友晋此书的成书年代在玄宗开元二十五年左右。又：日本正仓院藏8世纪中叶(天平胜宝八年，756年)文物《杜家立成杂书要略》一卷，内容为36组书翰仪范，与敦煌杜友晋等《书仪》相似，疑为杜氏书仪之一传入日本者。

---

① 参阅李鼎霞：《兔园策府》，载季羡林主编：《敦煌学大辞典》，上海辞书出版社1998年版。

第五章　杜氏家族不同郡望的家学取向　265

序号	时代	郡望	人物	著作名称	史料来源及说明
41	唐	京兆	杜朏	★《传法宝纪》1卷	此书有法国国家图书馆藏敦煌写本三种（P.2634，P.3858，P.3559），第一种，收录在《大正藏》第八十五册及日人矢吹庆辉之《鸣沙余韵》中。全本收于日本学者神田喜一郎《敦煌秘籍留真》及其论文《关于传法宝纪完帙》之中。后由柳田圣山校订、注释，编入《初期禅宗史书的研究》（法藏馆1966年版）和《初期的禅史1》（1975年版）。《传法宝纪》大约撰于开元年间。首有自序，末有《论》和《大通神秀和上塔文》。是禅宗北宗一派仅存的珍贵史书。
42	唐	醴泉	杜希全	《新集兵书要诀》3卷	《新唐书》卷五九《艺文志》。
43	唐	不详	杜氏	《新易林占》3卷	《新唐书》卷五九《艺文志》。
44	唐	京兆	杜牧	★《樊川文集》20卷，《孙子注》3卷。	《旧唐书》卷一六七《杜牧传》；《新唐书》卷六〇《艺文志》。《宋史》卷二〇七《艺文志》。
45	唐五代	京兆	杜荀鹤①	★《唐风集》3卷	《宋史》卷二〇八《艺文志》。晁公武《郡斋读书志》作10卷。今存3卷。

---

① 杜荀鹤，字彦之，池州人，亦自称九华山人。史称其"善为诗，辞句切理，为时所许"（《旧五代史》卷二四《梁书·杜荀鹤传》）。因身世寒微，连败文场，大顺二年，裴贽侍郎主选，方得登科（《北梦琐言》卷四"张曙戏杜荀鹤"云张曙为裴贽侍郎榜进士，与荀鹤同年）。关于杜荀鹤的身世，辛文房《唐才子传》及计有功《唐诗记事》均称"牧之微子也"，云"牧之会昌末自齐安移守秋浦，时年四十四。所谓'使君四十四，两佩在铜鱼'者也。时妾有妊，出嫁长林乡正willis，而生荀鹤。擢第年四十六矣"。但四库馆臣予以否认，并指出此"殆亦梁师成之依托苏轼"，不足取信（《四库全书总目》卷一五一《集部·别集类》）。按杜牧生于贞元十九年（803），如据上文牧年44生荀鹤，则荀鹤应生于大中元年（847）；又据《旧五代史》卷二四《梁书·杜荀鹤传》，荀鹤及第也在44岁上下。从年龄上看，杜牧与杜荀鹤为父子说或可成立。但荀鹤有《投从叔补阙》（"补阙"即指杜牧之子杜晦辞）诗，称杜晦辞为从叔，显然荀鹤为"牧之微子"说辈分上不合。荀鹤政治生涯甚短暂，《旧五代史·梁纪》载天祐初，荀鹤为宣州节度使田頵幕僚，后为朱温赏识，授翰林学士、主客员外郎。而荀鹤"恃太祖之势，凡搢绅间己所不悦者，日屈指怒数，将谋尽杀之"，不久即病卒。

序号	时代	郡望	人物	著作名称	史料来源及说明
46	唐五代	京兆	杜光庭①	《道德真经广圣义》50卷；★《广成集》12卷，★《道教灵验记》20卷，《古今类聚年号图》1卷，《帝王年代州郡长历》2卷，《历代忠谏书》5卷，★《录异记》，《续成都记》1卷，《虬髯客传》1卷，《青城山记》1卷，《武夷山记》1卷，《王氏神仙传》1卷，★《神仙感遇传》5卷，《仙传拾遗》，★《墉城集仙录》6卷，★《二十四化诗》1卷，《全唐诗》辑录其诗1卷。	《宋史·艺文志》，《道藏》，《广成集》、《道教灵验记》、《录异记》见四库全书；《虬髯客传》，《神仙感遇传》见四库存目。

说明：

1. 此表据《隋书·经籍志》、《旧唐书·经籍志》、《新唐书·艺文志》、陈振孙《直斋书录解题》以及相关史传、纪、志等文献编制。

2. 加"★"者，表示文献至今尚存。

---

① 杜光庭，字宾圣，号东瀛子、华顶羽人。关于其出身和郡望，《嘉定赤城志》卷三五《人物》称"天台人，或曰括苍人，号东瀛子，懿宗朝与郑云叟试万言不中，遂入道"。《旧五代史》卷一三六《王建传》考异附注则称光庭长安人。考诸光庭各类作品，未见其涉及出身、郡望等，故不知其究竟出自杜氏何支。综合史传与《嘉定赤城志》中的记载推测，光庭或许也出自京兆望，只不过在唐僖宗时代已经南迁并寓居天台。而光庭以84岁卒于后唐明宗长兴四年(933)，则其出生应在宣宗大中三年(850)前后。至于光庭因道士潘稠的推荐，得到僖宗的赏识，赐紫衣广成先生，入蜀依王建拜户部侍郎，封蔡国公，后解官隐居青城山白云观等经历，诸史所记略同。史称杜光庭博学能诗文，一生著述富赡，道教方面著述尤多，其《历代帝王崇道记》，记从周穆王经秦汉至唐末历代帝王崇道故事，多属神话，但也有一些史实，具史料价值。杜光庭为唐末五代一代道教领袖，在保存《道藏》、整理道经方面有诸多贡献，更在总结、吸收前人思想成果基础上，将儒、释、道理论融会贯通，通过注疏《道德经》等道家经典，将隋唐时期之"重玄学"发展到一个新的高度。《道藏》之《历代宗师传略》称光庭"词林万叶，学海千寻，扶宗立教，天下第一"。

(杜氏)其为家有法,其吉凶祭祀、斋戒日时、币祝从事,一用其家书。自唐灭,士丧其旧礼,而一切苟简。独杜氏守其家法,不迁于世俗。盖自春秋诸侯之子孙,历秦汉千有余岁,得不绝其世谱,而唐之盛时,公卿家法存于今者,惟杜氏。

　　　　　　——欧阳修:《太子太师致仕杜祁公墓志铭》①

第六章　杜氏家族的家谱与家礼

　　谱学之滥觞,可以追溯至周代"小史定系世,辨昭穆"之制②。由于家谱(或称宗谱、世谱)是家族发展繁衍历史的记录,具有辨族源、别郡望,从而维系宗族延续的重要功能,因此,在重视血统门第的魏晋隋唐时期,士族私修谱牒蔚然成风。至于"家法"一词,其最初的涵义,本是指汉代经学教授中的"师法",即某一门经典的学术渊源与传继,如《后汉书·儒林传》说:"立《五经》博士,各以家法教授,《易》有施、孟、梁丘、京氏,《尚书》欧阳、大小夏侯,《诗》齐、鲁、韩、毛,《礼》大小戴,《春秋》严、颜,凡十四博士,太常差次总领焉。"汉魏以后,许多世家大族凭藉着其所特有的文化优势,逐渐形成了

---

① 《文忠集》卷三一,《文渊阁四库全书》本。
② 《隋书》卷三三《经籍二》。

自己独特的家风、家规和各种礼节,包括吉凶仪制、四时祭享礼等很多具体的制度、规范。这些属于家族礼仪、门风方面的东西,后来也被称作"家法"或"家礼",如顾炎武说:东汉"功臣如邓禹,有子十三人,各使守一艺,闺门修整,可为世法。贵戚如樊重,三世共财,子孙朝夕礼敬,常若公家。以故东汉之世,虽人才之倜傥不及西京,而士风家法似有过于前代"①。又如东晋琅邪王氏、丞相王导曾孙王弘,"明敏有思致,既以民望所宗,造次必存礼法,凡动止施为,及书翰仪体,后人皆依仿之,谓为'王太保家法'"②。总之,家谱和家法,是考察中古时代世家大族礼法仪制之形成、发展与演变的一个重要方面,而杜氏家族的家谱与家礼,更是内涵丰富,具有深刻的文化研究价值。

一、杜氏家谱与房望关系

在《隋书》、新旧《唐书》的《经籍志》、《艺文志》中,著录了多种世家大族的家传或家谱,如杨氏,有《杨氏血脉谱》、《杨氏家谱状》、《杨氏枝分谱》、《杨氏谱》③。又如韦氏,也有《韦氏家传》、《京兆韦氏谱》、《韦氏诸房略》④。但遗憾的是,由于五代后谱牒散佚,谱学一时衰微⑤,后人已很难看到这个时期的家谱。杜氏是历史悠久

---

① 《日知录》一三《两汉风俗》。
② 《宋书》卷四二《王弘传》。
③ 《隋书》卷三三《经籍二》。
④ 《隋书》卷三三《经籍二》,《新唐书》卷五八《艺文志》。
⑤ 《通志·氏族略第一》"氏族"序。

的汉魏旧族,余绪绵延,家谱的修纂也未曾中断,如欧阳修所说:

> 盖自春秋诸侯之子孙,历秦汉千有余岁,得不绝其世谱,而唐之盛时,公卿家法存于今者,惟杜氏①。

但宋以前的杜氏家谱至今也已荡然无存。马端临《文献通考·经籍考》之《史部·谱牒》转录了12种各类谱牒文献,即《姓源韵谱》、《元和姓纂》、《李氏皇室维城录》、《李氏房从谱》、《圣唐偕日谱》、《唐宰相甲族》、《唐相门甲族》、《诸郡氏谱》、《唐鲜于氏卓绝谱》、《唐杜氏家谱》、《天下郡望氏族谱》、《姓苑》。这里除去官修谱牒以及私修的合谱外,三部为李唐宗室谱,纯粹的私家谱牒仅两部,即《唐杜氏家谱》和《鲜于氏卓绝谱》。及至元代以后,即便是这两种仅存的家谱,也已经亡佚,我们今天所能看到的,只是著录在史志中的家谱名称和卷数而已。而要了解杜氏家谱的修纂、体例等具体问题,显然就更加困难。现仅根据有限的史料,对中古时期见诸文献的几种与杜氏家谱相关的文献略作探讨。

魏晋隋唐以来的几种杜氏家谱(家传)

《杜氏新书》。在魏晋以来的文献中,所见较早的杜氏家传类作品,当属《杜氏新书》。《杜氏新书》始见于《三国志·杜畿传》裴松之注,是裴注征引次数和内容都较多的一部史籍,但《隋书》、新旧《唐书》的《经籍志》、《艺文志》均未著录此书,故有关作者、体例、成书时代等问题,一直众说纷纭,未成定论。如清人严可均认为,《杜

---

① 《文忠集》卷三一《太子太师致仕杜祁公墓志铭》。

氏新书》即杜恕的《笃论》①。但杜恕为杜预之父,活动于魏明帝时期,他不可能记述到子杜预、孙杜锡以至曾孙杜乂等人的事迹,可见严氏之说不足信。对此,近人余嘉锡又有所发明,他认为《杜氏新书》是《笃论》最后一部分,其叙述杜氏家世的内容,出自王隐《晋书》,为东晋以后人士补入。清人沈家本则发现,《杜氏新书》所记载的阮武事迹,恰与《世说新语·赏誉篇》刘孝标注所引杜笃(按此人非东汉杜笃)《新书》中阮武条文字相同,因而断定《杜氏新书》实即杜笃《新书》,并推测此杜笃可能为南北朝时人物②。众所周知,刘注《世说新语》,曾广征博引家传宗谱40余种,仅晋一朝,就援引"诸公别传、谱录文章,凡一百六十六家"③。《赏誉篇》阮武条所引杜笃《新书》,或许也是这类"别传、谱录"中的一种。总之,在刘宋裴松之注《三国志》、梁刘孝标注《世说新语》时,杜笃《新书》即《杜氏新书》已流传于世。而从《杜氏新书》中对杜畿、杜恕、杜宽、杜预、杜锡等人事迹、言论的记载来看,这部书很像家传。

《杜氏谱》。 由于汉末特别是永嘉之乱后兵燹相踵,作为关中郡姓之首的杜氏的家谱、家传没有被《隋书·经籍志》、《新唐书·艺文志》著录,但唐代社会上一直有《杜氏家谱》在流传,如张守节《史记正义》(《酷吏列传》"杜周"注)曾引用过一种《杜氏谱》:"杜周者,《杜氏谱》云字长孺。"张守节生卒年未详,其撰《史记正义》在玄宗

---

① 《三国志集解》卷一六。又严可均曾辑《笃论》,见《适园丛书》第五集。
② 沈家本:《三国志注所引书目二》,载《沈寄簃先生遗书乙编》,《古书目》卷二第一编。
③ 《文献通考·经籍考》子部小说家马端临引高氏《纬略》语。

开元二十四年(736)[①],说明当时《杜氏谱》已流传于世,只是无从考察此谱的详细情况。南宋邓名世撰《古今姓氏书辩证》,也征引过一部《杜氏谱》,但家谱的作者和时代不详,与张守节提到的《杜氏谱》是否为同一种,亦难确定。

《杜元凯宗谱》。《通典·礼》在谈及"五宗"时,曾大段援引晋《杜元凯宗谱》中关于"别子"的论说。杜预是著名经学家,也深谙谱学,他在撰著《春秋左氏经传集解》外,还曾"参考众家谱策",作《释例》一书,"别集诸例及地名、谱第、历数,相与为部,凡四十部、十五卷,皆显其异同,从而释之"。据此推测,《杜元凯宗谱》中当有相当篇幅的有关家族礼制方面的内容。在南宋王应麟编纂的大型类书《玉海》第五十卷《谱牒》中,也著录了这部《杜元凯宗谱》,清人丁国钧《补〈晋书·艺文志〉》也将此谱收入,并注明为杜预自撰。南宋以后,这部《杜元凯宗谱》不再被提起,恐怕也已经失传。

杜信《唐杜氏家谱》。据南宋陈振孙《直斋书录解题》卷八《谱牒》:"《唐杜氏家谱》一卷,唐太子宾客杜信撰。"《宋史》卷二○四《艺文志》略同,作"杜信《京兆杜氏家谱》一卷"。据《宝刻丛编》卷八引《关中金石录·唐太子宾客杜信碑》[②],以及《元和姓纂》卷六杜氏条,杜信字立言[③],父杜昕,玄宗天宝前任殿中侍御史;祖父杜元

---

① 《全唐文》卷三七九张守节《上史记正义序》。
② 《文渊阁四库全书》本。
③ 在《唐五代人物传记资料索引》(中华书局1982年版)中,共有四个杜信,一即《新唐书·宰相世系表》中杜希望子杜信,官太子宾客;二即杜昕子杜信,字立言,官刑部员外郎、杭州刺史;三即肃宗时人物杜信,擢书判拔萃科;四即《元和姓纂》卷六中之杜信。但《索引》中"肃宗时书判拔萃擢第"的杜信,依据的是《全唐文》卷四三六杜信《对舍嫡孙立庶子判》前的作者小传。而杜信的另一篇判文又被编于《全唐文》卷九五六,

志，字道宁，开元中任考功郎中、杭州刺史，有《杜元志集》十卷流行于世①。据明儒危素《说学斋稿》卷四《杜氏世谱考异序》："唐大历七年，安平公颐六世孙、太子宾客(杜)信尝修谱，宋《中兴馆阁书目》犹载此书，则尝刊行于世矣。"可知杜信活动于代、德、宪宗时期，曾为国子司业、刑部员外郎、杭州刺史等职，其任太子宾客一职在代宗朝。杜信的著述，除《唐杜氏家谱》外，还有《史略》、《东斋籍》、《元和子》②。

《嬾真子》中的《杜氏家谱》。南宋马永卿(字大年)所著杂记《嬾真子》卷一有"杜氏族系"条，作者谈到他曾对照《杜氏家谱》读《新唐书·杜牧传》所发现的问题，并引述了家谱有关杜氏诸房及其人物的材料。据马永卿所见《杜氏家谱》记载，"杜氏凡五房，一京兆杜氏，二杜陵杜氏，三襄阳杜氏，四洹水杜氏，五濮阳杜氏"。此谱内容虽只存片言只语，但对了解唐宋人士对杜氏诸房的划分很有价值。

除以上诸种杜氏谱外，在宋人编纂的地方志如《吴兴志》、《咸淳临安志》中，也笼统地提到在修志时曾参考过《杜氏家谱》云云，

表明《全唐文》编者对杜信的生平亦不甚了了。总之，此杜信与其他杜信是否为同一人尚不能确定。另外，《索引》中的第四个杜信，实际上与第二个杜信为同一人，岑仲勉先生已有考证，见《元和姓纂(附四校记)》卷六，此不赘述。实际上，出现在唐宋文献中的杜信有两人：一为《新唐书·宰相世系表》中杜希望之子杜信，官太子宾客；另一人为《宝刻丛编》卷八所引《关中金石录·唐太子宾客杜信碑》之碑主杜昕之子杜信(字立言，也官太子宾客)。但杜希望诸子中并无"杜信"，详细考证见本文第三章隋唐京兆杜氏杜佑房支一节"关于世系表的说明"。

① 《新唐书》卷六〇《艺文志四》。
② 《新唐书》卷五八《艺文志二》、卷五九《艺文志三》。

但均未提及作者。总之,在宋代,应该还有多种《杜氏家谱》流传于世。

综上所述,汉魏以降乃至于唐宋,一直有多种杜氏家谱(家传)流传于世。一姓而多谱,中古世家大族之重视家谱的修撰,由此略见一斑。然而这些被著录的杜氏家谱,或仅存片言,或无从确知其作者和时代,如张守节所见之《杜氏谱》;而《杜元凯宗谱》宋以后已经失传。至于杜信的《杜氏家谱》,因被陈振孙《直斋书录解题》著录、后又被马端临《文献通考·经籍考》转录而最具影响。明人凌迪知《万姓通谱》卷十《氏族博考》也曾著录此谱,说明此谱在明代还曾流传,但除作者、卷数外,家谱的其他内容无从考察。惟马永卿在《嬾真子》中援引了《杜氏家谱》的若干内容,如杜佑一支为襄阳房,杜甫一支未曾入谱等(又见蔡梦弼《草堂诗话》),内容似乎与《新唐书·宰相世系表》中杜氏襄阳望如出一辙。史称该表的修纂曾广征博引诸家谱牒,其中的杜氏世系或许就是取材于马永卿所见过的家谱。

从南北杜"同谱"事看杜氏诸郡望的关系

在中国古代宗族关系中,房是构成宗族的分支单位。但在某些场合,房与郡望的概念大体相同,如杜预四子——杜锡、杜尹、杜跻、杜耽兄弟四房,就是在永嘉之乱后逐渐分化为郡望的,其中长子杜锡后裔成为日后的"京兆望"本宗,第四子杜耽后裔则独立为"襄阳望"。以上两房也是杜氏诸望中最有社会地位和影响的郡望。一般来说,唐代家谱的编纂流程,也是先以房或郡望为单位编写家状,作为修谱的素材,再将诸房家状汇集成谱。据于邵《河南于氏家谱后序》,德宗时于邵修谱,就是以房为单位,"每房分为两卷,其上卷自九祖某公至玄孙止,其下卷自父考及身已降,迭相补注"①。另外,唐宗室谱的编修情况也大概类此②。但具体到杜氏郡望的划分,文献记载也存在歧异,据前述马永卿所见《杜氏家谱》记载杜氏共五房,即京兆杜氏、杜陵杜氏、襄阳杜氏、洹水杜氏、濮阳杜氏③,而《新唐书·宰相世系表》虽也将杜氏世系分为五部分,但第一部分系总论杜氏族源,并没有明确的杜陵、京兆之分。林宝《元和姓纂》分述杜氏14个郡望,也没有单独提出杜氏"杜陵望"。此外,在宋人陈彭年等重修之《广韵》中,杜氏分为京兆、襄阳、濮阳3个郡望,并无杜陵。从地理上考察,杜陵乃古杜伯国,是杜氏家族的发祥地,秦时置杜县,汉因宣帝陵墓建于此而更名杜陵,但北周后县废,隋唐时期杜陵仅为京兆府长安县下一乡邑而已。因此,在现存的唐人墓志中,杜氏习惯上大多自称京兆杜陵人,或称长安万年人。从历史沿革来看,早在西汉时期,由于社会上同时还存在着安陵富商杜氏、茂陵杜氏(杜邺一支,由魏郡繁畤迁居茂陵)、灞陵游侠杜氏等(详见本书第二章《从杜衍到杜陵——杜氏世家的形成》),杜周、杜延年一支则被称作"杜陵杜氏"。魏晋以后,杜陵杜氏的后人——杜预诸子成为杜氏"京兆望"的核心部分。总之,无论是从地缘关系,抑或血缘关系来看,京兆与杜陵都是同出一系的。自汉至唐,杜陵杜氏与京兆杜氏应无本质区别,杜陵郡望或房的提法,不过是承魏晋以前旧说而已。

① 《文苑英华》卷七三七。
② 《唐会要》卷三六《氏族》宣宗条。
③ 《嫩真子》,《文渊阁四库全书》本。

其实,在杜氏家族繁衍滋盛的魏晋之际,房望之别才真正开始明确。据韩愈《杜兼墓志铭》记载:"杜氏自戴侯(即杜畿)始分。戴侯之子恕为幽州刺史,今居京兆诸杜其后也。"① 杜畿、杜恕为魏明帝时期人物,杜恕为杜预父,这是韩愈对杜氏家族诸房分立时代的认定。此外,还有一种更为普遍的说法,即杜氏房望的明确划分,始于杜预四子,并以杜预长子杜锡房为京兆房本宗。如《北史·杜铨传》:北魏太祖曾向司徒崔浩问及"天下诸杜,何处望高"的问题,浩答曰:"京兆为美",并举荐家在赵郡的杜铨,"是杜预后,于今为诸杜最"。至于襄阳房,则是以杜预少子杜耽的后裔杜逊为始迁祖的。"耽,晋西海太守,生逊,过江随元帝南迁,居襄阳"②,从此襄阳杜氏有名于史。至于洹水杜氏的源出,《新唐书·宰相世系表》、《元和姓纂》的记载略同③,韩愈《杜兼墓志铭》亦云:"戴侯季子宽,后三世曼,为河东太守,葬其父洹水之阳。"④ 此后杜氏这一支遂称洹水房。按杜氏世系,杜宽为杜预从叔,杜曼则为杜预从孙,因此洹水杜氏的源出,也可以上溯至杜畿之季子杜宽。总之,房支是大宗族子弟分化离析的一个结果,而析出的支嗣,往往在新的地区重新发育滋长,从而成为新的郡望。从以上杜氏房分的变化轨迹可以看出,某一时期的房分,如杜预四子杜锡、杜尹、杜跻、杜耽四房,逐渐演化为南北朝以后的京兆、襄阳等郡望。在《元和

---

① 《朱文公校昌黎先生文集》卷二六《唐故中散大夫河南尹杜君墓志铭》。
② 杜预四子,《元和姓纂》作锡、尹、跻、耽;《新唐书·宰相世系表》及《古今姓氏书辩证》卷二四作锡、耽、跻、尹。今从《元和姓纂》。
③ 《元和姓纂(附四校记)》卷六杜氏条。
④ 《朱文公校昌黎先生文集》卷二六《唐故中散大夫河南尹杜君墓志铭》。

姓纂》中，唐代杜氏共有 14 个郡望，即京兆、襄阳、中山、濮阳、洹水、陕郡、安德、扶风郿县、偃师、成都、河东、齐郡、醴泉、河南。虽然《元和姓纂》也重视郡望，但它的编纂主旨，与郑樵所认为的唐代谱牒"论地望者，则以贵贱为主"的特点并非完全一致①，它是从追溯历史的角度，记录那些曾经存在的大姓郡望和房支，它所体现的，不一定完全等同于唐代现实社会中杜氏诸望的实际地位和排列次序，因为在林宝生活的唐宪宗时期，士族郡望间的关系已经有了大的改变。

但在唐代前期，杜氏诸望间由人物婚宦等因素决定的地位和声望还是高下悬殊的，这一点在杜氏诸望的关系中尤其是在"同谱"问题上，都有明显的反应。

所谓"同谱"，即所谓的"叙昭穆"，从形式上看，就是编入同一部家谱，意味着双方公开认同彼此间有一种同祖先、同血源的关系。在重视郡望的唐士族看来，能否"同谱"事关重大。比如杜氏，自南北朝开始，"天下诸杜""以京兆为美"的格局已经形成，杜氏诸郡望之间的关系更为复杂，这主要是由于西晋当阳侯、征南大将军杜预一支，在人物、婚宦方面远胜于其他房望的缘故，因此，杜氏京兆望在"天下诸杜"中声望最隆，较之于杜氏诸望，似乎有一种优越感，例如诗人杜审言、杜易简、杜甫子孙三代，均出自文学地位高而门第较低微的襄阳房。为提高自己的出身，杜甫每每自称是杜预裔孙，为此而招致攀附高门之讥。杜易简为考功员外郎时，曾受到

---

① 《通志·氏族略》。

吏部尚书李敬玄的讥讽:"襄阳儿轻薄乃尔!"① 玄宗开元末年,杜甫一度衣食无着,以至于流落街头,因此而受到宗族的冷遇,杜甫为此作诗自嘲:"所来为宗族,亦不为盘飧。勿受外嫌猜,同姓古所敦。"②诗中流露出对世态炎凉的不满,以及对"同姓"宗亲的怨怼之情。

不仅襄阳杜氏如此,唐初洹水杜氏与京兆杜氏之间也曾存在隔阂并发生过激烈的冲突——高宗显庆初年,身为宰相的杜正伦因与京兆杜氏求"同谱"不为接纳,积怨至深,以至开凿京兆杜氏所居住的杜固以发泄不满(详见第五章洹水杜氏部分)。这个事件表明,"同谱"涉及宗族血统的纯洁性,绝非无足轻重的小事。而为保持宗族血统的纯洁性,利用编纂家谱排斥其他郡望,从而维护原有的郡望等第,遂成为家谱的一大社会功用。

在唐代,士族或官吏通过"同谱"来谋求有权势和社会地位高的宗族的荫蔽,以达到相互扶助、相互党援的目的,极为常见。如唐代官僚间同谱、叙昭穆事屡见不鲜,如张说与张九龄同谱,李义府与李敬玄同谱,尤其是韦氏显赫时诸韦的同属籍,都对时政产生过影响。至于新贵与名门"同谱",显然是一种权势与名望的交易;反之,"衰宗落谱"之家与权门势要"同谱",则大多出于寻求庇护的心理,确实有借"谱"攀附之嫌。

---

① 《新唐书》卷二〇一《杜审言传附杜易简》。
② 《杜工部集》卷一杜甫《示从孙济》。岑仲勉云:"杜集之从弟位、从孙济,追皆从子之讹"(《唐集质疑·杜甫世系》),载《唐人行第录》(外三种),上海古籍出版社1978年版。又闻一多《唐诗杂论·杜少陵年谱会笺》将此诗载入天宝十三年条,且云:"似是乏食之际,屡从济就食,因见猜疑,而有此作。其事可矣,其情尤悲。"

其实,同姓士族之间之计较郡望高下,其实质是重视郡望所蕴含的高贵血统。而与此类现象并存的,是同郡望的士族内部重视社会地位又胜于血缘关系。在这种倾向的影响下,政治地位和社会地位等名利因素成为家谱修纂的重要价值取向。在同辈祖宗的排列次序上,家谱往往依照"于官取高,处昭穆取尊"的原则[1]。这里的"高"与"尊",显然是指政治地位和社会地位。这说明在宗族成员内部,社会角色是重于血统关系的。贾至在《百家类例》序言中论及其编纂宗旨:"以其婚姻承家,冠冕备尽,则存谱。大谱所记者唯尊官清职。"[2] 可见"婚姻"、"冠冕"、"尊官清职"等因素,是家谱处理宗族关系的重要原则。又如《于氏家谱》的编纂,依体例,本来每房分为两卷,但具体到于文公(系指北周太师、柱国燕文公于谨)第四子平安公房,因"比建平公以上三房,衣冠人物全少",只好与文公第五、六、七、八、九子,"并以六房,同为一卷",其中"第五卷以下,子孙皆名位不扬,婚姻无地,湮沉断绝,寂而无闻,但存旧卷而已"[3]。据《元和姓纂》卷二于氏条,于氏所谓"九祖",即于谨之九子。在于邵所修的家谱中,"九祖"的后裔分化为六房,于顗为长房,于邵为第二房,诸房的人物婚宦及其社会地位是相当悬殊的。于氏修谱的例子说明,在士族家谱房的排序及其所占分量上,"婚宦"、"冠冕"等世俗的因素,仍然会冲击温情脉脉的血缘关系,给崇尚礼法的士族家庭生活染上一层庸俗的功利色彩。

通过以上对杜氏家谱以及洹水与京兆间"同谱"纷争的分析不

---

[1] 《唐会要》卷三六《氏族》。
[2] 同上。
[3] 《文苑英华》卷七三七于邵《河南于氏家谱后序》。

难发现,唐初士族家谱的修撰,既重视"冢中枯骨",又重视当世权贵。这种情况说明,六朝崇尚门第的观念还深为隋唐士族所因袭,他们仍将血统门第作为一种精神财富,备加珍视。但同时在另一方面,士族的实际特权已大大减少,士族子弟大多需要通过科场竞逐来谋取功名。士族家谱这种看似矛盾的两方面,恰好是蜕变中的唐代士族两面性格的反映。

然而历经时世变迁,安史之乱后,一方面是郡姓的数量有所增加,另一方面却是郡望等第开始淡化。仍以杜氏为例,在现存的大量的唐人墓志中,唐后期的杜姓碑主大多称京兆杜陵人,称其他郡望的情况则很少见。郡望差别的弱化,恐怕有如下原因:第一,从唐初开始,随着社会的进步和宗族的分化,士族子弟纷纷脱离原籍,杜氏襄阳、洹水、濮阳等郡望的主要房支相继迁往两京,至唐中叶以后,"言李悉出陇西",言杜亦悉出京兆,这种情况在杜氏族谱中都有明确的反映。第二,安史之乱后北方士族流离失所,郡望和籍贯的分离,尤其是许多望族后裔失去宗谱,士族这一社会群体在战乱中共同遭遇了打击,作为同姓,难免有唇亡齿寒之感。像高宗初年南北杜那样为争郡望高低而大起衅端的事情已极罕见。

二、杜氏《吉凶书仪》与《杜氏四时祭享礼》

南北朝以来,门阀士族在社会生活各领域,特别是在风俗礼仪方面的影响愈加深刻,由于世家大族的家法受到普遍重视,士族自己也纷纷通过著述活动来宣传、炫耀自己的儒雅家风,其中修撰家族的"书翰仪体"即"书仪",就是最常见的方式之一。以后撰写"书仪"渐成传统,"书仪"的内容也逐渐从书信规范扩大为一般的社交礼仪和家庭四时祭享规章①。这一传统为隋唐士族所继承。《新唐书·宰相世系表》序云:"唐为国久,传世多,而诸臣亦各修其家法,务以门族相高,其材贤子孙不陨其世德,或父子相继居相位,或累数世而屡显,或终唐之世不绝。"宋人胡寅亦云:"汉唐而后,士大夫家能维持累世而不败者,非以清白传遗,则亦制其财用,著其礼法,使处长者不敢私,为卑者不敢擅。凡祭祀、燕享、丧婚、交际,各有品节。"②

唐代士族以家法名世者,有崔氏、李氏、韩氏、穆氏数家③,其中崔氏家法世代相传,如玄宗时清河崔均之家法④,德宗贞元时崔陲之家法,都有较大影响,唐宣宗曾称赞崔郸"家门孝友,可为士族之法矣"。此外,河东裴氏、荥阳郑氏、范阳卢氏也都有自己的"吉凶书仪",如唐后期宰相郑余庆"尝采唐士庶吉凶书疏之式,杂以当时家人之礼,为《书仪》两卷",中有起复、冥昏等制⑤。文宗时期工部尚书卢弘宣,"患士庶人家祭无定仪,乃合十二家法,损益其当,次以为书"⑥。五代时期,后唐明宗还曾下诏,集合"文学通知古今

---

① 参阅周一良:《敦煌写本书仪考》(之一),北京大学中古史研究中心编:《敦煌吐鲁番文献研究论集》。
② 《斐然集》卷二一《成都施氏义田记》,《文渊阁四库全书》本。
③ 《济南集》卷七《李母王氏墓志铭》亦云李鄠祖先"自唐以家法名世"(《文渊阁四库全书》本);《新唐书》一六三《穆宁传》。
④ 《唐语林》卷一《德行》。
⑤ 《新五代史》卷五五《刘岳传》。
⑥ 《新唐书》卷一九七《循吏传·卢弘宣》。

之士",删定增损,"公卿之家,颇遵用之"①。由此可见,在唐五代以后流行的《吉凶书仪》中,许多内容是取自汉唐名门望族的"家人之礼"的。

唐代杜氏家族更是素以家礼完备而著称,据《唐代墓志汇编》上开元 159《唐故中书令赠荆州大都督清河崔府君妻齐国太夫人杜氏墓志铭并序》:

> 夫人姓杜氏,讳德,京兆杜陵人也……年十七,归于唐中书令赠荆州大都督清河崔知温。贞顺极妇道之美,慈训备母仪之德。博涉《礼经》,尤精释典。时六房同居,和睦上下,抚诸孤侄,有若己子。至于闺门礼法,吉凶仪制,内外远近,咸取则焉。每祭祀羞馔,必皆躬亲……每至朝会,特加殊礼,独承顾问……

按此碑主即崔知温夫人杜德,出自北朝京兆杜氏中社会地位最高的一房,曾祖父为北魏黄门侍郎、度支尚书、驸马杜琳(瓒)。根据此墓志铭,杜德"博涉《礼经》,尤精释典",是知书达理的佛教信徒。嫁到有"六房同居"的清河崔家后,杜德仍恪守"闺门礼法,吉凶仪制",并为"内外远近"所"取则"。杜德的事例反映出,杜氏家族的"礼法"和"吉凶仪制",在士族社会生活中享有很高的声望。

杜氏的家礼著述,见于史志的,有《新唐书·艺文志》、《宋史·艺文志》著录的杜友晋《书仪》二卷。此书宋时虽被著录,如《通志·艺

---

① 《旧唐书》卷六三《裴矩传》;《新五代史》卷五五《刘岳传》。

文略·礼类》，但元以后此书似已失传①，不再为人所知。所幸在敦煌莫高窟出土的唐写本残卷中，发现了可以明确断定属于杜友晋撰著的多种杜氏"吉凶书仪"和《书仪镜》，共有十几个编号，如P.3442《书仪》残卷，或称《吉凶书仪》，分为"吉仪"卷和"凶仪"上下二卷②。根据同在敦煌发现的文书 S.6537 号 V.14 郑余庆撰《大唐新定吉凶书仪一部并序》：当时在吉凶仪制方面，"凡有十余家著述，唯京兆杜氏制撰，比诸家仪礼，则今之行之七八十（年？）矣"。这里所谓"唯京兆杜氏制撰"，显然是指杜友晋所撰的《吉凶书仪》、《书仪镜》等。按郑氏序文作于宪宗元和六七年间，由此上推七八十年，则杜氏书仪应作于玄宗开元二十五年（737）左右，而作者杜友晋则主要活动于唐玄宗朝③。从书仪的序文来看，这部书仪完整时应包括吉仪、凶仪各 10 部分。再如据 S.329 号与 S.361 号缀合而成的《书仪镜》，写作时间稍晚于《吉凶书仪》，应是《吉凶书仪》的简本或缩写本。此外，还有 P.3637 号等 9 个写本，也是杜友晋编撰的《新定书仪镜》残卷。从书法上看，这些写本大多属于唐至五代时期的抄本，说明在这个时期，京兆杜氏书仪作为大家族礼仪方面的典范之作，曾经广泛流行，并为士庶社会所尊奉，对唐代中期以后诸种书仪的编撰以及对士庶礼仪活动，都有深刻的影响和指导意义。

---

① 《崇文总目》卷三《史部目录类》注明："《书仪》二卷，杜有晋撰，阙。"《四库全书》经部四《书仪》作"宋杜有晋"，误。
② 按：杜友晋，《新唐书》、《宋史》、《玉海》等作"杜有晋"，今从敦煌写本作"杜友晋"。
③ 参阅赵和平：《敦煌写本书仪研究》，台湾新文丰出版公司 1993 年版。

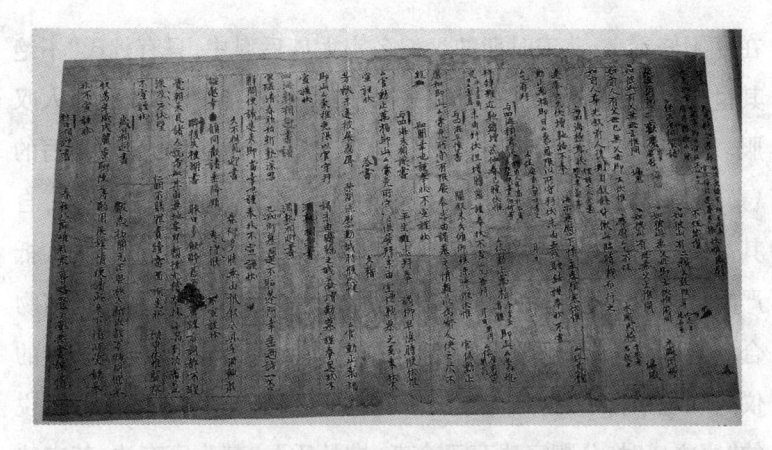

附图十七:敦煌写本杜友晋《吉凶书仪》

宋以后,杜氏的书仪、家法仍然在社会上有着特殊的地位。南宋陈振孙《直斋书录解题》卷六著录的杜衍《杜氏四时祭享礼》一卷,应该与唐代杜氏家族的家礼乃至杜友晋的《书仪》有一定的承继关系。据欧阳修《太子太师致仕杜祁公墓志铭》:

> 杜公讳衍,字世昌,越州山阴人也……杜赫为秦将军,后三世御史大夫周及其子建平侯延年仍显于汉,又九世当阳侯预显于晋,又十有四世岐国公佑显于唐。又九世而至于祁公。其为家有法,其吉凶祭祀、斋戒日时、币祝从事,一用其家书。自唐灭,士丧其旧礼,而一切苟简。独杜氏守其家法,不迁于世俗。盖自春秋诸侯之子孙,历秦汉千有余岁,得不绝其世谱,而唐之盛时,公卿家法存于今者,惟杜氏[1]。

---

① 《文忠集》卷三一,《文渊阁四库全书》本。

在欧阳修看来,北宋时期的汉魏名宗大族后胤中,只有杜氏"不绝其世谱","不迁于世俗",且独守家法,世代相传至今,因此令人叹服。这一点,也为同时期人士所关注,如张方平在为杜衍妻撰写的《秦国太夫人相里氏墓志铭并序》中曾特别提到:"杜氏旧族,自其高、曾以礼乐为法,岁时祭祀斋荐,牲币苴醯,皆有仪式。夫人祗严内事,相奠必饬。"① 与欧阳修所作杜衍墓志中的说法正相吻合。直到北宋中叶,杜氏家族在礼仪活动中还坚持以自家独有的仪式和规章行事,这是与一般士人有所区别的。至于欧阳修所说的"唐之盛时,公卿家法存于今者,惟杜氏";"其为家有法,其吉凶祭祀、斋戒日时、币祝从事,一切用家书",这个"家书"的原型,很有可能与敦煌发现的杜友晋的《吉凶书仪》或《书仪镜》有某种继承关系。

杜氏书仪的影响还远及海外。公元 8 世纪中叶,在日本光明皇后天平胜宝八年(756)献纳给东大寺卢舍那佛的太上天皇遗物中,就有《杜家立成杂书要略》一卷,今藏日本正仓院。其书全卷内容,为四言及少数六言骈文句式的 36 组书翰往还仪范,如第一则《雪寒唤知故饮书》,附有"拂寒遣闷,应允"的答词;第三则《就人借马书》,也附有"年老借马代步,未堪乘、不依命"的答词。这些书信涉及邀请、节日、宴享、慰问、借贷等社交生活礼仪,与敦煌发现的《朋友书仪》、《月令仪》等书仪残卷的内容十分相似②。由此可以

---

① 《乐全集》卷三九,《文渊阁四库全书》本。
② 参阅王三庆:《杜家立成杂书要略及其相关问题研究》,《新国学》第二卷,巴蜀书社 2000 年版,第 74—82 页。

推断,唐代中叶,杜氏书仪类文献已经由遣唐使或求法的僧人传到了日本。

附:《岘北杜氏宗谱》与巩县《杜氏家谱》辨析

近年来,大量族谱纷纷问世,为家族史的研究提供了新材料。上海图书馆谱牒文献中心就收藏了近60种明清以来的杜氏宗谱(主要为苏、浙、皖地区),成为研究宋以后南方杜氏宗族活动的宝贵资料。但其中个别宗谱也存在着一些问题。《岘北杜氏宗谱》为上图所藏杜氏家谱中年代较早者,为清乾隆二年(1737)活字本,凡7卷,署名"东阳二十世孙储重修,裔孙芳瑞、锵重修",由清人楼澄源辑录。岘北,应即岘山之北,在浙江东阳县南。东阳,三国吴所置郡,隋唐为婺州(治所在今浙江省金华县)东阳郡,宋以后亦延置。《岘北杜氏宗谱》内容甚为丰富,载有晋及唐、宋、元、明、清不同时代的重修宗谱题名、重修旧谱序、杜氏世系、宗族家法、坟图,以及与杜氏人物有关的墓志碑刻等材料,故有必要认真考察。

《岘北杜氏宗谱》篇首"杜氏历世纂修宗谱题名",胪列历代修纂人士姓名及年代共12则,其中第一至第三则题名赫然为:

晋永熙元年壬子,杜预以鲁祖汉少傅讳翕所藏旧谱图,始自茂陵,纂次增新。

唐贞观五年辛卯,杜淹、杜如晦重修。

唐乾宁二年乙卯,杜让能重修。

据此题名可知,早在东汉杜翕(即上文中所谓"鲁祖汉少傅杜翕")时代①,杜氏家族就有"旧谱图"藏家,而"始自茂陵",是指从汉武帝时期杜氏由杜衍迁居茂陵开始,记载杜氏家族繁衍壮大的历史。此后有西晋杜预续加纂修。入唐后,又有杜淹、杜如晦、杜让能三次增修。又《岘北杜氏宗谱》另有历代修谱者所作"杜氏旧谱序"共10篇,其年代最早者竟出自唐初名臣杜淹之手,其次为唐末宰相杜让能所撰。两篇序文对晋以来杜氏家谱之修纂宗旨和体例,都有十分详细的论述。而检索现存唐代文献,这两篇序文均未见收录。能于清人家乘中觅得唐人遗篇,既得窥唐人家谱之堂奥,又可补文献之阙失,实为杜氏研究之重要收获。

然而仔细推敲宗谱历代题名和旧谱序,却发现存在着一些问题:

首先,宗谱第一则题名即为"晋永熙元年壬子"杜预所修宗谱题目,但这部杜预题名的宗谱,是否就是《通典》和《玉海·谱牒》中所提到的《杜元凯宗谱》呢?尚不确定。因为永熙元年为庚戌年(290),非壬子年(后者为晋元康二年,292)。更为重要的是,杜预卒于晋武帝太康五年(284)闰十二月②,也就是说,若依此题名,则重修族谱事在杜预卒后五年,这显然是不可能的。

宗谱的第二则题名"唐贞观五年杜淹、杜如晦重修"云云,亦有问题。据新旧《唐书》太宗本纪和杜淹、杜如晦本传,杜淹卒于贞观二年(628),杜如晦卒于贞观四年(630),即在贞观五年(631),二人

---

① 《古今姓氏书辩证》卷二四杜氏条:翕字伯侯,太子少傅,东汉河西太守敦重孙。翕生畿,畿为杜预祖父。但《新唐书·宰相世系表》称翕为司空掾,稍异。

② 《晋书》卷三四《杜预传》。

均已故世。又前揭杜淹所作《杜氏旧谱序》自称"御史大夫拜尚书左仆射安吉郡公",也与史实不符。上述作者生卒与历官之舛错同样出现在第三则杜让能题名及其所作谱序中。据《资治通鉴》卷二五九唐昭宗景福二年(893)十月条及其《考异》,杜让能卒于景福二年,而根据宗谱的题名,乾宁二年(895)时杜让能重修家谱。至于杜让能"旧谱序"所署官爵"翰林学士兼知制诰荣禄大夫平章参议封晋国公",也多与史实龃龉。第一,"平章参议"的说法非唐人习惯。唐有"参议朝政",为宰相职衔名义,但"参议"乃"参与谋议"之意,如"贞观三年二月,魏徵除秘书监,参议机务"[①]。宋始设有参议官,元置参议中书省事。第二,"荣禄大夫"金朝始置,为散官,元明均延置,只是品秩上略有变动。此外,序文中称杜甫为"叔祖",且云杜甫安史之乱中曾整理过杜氏旧谱,都于史无征。这些事实表明,上述宗谱的题名及旧谱序,或因长期抄写、翻刻而造成错误,或出于金元以后人士之伪造。总之,《岘北杜氏宗谱》宋以前题名和序文存在多处疑点,其史料价值尚有待于鉴定。

《岘北杜氏宗谱》还有南宋杜幼节、明杨荣、宋濂等所作的序文,记载了杜稜及其子孙在唐末五代后发展成为浙中新望的历史过程。但结合史传资料考察,宗谱的这部分内容也存在着诸多疑点。首先,《宋学士全集》及《宋景濂未刻二卷》[②],虽曾收入多篇宗谱序文,但却没有这篇《岘北杜氏宗谱谱序》。更重要的是,此谱将岘北杜氏家族的不祧之祖杜稜,当作后梁宰相杜晓之子,与史传记

---

① 《唐会要》卷五一《名称》。
② 《文渊阁四库全书》本。

载甚为抵牾,也令人不敢轻信。对此,本书《唐末五代杜氏家族的南迁》章节中有所论述,在此从略。

近世以来,有关杜甫的家谱纷纷面世①,河南巩县《杜氏家谱》(又称《诗圣全谱》)是其中影响较大的一种。该宗谱为巩县杜甫第三十九代孙杜育华所藏,前有清人张汉(字瓣香,字月槎,康熙朝进士)雍正五年(1770)所作序文。

古训云:"礼失求诸野。"这些新近发现的杜甫家谱,若能补文献之不足,自然是杜甫家族研究中值得庆幸的事情。然而因本人没有机会看到这部族谱原件,故不敢对其史料价值妄下结论。今仅据《杜甫研究学刊》1992年第2期所引录的巩县《诗圣全谱》的部分文字,对《诗圣全谱》的史料价值提出几点疑问:

第一,《诗圣全谱》中没有记载杜甫房支的几个重要人物,如在杜预第二代,只记载了杜预二子杜尹和杜跻,却没有提到杜预的长子杜锡。杜锡,字世嘏,少有盛名,在西晋惠、怀帝时期,官至吏部郎、尚书左丞②。杜锡子杜乂,字弘治,青年时代随晋王室南渡,在南朝颇有名士声望。又如在杜预第六代杜乾光之下,没有杜乾光兄杜灵启,却代之以杜尹的裔孙杜洪太(亦作"洪泰")。据《元和姓纂》、《新唐书·宰相世系表》等记载,洪太字道廓,为杜尹第五代子孙,北魏孝文帝时,与其族人杜铨同为中书博士,后使高丽,除安远

---

① 据本人所知,还有《平江杜氏族谱》、明天启三年《福建汀州杜氏家谱旧序》等杜氏家谱发现。

② 《晋书》卷三四《杜预传》。

将军、下邳、新昌等郡太守。洪太有二子,即杜祖悦、杜颙,皆有声迹①。然而,洪太一支出自永嘉之乱后一直在北朝仕宦的京兆望,与杜甫血统疏远。此外,在杜预第九代上,不仅缺少杜依艺之父杜鱼石,而且还将鱼石之兄廉卿误作为依艺生父(实为依艺伯父),将鱼石的官职"隋河内郡司功参军、获嘉县令"误系于廉卿名下②。

第二,《诗圣全谱》杜预以来的世系关系存在多处常识性错误,如在杜预第十一代上,将杜审言和杜易简并列为亲兄弟(《元和姓纂》和新旧《唐书》杜审言传中,杜审言与杜易简为从兄弟)。又如谱中杜预第五代孙为"惠度",但该人史传无名,不知其是否为南朝交州杜氏之重要人物杜慧度? 据《宋书·杜慧度传》:杜慧度,交阯朱䵅人,本属京兆,从曾祖杜元为宁浦太守居交阯开始,五代一直盘踞交州,控制一方军政,宗族势力强大。但无论从族源上抑或迁移时间上,交州"慧度"与《诗圣全谱》中杜甫的远祖"惠度",都无任何关系。

那么,《诗圣全谱》的上述疏漏又是如何造成的呢? 有这样几个原因:

第一,《诗圣全谱》的编纂者没有依据《南史》、《北史》等基本史料修订家谱,其在杜甫的世系关系等方面记载失实也就在所难免。

第二,唐宋时期的杜氏宗谱类作品多遗漏杜审言、杜甫一支,致使襄阳杜氏族源混乱不清,《诗圣全谱》的作者在修纂时也无所

---

① 《魏书》卷四五《杜铨传》。
② 周绍良主编:《唐代墓志汇编》上长安007《大周故京兆男子杜并墓志铭并序》。

依凭。由于杜甫子嗣不兴,其长子宗文早卒,次子宗武流落湖湘,客死他乡①,其孙嗣业亦穷困潦倒,社会地位低微②。在唐末,杜甫一支淹没无闻,正如宋人马永卿所慨叹的:"岂以其仕宦不达而诸杜不通谱系乎?何家谱之见遗也!"③ 此外,襄阳杜氏历仕东晋、宋、齐、梁,其作为侨姓士族的历史已近200年,虽然北周后重归北朝,但终因悬隔日久,与北朝的京兆杜氏本宗关系疏远,这也是杜甫一支不见载于唐宋杜氏谱系文献的一个原因。

第三,杜甫在文学史上的地位,唐宋之际尚不突出,如宋人苏舜钦《题杜子美别集后》曾感慨云:"杜甫本传(按应为《新唐书·艺文志》)云有集六十卷,今所存者才二十卷,又未经学者编辑,古律错乱,前后不伦,盖不为近世所尚,坠逸过半,吁!可痛闵也!"④宋以后,杜甫的地位和声望日益提高,南宋杨万里、明末王嗣奭均给予杜甫"诗圣"之誉。而与此相伴随的,则是杜甫后裔纷纷续修族谱。明清以后乃至近今,杜甫族谱仍继踵而出,或许与杜甫在后世地位之提高有一定的关系。但正如《汉书·眭弘传》颜师古注所批评的:"私谱之文,出于闾巷,家自为说,事非经典,苟引先贤,妄相假托。"《诗圣全谱》是否也有"家自为说","妄相假托"之嫌?本文权作引玉之砖,将此问题提出,以俟夫博雅君子。

---

① 《旧唐书》卷一九八《文苑传下·杜甫传》。
② 《元氏长庆集》卷五六《工部员外郎杜君墓志铭并序》。
③ 《嬾真子》。
④ 《苏舜钦集》卷一三。

却到樊川访旧游,夕阳衰草杜陵秋。

应刘去后苔生阁,嵇阮归来雪满头。

能说乱离惟有燕,鲜偷闲暇不如鸥。

千桑万海无人见,横笛一声空泪流。

——韦庄:《过樊川旧居》①

第七章　从关中郡姓到吴越望宗
——唐宋之际杜氏家族的南迁

　　唐代著名谱学家柳芳在论及中古南北士族序列时,曾将杜氏作为关中六大"郡姓"之一②;而在杜氏一姓内,又有众多郡望之别。林宝作《元和姓纂》时,共记载杜氏14个郡望,其中的主体郡望,如京兆、濮阳、洹水等,都集中在北方黄河流域。然而,五代至宋以后,军阀混战,动乱频仍。受此政治、经济形势剧烈变动之影响,黄河流域及长江以北地区人口频繁迁移,杜氏家族诸郡望的旧有格局也不复存在,汉唐以来关中郡姓之余胤,又繁衍为享誉吴越的名门望族,这种跨越千年的巨大变故,其中的历史意蕴是十分丰富的。

---

① 《浣花集》卷十,《文渊阁四库全书》本。
② 《新唐书》卷一九九《儒学·柳冲传》。

一、离乱播迁

玄宗天宝末年安史之乱爆发，中原生灵涂炭，北方士族再受打击，纷纷举家南迁。战乱平定后，藩镇割据格局固化，北方士族的处境亦更加恶劣，军人势力与商贾形成两大压迫势力，导致北方士族地位日益卑下，如崔偃所说："衣冠者，民之主也。自艰难以来，军士得以气加之，商贾得以财侮之，不能自奋者，多栖于吴土。"①北方士族之新一番移民大潮由此形成。杜氏家族的一些支系，也在这个时期开始南迁，如德宗贞元年间故世的刘府君杜夫人，就是在"中原盗贼奔突"的情况下，"避地东土"，以后遂称"句容人"②。又如《唐代墓志汇编》（下）大和023《唐郑府君故夫人京兆杜氏墓志铭并序》云：

> 夫人京兆杜陵人也。其先本杜伯之苗裔。夫人以幼齿，遭天宝末年国有丧乱，至于土地分裂，衣冠沦坠，虽甲族大姓，未知厥所，于是夫人并不记三代官讳。夫人以道自乐，以真自保，虽单子茕立，而不失闺帏之志。

这位出自京兆望族的郑夫人杜氏，因幼年起即遭遇战乱，以至于"并不记三代官讳"。其实，像郑夫人杜氏这样颠沛流离的"甲族大

---

① 《樊川文集》卷一一《银青光禄大夫检校礼部尚书兼御史大夫充浙江道都团练观察处置等使上柱国清河郡开国公食邑三千户赠吏部尚书崔公行状》。
② 周绍良主编：《唐代墓志汇编》（下）贞元066《唐故刘府君杜夫人墓志铭并序》。

第七章 从关中郡姓到吴越望宗——唐宋之际杜氏家族的南迁

姓"并非少见。检诸文献,自唐后期开始,属籍江南的杜氏人物确实明显增多,如杜牧《杜秋娘》诗中先为藩帅李锜妾、后被没入皇宫为乳母的金陵杜秋[①];池州诗人杜荀鹤[②];罗虬诗中沉沦为雕阴营妓的杜红儿[③];光启中,乘江、淮大乱自为鄂岳节度留后的江夏伶人杜洪[④];本为京兆人,后移居浙中,故又称天台人或括苍人的道教领袖杜光庭等等[⑤],其父祖辈很有可能都是安史之乱后流徙江南的。

至于京兆杜如晦家族子孙的命运,更与唐王朝的政治命运息息相关。

唐末僖宗广明元年—中和三年(880—883)间,黄巢占领了首都长安,屠灭滞留长安的李唐宗室子弟及宰相豆卢瑑等官僚家族。至昭宗朝,宦官擅权,控制朝政,三川地方尽归藩镇,淮扬一带干戈扰攘,唐王朝已面临土崩瓦解之势。昭宗为缓和藩镇兵临城下之危局,将宰相杜让能赐死,以求安一时,让能兄弟及宗族遂成为垂死皇朝之牺牲品[⑥]。让能子杜晓(字明远),以其父无辜被害,愤然不仕,"沉迹自废"将10载。直到天祐元年(905),朱温尽毁长安宫室民宅,强行迁昭宗于洛阳。判户部崔远等,又奏杜晓为巡官兼殿中丞,并以"嵇中散死,子绍埋没不自显,山涛以物理勉之,乃仕。吾子忍令杜氏岁时以铺席祭其先人,同匹庶乎"相劝勉,杜晓"乃就

---

① 《唐文粹》卷一四下,《文渊阁四库全书》本。
② 《旧五代史》卷二四《杜荀鹤传》。
③ 《全唐诗》卷六六六罗虬《比红儿诗》。
④ 《新唐书》卷一九〇《杜洪传》。
⑤ 《旧五代史》卷一三六《王建传附王衍》考异;《嘉定赤城志》卷三五《人物》。
⑥ 《旧唐书》卷二〇《昭宗纪》。

官",入朱温政权,随之迁洛①。累迁膳部郎中、翰林学士、同中书门下平章事②。乾化二年(912),朱温子友珪弑父自立,宋州节度使袁象先等起兵讨伐友珪,纵兵大掠,杜晓为乱兵所杀③。

历经黄巢、朱温两番劫难,长安及城南杜氏乡里一片疮痍:"甲第朱门无一半……昔时繁盛皆埋没,举目凄凉无故物。内库烧成锦绣灰,天街踏尽公卿骨"④。这是朱温迁洛后,韦庄寻访位于长安城南郊的故里樊川时的所见所感。夕阳衰草,三径荒凉,四邻凋谢⑤。向有"城南韦杜,离天尺五"美称的韦、杜两大家族,一直在韦曲、杜曲毗邻而居⑥,而此时韦曲凋敝若此,杜曲的景象亦可想见。待到北宋哲宗元祐元年(1086),儒生张礼游长安城南樊川时,这里的变化就更令人惊讶,张礼曰:

> 范公庄,本唐岐国杜公佑郊居也……此庄向为杜氏所有,后归尚书郎胡拱辰。熙宁中,侍御史范巽之买此庄于胡,故俗谓之御史庄。中有溪柳、严轩、江阁、圃堂、林馆,故又谓之五居。

此时韦氏家族还有后裔居留在韦曲,只是已"家失其谱,不知为何

---

① 《旧五代史》卷一八《杜晓传》。
② 《旧五代史》卷五《梁书·太祖纪》,《册府元龟》卷一八九,《旧五代史》卷一五。
③ 《新五代史》卷三五《唐六臣传》。
④ 韦庄:《秦妇吟》,《全唐诗外编》第一编。
⑤ 《浣花集》卷十《过樊川旧居》、《过美陂怀旧》,《文渊阁四库全书》本。
⑥ 《资治通鉴》卷二〇九睿宗景云元年(710)六月庚子条及胡注。

第七章　从关中郡姓到吴越望宗——唐宋之际杜氏家族的南迁　**295**

房"①。而"杜城郊居"已频繁易主,不复为杜氏子孙所有。汉以来繁衍滋盛近千年的杜氏家族,其子孙安在,又将何去何从?

二、吴越新望
——五代宋初浙中杜氏的崛起

几乎与北方京兆杜氏没落之同时,杜棱一支渐兴起于浙东一隅,成为五代、宋初的吴越望宗。

杜棱,字腾云,新城人②。关于杜棱的出身与家族,《十国春秋·杜建徽传》引方廉《杜将军庙记》云:

> 杜自汉御史大夫延年起家。迨唐,胤为永嘉太守,五子分适他郡,少子册居钱塘,遂为钱塘人。后有仲明,仕水部员外郎,实生棱。

据此可知,杜棱一支实系唐永嘉太守杜胤之后,胤有五子散居各地,少子杜册居钱塘,子仲明、孙棱。又据宋人钱俨《吴越备史》卷四乾祐三年(950)二月条,也有杜建徽"祖仲明,不仕,赠水部员外郎。父棱"的记载,与《十国春秋》所引《杜将军庙记》相吻合,可见

---

① 《游城南记》。
② 《旧唐书》卷四○《地理志三》江南道条:"杭州上 隋余杭郡。武德四年……领钱塘、富阳、余杭三县。"又《宋史》卷八八《地理志》,新城:"临安府,大都督府,本杭州余杭郡……县九:钱塘,望。"

杜稜之父即杜仲明无疑①。又据《旧唐书·职官志》，唐改州为郡，以刺史为太守一事，在玄宗天宝元年(742)；此时温州改为永嘉郡，但乾元元年即复为温州②。因此，从《杜将军庙记》记载杜胤为"永嘉太守"来看，杜胤任职也应在天宝后。此后杜胤少子杜册定居钱塘，这一支杜氏完全脱离了旧籍。总之，综合《新唐书·田頵传》、《新五代史·吴越世家》以及《十国春秋》等记载可知，杜稜于僖宗乾符年间，曾为钱镠所部"杭州八都"之"新登都"的头目，乾宁二年(895)，终于吴越润州刺史职上。杜稜子杜建徽，"代为武安都将"，后为左丞相、诸军节度使，历仕吴越四主，乾祐三年(950)卒。

杜稜的后代，史志不详，惟据上海图书馆藏《岘北杜氏宗谱》南宋淳祐四年(1244)杜幼节所作《杜氏旧谱序》称③：

---

① 据上海图书馆藏《岘北杜氏宗谱》，杜幼节(南宋绍定五年进士，历秘书郎、著作佐郎、常州知府、朝散大夫等职)淳祐四年(1244)所作《杜氏旧谱序》将杜稜作为杜晓之子，云:(杜晓死后)子孙避乱散居，杜稜自汴州陈留县孝义乡徙居新城，仕吴越，迁武威将军，历官至尚书仆射。生四子：昭达、仲达、必达、邦达，与《十国春秋》、《新五代史》对杜稜先世的记载存在着很大分歧。而判断谱序与史志孰是孰非的关键，在于杜稜是否为杜晓之子。按《新五代史》系北宋欧阳修撰修，而《十国春秋》中有关杜氏家族的内容，则可能取自宋人钱俨所撰《吴越备史》(《四库全书总目》卷六六史部九《载记》)。因此，从史料的原始性来说，两史应较东阳杜氏宗谱南宋杜幼节序文稿早或大致相同。再从史实上看，宗谱称杜让能为杜稜祖父不免牵强，理由是：1. 广明元年(880)杜让能尚未为相时，杜稜已为钱镠所部"杭州八都"之一(《吴越备史》卷一)；2. 乾宁二年(895)杜稜卒于润州刺史，时让能刚刚罹难，让能子杜晓尚且留在长安，此时杜稜"自汴州陈留县孝义乡徙居新城"，显然是不可能的；3. 如以杜建徽乾祐三年(950)卒、享年88岁推算，此人当生于唐懿宗咸通三年(862)，与宗谱中的"曾祖"杜让能(840—893)只相差22岁，颇不合常情。总之，杜稜、杜建徽一支与唐末宰相杜让能、杜晓父子应无血缘关系。
② 《旧唐书》卷四〇《地理志三》江南道温州条。
③ 载上海图书馆藏《岘北杜氏宗谱》。

第七章 从关中郡姓到吴越望宗——唐宋之际杜氏家族的南迁

> (杜)稜裔孙昭达、仲达、必达、邦达。长居越,次居台,幼居金华、马海。越之显者曰衍,字世昌,谥正献是也。台之显者曰范,号立斋,谥清献是也。显于金华者,贤良旐,字伯高……望族甲焉。

据杜幼节此说,杜稜裔孙昭达、仲达、必达、邦达四子,分处越州、台州、金华等地,"越之显者曰衍",即北宋宰相杜衍(世昌);"台之显者曰范",即南宋宰相杜范(成之);而"显于金华者",宋以后亦人物辈出,其中越州杜衍在北宋政治上成就最著。

杜稜一支唐以来世系大略如下:

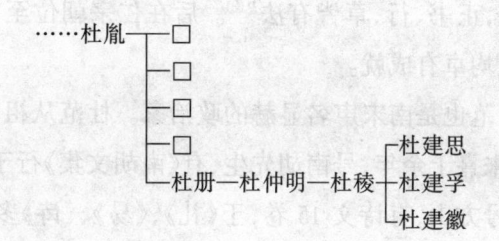

```
……杜胤─┬─□
        ├─□
        ├─□
        └─□─杜册─杜仲明─杜稜─┬─杜建思
                              ├─杜建孚
                              └─杜建徽
```

关于杜衍先世,欧阳修《太子太师致仕杜祁公墓志铭》云"杜公讳衍字世昌,越州山阴人……自曾、高以来,以恭俭孝谨称乡里"①,其他情况不详。宋李光《庄简集·杜府君墓志铭》称:

> 杜氏,故京兆人。五世祖辇,唐末习《开元礼》,以本科出身,仕至太子少保、赠太师。五季之乱,南渡至会稽,乐其风

---

① 《文忠集》卷三一。

土,因居焉。正献祁国公以直道相昭陵,清节照映一世,于君为伯祖。曾大父蕴,不仕;祖父式,右朝议大夫;父调,宣德郎,娶莫氏,遂为余杭人。

按此碑主为杜缜(字伯玉),碑中"正献祁国公"即北宋庆历朝宰相杜衍,为杜缜"伯祖"。据碑文,杜缜高祖一家是在五代动乱时南渡,并在会稽定居下来的移民,可以推断,杜衍与杜缜一支为宗亲,也同为五代时南迁的移民。杜衍因"父早卒",继父"不之容",被迫出走,"往来孟洛间,贫甚,佣书以自资"。后被济源富豪相里氏看中,妻以女①。而杜衍"尤笃于学,擢进士甲科,改秘书省著作佐郎。善为诗,正书、行、草皆有法"②。后在仁宗朝位至宰相,在文学和政治上均卓有成就。

金华杜范也是南宋声名显赫的政治家。杜范从祖杜烨,进士及第,师事朱熹十余年,号南胡先生,有《南胡文集》行于世。杜烨弟杜知仁,号方山,有诗文15卷,于《礼》、《易》、《诗》多所论述③。杜范亦举进士,年少即从杜烨、杜知仁游,所传朱熹学,"至范益著"。杜范著述富赡,有古律诗、歌词5卷,杂文6卷,奏稿10卷,外制3卷,《进故事》5卷,《经筵讲义》3卷等④,均见《清献集》。

除黄岩杜氏外,兰溪杜汝霖一族亦堪称文化世家。汝霖字仁

---

① 《宋朝事实类苑》卷十。
② 《宋史》卷三一〇《杜衍传》。
③ 《嘉定赤城志》卷三三。
④ 《宋史》卷四〇七《杜范传》。

第七章 从关中郡姓到吴越望宗——唐宋之际杜氏家族的南迁

翁,尝学于胡瑗,甚为李常所称。其孙杜陵传其家学①。杜陵有五子,皆博学,人称金华五高,如杜旟(伯高),为吕祖谦门人,有《桥斋集》;杜旘(仲高),工诗;杜旞(季高),陵季子,善文章;杜旝(幼高),有《粹裘集》10卷②。至杜旘子孙辈,文华益发,杜去非、杜去华、杜去轻、杜去伪兄弟数人,皆有名于时③。

此外,慈溪人杜醇,"隐约不求知,孝友称于乡里,耕桑钓牧,以养其亲,经明行修,学者以为模楷"。北宋庆历中,慈溪始建学,县令王安石请杜醇为师,杜醇"谈《诗》、《书》不倦,为诗质而清,当时谓学行宜为人师者也",人称邑中文风之盛自杜醇始④。

除浙江外,常州无锡杜镐亦一文化世家。此支杜氏本出自京兆杜黄裳家族。据宋韩元吉撰《右通直郎知袁州万载县杜君墓志铭》记载:

> 宋朝衣冠姓系,惟杜氏谱录最远,自汉建平侯延年、晋当阳侯预,至唐京兆族望,皆有其传,而元和宰相宣献公之子有名胜者,尝为扬州租庸使,遂贯于阳之永正,今仪真郡也。三世仕南唐,徙家建业,是生礼部尚书镐,以文学受知太宗、真宗。又再世,是生天章阁待制杞,以才略事仁宗,任方面,皆号名臣⑤。

---

① 《宋元学案补遗》卷一。
② 《宋元学案》卷一、卷六九。
③ 《宋元学案补遗》卷一。
④ 《延祐四明志》卷四《慈溪杜先生》,《文渊阁四库全书》本。
⑤ 《南涧甲乙稿》卷二〇,《文渊阁四库全书》本。

按：此"元和宰相宣献公"，即唐宪宗朝宰相杜黄裳，其子杜胜，曾经为官"扬州租庸使"，此后遂定居永正（宋时为仪真郡），从此京兆杜氏杜黄裳一支的后裔也改变了籍贯。杜胜后人三代出仕南唐，又徙家建业，杜镐（墓志误作镐）、杜杞等人则活跃于宋初太宗、真宗朝，成为宋元以后吴越地区又一名门望宗。杜镐字文周，幼好学，博贯经史，举明经。宋太宗即位，江左名儒硕学多举荐其能，入仕为国子监丞、崇文院检讨。杜镐学识渊博，为士大夫所推重，擅《春秋》学①。杜镐子杜杞，亦以学闻②。

总之，自唐中叶以降，至于五代宋初，在长达200余年的社会动荡中，黄河流域及长江以北地区人口迁移频繁，原有的经济文化格局和社会结构变动加剧，许多来自中原地区的世家大族，涉江淮而南徙，在相对和平，较少兵燹战乱的吴越地区蛰伏避难，权且安身。去国怀乡，踌躇观望，不肯轻易出仕新朝，这是高门旧姓子孙的普遍心态与选择。因此，在北宋社会局势稳定之前，"蝉联珪组，世为显著"的京兆杜氏，在朝廷尚"绝无闻人"③，对此，北宋学者苏洵有如下分析：

> 自唐之衰，其贤人皆隐于山泽之间，以避五代之乱。及其后，僭伪之国相继亡灭，圣人出而四海平一，然其子孙犹不忍去其父祖之故，以出仕于天下，是以虽有美才而莫显于世。及其教化洋溢，风俗变改，然后深山穷谷之中，向日之子孙乃始

---

① 《宋史》卷四三一《杜镐传》。
② 《宋史》卷三〇〇《杜杞传》。
③ 《挥麈前录》卷二，《文渊阁四库全书》本。

振迅,相与从宦于朝①。

唐亡后,世家大族子弟退居山泽避乱,直到宋以后才振作出仕成为普遍现象。对此,南宋陈傅良也有深入的观察与分析:"方国家肇造之初,将相大臣多西北旧族,而东南未有闻者。既而天下平,七八十载之间,而范公起吴,杜公起越,欧阳公起庐陵,孙公起富春,盖汉一大郡之地,而二三公者皆极一时之望,于是东南人物遂擅天下。"②苏、陈之议,可谓的论。及至北宋中叶,"深山穷谷之中"的北方世家子孙,"乃始振迅,相与从宦于朝",遂有"杜公起越",与崛起于吴之范公,庐陵之欧阳公,富春之孙公一样,卓然而为浙右望宗,至此,北宋初年京兆杜氏在朝中"绝无闻人"的局面已大为改观了。

三、杜氏固有郡望体系的消失

京兆杜氏主要郡望的南迁以及最终成为吴越新望的过程,对认识中古士族郡望化历程及其终结来说具有重要意义。

东汉以后,作为世家大族的杜氏已经有众多支派,在中央政权和地域社会拥有广泛影响。永嘉之乱后,以杜预四子为中心,杜氏家族分化为京兆、襄阳、洹水、中山等不同郡望,并形成了以京兆杜氏为核心的郡望体系。岑仲勉曾这样论及中古时代郡望与籍贯之

---

① 《嘉祐集》卷一四《族谱后录下篇》,《文渊阁四库全书》本。
② 《止斋文集》卷四一《跋孙氏志述》,《文渊阁四库全书》本。

关系与二者的分化：

> ……就最初言之,郡望籍贯是一非二。历世稍远,支胤衍繁,土地之限制,饥馑之趋迫,疾疫之蔓延,乱离之迁徙,游宦之侨寄,基于种种情状,遂不能不各随其便,散之四方,而望与贯渐分。然人仍多自称其望者,亦以明厥氏所从出也[①]。

从"郡望籍贯是一非二",到"望与贯渐分",实际上包含了起自汉末,迄于唐宋,世家大族近乎千年的历史演进过程。具体说来,五代、宋以后,不仅郡望与籍贯分离已为常态,"自称其望"、"以明厥氏所从出",即标榜郡望的事例已不多见。以杜氏为例,陈振孙《直斋书录解题》著录的杜氏人物的属籍,出现了许多唐五代以前所未曾有过的如雷泽、江阳、福建、金华、常州等地名,估计这些人物的父祖大多为唐宋之际南迁的移民。另据《宋人传记资料索引》中的有关统计,杜姓人物142人,其中属籍京兆者仅5人,只占3.5%[②]。而宋代杜氏相对集中的地区有二:一在今河北,即定州杜氏(宋太祖赵匡胤之母、昭宪杜太后即为定州安喜人);一在今浙江,即上文所述山阴等地的杜氏名族。值得注意的是,对宋代定州杜氏的族源,笔者尚未发现详细的资料,仅从地域上看,其或许与北朝的中山杜氏余胤有关,当然这只是猜测。但在中古时期固有的杜氏各郡望的关系中,中山杜氏并非显要郡望,其社会地位和影响都逊色

---

① 岑仲勉:《唐史中望与贯》,载《唐史余渖》。
② 《宋人传记资料索引》,中华书局1988年影印本。

第七章　从关中郡姓到吴越望宗——唐宋之际杜氏家族的南迁

于京兆等望。而宋初河北杜氏之所以显赫,实与其身为赵宋外戚之地位有关。在宋初,外戚杜氏纷纷进入了中央权力核心,因此体现在宋代各类文献中的定州杜氏自然要多些。然而,北宋的定州杜氏并非文化世家,据《宋史》卷二二二《外戚传》、卷二四二《后妃·昭宪皇后》等记载,杜太后父杜爽,史传无名。太后兄弟杜审琦等五人,"世居常山,以积善闻",实为地方豪强。审琦曾仕后唐,为义军指挥使。太后夫家涿郡赵氏,在唐也属低品武职。因此,宋初河北地区的杜姓人数应作为特殊个案来分析。据现代学者的调查和统计,北宋以后,我国南方(江苏、安徽、浙江、江西、福建、湖北、湖南、广东、广西、四川)地区的杜氏人口,大约占全国杜姓总人口的 46.4%,而其中属籍浙江者,约占 11.83%①,也就是说,作为汉代以来发端于关中的大姓——杜氏人口的近 50%,在宋代已经迁徙到了南方,相对集中在江浙地域。这一结论还可以得到如下两方面的补充和佐证:

其一,据现存的福建杜氏族谱,杜氏在闽的始迁祖如京兆杜仁、汉阳杜浒、南阳杜浚等,移居福建的时间均为宋代②;

其二,从现今浙东地区存世的族谱来看,杜氏族谱达数十种之多③,而《美国家谱学会中国族谱目录》共收藏了 7 件明清以来的杜氏家谱,皆来源于江浙地区④。这些情况,与史传中杜氏主体家

---

① 参阅袁义达、金锋、张诚、斋藤成也:《宋朝中国人的姓氏分布与群体结构分化》,《遗传学报》1999 年第 3 期。
② 参阅陈支平:《福建族谱》,福建人民出版社 1996 年版。
③ 《中国家谱综合目录》,中华书局 1997 年版。
④ 《美国家谱学会中国族谱目录》,台湾成文出版社 1983 年版。

族南迁江浙的记载亦大致吻合。

总之,入宋以后,"京兆杜氏"在杜姓诸望中的主体地位已名存实亡;历史上存在数百年之久的士族郡望体系的实质——血缘与地缘根深蒂固的结合已经瓦解。而伴随着唐末士族的南迁,中古时代世家大族"城南杜氏"的余胤,得以在新的社会文化土壤中重新繁育、滋长、壮大。宋、明以后,江浙杜氏人物辈出,群星灿烂。由此可见,秦汉以来,世家大族所经历的复杂及艰难的迁徙历程,实际上也正是汉魏学术的传播、南北思想文化的交流融会以及宋以后文化中心的重建过程,这个过程传递出丰富的历史讯息,值得深入探讨。

结语：
对中古杜氏家族千年变迁史
的几点思考

在以上诸章，我们已从浩瀚的文献中披拣出十分零碎、分散的杜氏史料，并对其进行了全面、系统的梳理和分析，大体勾画出这个古老关中世家的姓氏源流、郡望分化，及其在中古时代1000年间各房支的兴衰历程。杜氏的郡望分布于今陕西、河南、河北、山东以及湖北、四川、江西、浙江、广西等地，他们的活动，在中古时期的政治、文化生活中留下了深远影响。可以说，杜氏家族是中古时期世家大族的一个典型个案。回顾杜氏家族的千年变迁史，以下几个方面给人留下了深刻的印象：

其一，自秦汉迄于唐，近千年间，杜氏家族的大体经历了一个从世家到士族，再到士人的演变过程。

自西周末年杜伯子孙分裂后，杜氏一支由南阳杜衍徙居杜陵，杜周、杜延年父子开始跻身文吏群体。时值秦汉时代，中央集权政治初步建立，思想文化方面"罢黜百家，独尊儒术"的局面开始形成，杜周、杜延年父子政治上锐意进取，家族的社会地位和经济地位迅速提高。两汉之际的杜氏家族，已蔚为豪门盛宗，在文化取向上也从刑名之学转向经学，逐步具备了世家大族的雏形。魏晋南北朝是门阀士族制度得到确立的时期。在政治面貌上，杜畿、杜恕、杜预祖孙三代在魏晋中央政权中蝉联高位,奠定了杜氏家族在这一阶段政治生活中的特殊地位。永嘉之乱后,北方曾先后为鲜卑等少数民族政权所控制,多数士族宗族流徙播迁,在这个过程中,杜氏的部分房支分化独立,逐渐形成众多新的郡望;虽然不同郡望如京兆、洹水、襄阳、濮阳等,宗族形态或有所差异,在南北政治社会中所处的地位和影响也不尽相同,但各房望一般表现为以血缘为纽带的大家族,有坞堡、庄园,广占田亩,拥有大批部曲、佃客;在文化面貌上,大多重视家学传继,文化上有所建树,在魏晋士族中享有较高的声望。

隋唐五代时期具有社会转型期,即从门阀士族居于主体地位的门第社会,向科举士人居于主体地位的官僚社会过渡的性质和特点。这个时期,既有前一阶段制度和意识形态方面的残余,如田制、兵制、门阀观念等等,同时又出现了一些新的事物如科举制、两税法等,这些都对宋代以后的历史进程产生了重大影响。在此过渡时期,世家大族群体也在发生着显著的变化,例如,在如何看待自己的身份方面,他们既夸耀阀阅,门第思想和等级观念严重,又有十分强烈的科举士子的归属感,这一点在杜牧身上表现得最为突出,他在《上宣州高大夫书》中,曾就科举取士所遭到的非议发表自己的看法:

> 科第之设,圣祖神宗所以选贤才也,岂计子弟与寒士也……若以科第之徒浮华轻薄,不可任以为治,则国朝自房梁公以降,有大功、立大节,率多科第人也。

杜牧的立场无疑是站在士人一边的,但他接下去又说道:

> 汉魏以下,至于国朝,公族之子弟,卿大夫之胄裔,书于史氏为伟人者,不可胜数,不知论圣贤才能,于子弟中复何如也?

可见,对自己究竟应该归属"子弟"还是"科第之徒",杜牧自己也是茫然的。这种矛盾在李德裕身上也表现得十分充分。德裕出身于山东著姓赵郡李氏,其祖父李栖筠"天宝末以仕进无他歧,勉强随计,一举登第;自后家不置《文选》,盖恶其不根艺实"[①]。可知栖筠是迫于仕进无门而不得不走上科第之路的。至德裕执政时,颇以公卿子弟自矜,"尤恶进士",但同时又热衷于奖拔出身寒门的士子,"颇为寒畯开路"。故当其仕途蹭蹬,"谪官南去"时,"八百孤寒齐下泪,一时南望李涯州"[②],得到广大士人的同情。尽管门阀士族制度存在的社会条件已不复存在,但汉魏以来门阀士族的影响犹在,隋唐至于五代,崇尚门第的思想一直是社会意识形态的主流,这种观念渗透到社会生活的方方面面,但中唐以后,杜氏诸房望中的绝大部分子弟,大都通过科举途径致身通显,渐渐褪去世家子的印记而向科举官僚转变。直至宋初,从文吏到世家、士族,再回归为普通士人这样一个漫长的历史过程才最终完成。

其二,自汉末至于隋唐,世家大族表现为政治势力、经济实力,同时还代表着文化传统。

---

① 《新唐书》卷四四《选举志》。
② 《唐摭言》卷七《好放孤寒》。

由于具备了以上特质,世家大族阶层格外地受到中央政权的重视,这个群体必然与皇权发生最密切的关系。无论在两汉、两晋,还是唐朝,杜氏家族始终都在政治生活中扮演了重要角色,有时甚至成为皇权的有力支柱。但也有一些郡望如刘宋时期的襄阳杜怀瑶家族、交州杜慧度家族,均因宗族势力过于膨胀,与中央权力发生尖锐冲突,从而遭到皇室的削弱与打击。杜氏家族与皇权的聚散分合,构成了中古政治史的重要内容。而分析、研究这个有代表性的家族个案与中古不同时期皇权的关系,对认识整个中古政治以及世家大族的历史地位,都有着重要的意义。

其三,就世家大族的典型郡望而言,杜氏为关中郡姓;但事实上,杜氏一姓之下包含了众多分支,分属不同类型。

通过对濮阳杜氏等郡望的考察,可以得出这样的印象:中古郡姓不仅源远流长,分布亦广。以唐人柳芳为代表的旧史学家,大多将南北士族划分为吴姓、侨姓、山东郡姓、关中郡姓四大系统,而这种分类仅仅是就士族门阀的典型郡望而言的。事实上,杜氏一姓就包含了如属于侨姓士族的襄阳杜氏,属于山东郡姓的洹水杜氏,以及本属"虏姓",后在鲜卑族汉化、门阀化过程中改为杜姓的濮阳杜氏。可见,中古时代宗族的发展潜流暗布,枝蔓深芜,姓之下的"郡望"更为复杂。

其四,杜氏家族有着源远流长的家学传统和自强不息的家族精神。

在传世文献中,出自杜氏家族成员的作品占有相当的分量。这种绵延千载、醇厚深重的家学传统,会积淀为一种独特的精神,附丽于后代子孙身上,比如杜预,"好为后世名",志在"立功、立言"①;又如杜佑,也将立功、立言奉为人生信条,"以富国安人之术为己任",撰述不辍,任"职剧务殷,窃惜光阴,未尝轻废"②。到杜牧一代,也自幼就对"治乱兴亡之际,财赋甲兵之事,地形之险易远近,古人之长短得失",抱有浓厚的探索兴趣③,自觉地为"世业儒学"、"家风不坠"而孜孜不倦。继祖父杜佑兴建"杜城郊居"后,杜牧又尽其任职吴兴所得薪俸,精心修缮樊川别墅,"不自期富贵",只希望能有"数百首文章,号《樊川集》,庶千百年未随此磨灭"④。如果将杜氏子孙身上这种精神仅仅理解为世胄子弟的骄傲也许过于肤浅,它或许表现了一种深厚而丰富的精神传承与文化积淀。在漫长的中古时期,世家大族的家族学术显示出巨大的影响力和顽强的生命力,并以其特有的传承和传播方式,在这一时期的历史进程中产生了深远的影响,使汉以来的传统文化得以一脉相传,发扬光大,这一点无疑是世家大族对中国历史的一大贡献。研究这一历史现象,对认识家族学术以及体现在其中的家族精神,乃至认识中古社会思想文化的发展演变过程,都有十分重要的价值。

其五,迁徙与开拓,伴随了杜氏家族千年变迁的始终。

中国古代世家大族的发展历程呈现出不断分化的特点,郡望、房支之间荣枯各异。杜氏也像许多处在不断迁徙和分化中的士族家庭一样,由于"历世稍远,支胤衍繁,土地之限制,饥谨之驱迫,疾

---

① 《晋书》卷三四《杜预传》。
② 《旧唐书》卷一四七《杜佑传》。
③ 《樊川文集》卷一二《上李中丞书》。
④ 裴延翰:《樊川文集序》,载《樊川文集》卷首。

疫之蔓延,乱离之迁徙,宦游之侨寄"等种种原因①,宗族不断分化,有的房支仕宦不显,渐至贫困;有的房支则冠冕蝉联,富贵荣华。永嘉之乱给杜氏家族的历史命运带来重大影响,成为杜氏南北两系和若干郡望形成的分水岭。由于各郡望所在地域和境遇不同,政治取向也发生了改变。南北朝诸杜的不同发展轨迹,又影响到隋唐时期杜氏诸望的面貌,如襄阳杜骥一支以及其他南朝杜氏房支,几乎都伴随着南朝历史的终结而衰亡了,只有襄阳杜乾光一支由后梁转入北周,入隋后一度东山再起,但唐代中叶以后又迅速衰落。相比之下,北方的京兆杜佑、杜黄裳、杜元颖等房支,根基深厚,生命力顽强,成为唐中央政权的强大支柱。

诚然,对于生命个体而言,乡土社会是安土重迁的,是生于斯、长于斯、死于斯的社会。但如果我们将视野放大,纵观杜氏家族诸房望千年的历史变迁,就不难看出,中国古代的大家族,经常处在不断的迁徙与变动中。郡望的形成,固然意味着某一家族已经拥有根深蒂固的乡里基础和长期稳定的地方影响,但大的郡姓并非一成不变地固守桑梓,除了不断有房支从宗族中析出、向新的地区开拓,再形成新的郡望外,战乱、灾荒和饥馑,又往往促使宗姓的枝叶和主干分离。从公元前2世纪到公元9世纪的千年间,杜氏家族的变迁历历可考:在汉初,杜氏曾是汉武帝从南阳杜衍迁至茂陵"护陵"的豪族移民,以后又移至杜陵;后又在东汉末年的丧乱流亡中逐渐繁衍滋长。至杜预时代,家族的中心转移到了当时的首都洛阳附近,成长为魏晋士族中的高门。永嘉之乱破坏了西晋士族

---

① 岑仲勉:《唐史中望与贯》,载《唐史馀瀋》。

富足安逸的生活,杜预的子孙们又经历流徙播迁,其中杜耽一支由长安到凉州,又从关中到江汉,逐渐形成庞大的襄阳杜氏家族(隋唐之际,这一支的后人又从襄阳迁居巩洛)。而除长江中游地区外,杜氏的部分房支甚至远徙庐江、交州,并繁衍壮大,成为强有力的地方势力,他们对于中古时代尚且远离中原文明的蛮荒之地的经济开发与文化传播,促进汉民族与南方土著居民的融合,都有重要的贡献。特别是唐末五代京兆杜氏北方主要支派的南迁,更具有深远的历史意义,它标志着在历史上存在数百年之久的、杜氏原有的郡望体系已经瓦解,杜氏家族的主体已经转移到了江南,古老关中郡姓逐渐转变为吴越望宗。这个变化过程涉及宋以后文化重心的南移,所蕴涵的历史意义相当丰富,值得深入探讨。筚路蓝缕,以启山林。贯穿于杜氏家族发展史中的不断迁徙,是这个家族顽强的生命力所在。迁徙意味着再生,意味着宗族可以脱离固有的基业,重新开辟新的天地。而这一切,都已在杜氏家族的千年沧桑中得到了印证。

> 在濮之阳,居河之浒。
> 畇畇原隰,济济榛楛。
> 别业年深,先茔地古。
> 丰碑颂德,式是东土。
>
> ——孙逖:《故滕王府谘议杜公神道碑》①

附录一:
濮阳杜氏:一个由胡姓演变而来的杜氏郡望

濮阳位于古濮水之北,即古昆吾国。《水经注·瓠子河》云:"河水旧东决,迳濮阳城东北,故卫也,帝颛顼之墟。昔颛顼自穷桑徙此,号曰商丘,或谓之帝丘。"秦汉时,濮阳属东郡。西晋以东郡置濮阳国(后改濮阳郡),治所即今河南省濮阳市西南,辖境相当于今河南滑县、濮阳,山东郓城、鄄城等地②。5世纪初至9世纪,即北魏初年至唐中后期,杜氏家族在这里繁衍滋盛,逐渐成长为杜氏十余个郡望中较为重要的郡望③。濮阳杜氏人物辈出,在这个历史

---

① 《文苑英华》卷九〇三。
② 《元和郡县图志》卷一一《河南道七》。
③ 据《元和姓纂》卷六杜氏条,杜氏的14个郡望为京兆、襄阳、中山、濮阳、洹水、陕郡郿县、安德、扶风、偃师、成都、河东、齐郡、醴泉、河南。《新唐书》卷七二《宰相世

时期的社会政治和文化生活中,留下了深刻的影响。然而,从历史渊源上考察,濮阳杜氏却另有来源。

一、濮阳杜氏的族源与世系

有关濮阳杜氏的族源和世系,林宝《元和姓纂》卷六有如下记载:

> (濮阳杜氏)状称与京兆同承杜赫之子威,世居濮阳。陈留太守杜亮,生保。保生伽。伽生义博、义宽。义博生端人。端人生元揆,天官员外。(元揆)生希彦,右补阙,太子洗马。生华、万,检校郎中。

这里的"状",应该是濮阳家族自己提供的世系谱状,也是《元和姓纂》濮阳郡望的主要资料来源。参考《新唐书·宰相世系表》及宋人邓名世《古今姓氏书辩证》中有关杜姓的记载,濮阳望先祖的历史踪迹可以追溯到周宣王时的杜伯。杜伯因祸被杀后,子孙分散,杜泄一支逃往鲁国,其后裔为避季平子之乱又迁至楚国,秦大将军杜赫即杜泄曾孙。按杜泄生杜威、杜秉二子,杜秉又生杜札,杜札生杜周,即汉武帝时著名酷吏推算,杜威则是杜周的伯父,大约活动于秦汉之际或汉代。可见,依濮阳杜氏家状以及《新唐书·宰相世

系表》记杜氏郡望虽然不甚明确,但也分京兆、襄阳、洹水、濮阳四部分。宋人陈彭年等所编《广韵》也有杜氏出京兆、濮阳、襄阳三望的说法。可见,杜氏濮阳望在唐代的地位是相当重要的。

系表》的说法，濮阳望与京兆望同系杜赫之后，只是到杜威、杜秉两兄弟时，子孙后代开始沿着不同的轨道发展，并逐渐演化为后来的两大郡望。

然而有关杜威的情况，诸史只称"世居濮阳"，其他情况阙如①。因此，杜威更像是濮阳杜氏后人虚拟的祖先，而有明确记载的濮阳杜氏的先祖，实际上是被称作杜威"裔孙"的北魏濮阳太守杜模。据杨炎《安州刺史杜公神道碑》，杜模"后魏为濮阳守，卫人宜之。子孙世居东郡，故今为濮阳人"②。只是由于史料的限制，杜模究竟是杜威几代孙，已无从查考。

杜模之后，濮阳杜氏的世系始班班可考：据唐初孙逖所撰《故滕王府谘议杜公神道碑》的记载：

> 公讳义宽，字某，姓杜氏，东都濮阳人也。其先在周者为侯，在汉者为三公，在魏者以许昌居守，在晋者以荆州作镇，则杜氏之世禄，厥为旧哉。……公则魏陈留郡守亮之曾孙，北齐胶州刺史竟陵县开国侯保之孙，隋本郡中正雁门郡守伽之子……

这里孙逖碑强调了濮阳杜氏也出自周杜伯，汉杜周，魏晋杜畿、杜预，而对杜义宽三代世系的记述十分明确，即杜模以后，杜亮

---

① 《新唐书》卷七二《宰相世系表》、邓名世《古今姓氏书辩证》略同，只是在杜亮之前还有杜模一代，与唐人杨炎所作杜鹏举碑、孙逖所作杜义宽碑同。
② 《文苑英华》卷九二三杨炎《安州刺史杜公神道碑》。

生杜保①,杜保生杜伽,杜伽生杜义宽,与《元和姓纂》略同。此后,义宽生鹏举,鹏举生鸿渐……②。总之,追溯濮阳杜氏的世系不难看出,杜模对濮阳杜氏家族的发展影响最巨,正是他筚路蓝缕,为杜氏家族在濮阳的发展,开辟了道路。

然而值得注意的是,在杜威至杜模任北魏濮阳太守的数百年间,濮阳杜氏仿佛从历史上消失了,这个家族的人物没有在历史文献中留下任何踪迹,这一点与京兆望等其他杜氏家族的情况相比,有很大的不同。四、五世纪开始,中国北方经历了西晋永嘉之乱以及十六国时期的社会动乱,汉魏士族流徙播迁,能保留下一份完整、清晰的家族世系材料固非易事。尽管如此,濮阳世系在汉杜威至北魏杜模之间竟然是一片空白,却也不能不令人生疑。人们不禁要问:濮阳杜氏果真是杜威之后吗?这个家族会不会另有别的来源?

西晋永嘉之乱后,北方中国战乱频仍。民众迁徙之频繁,籍贯变动之剧烈,几乎是前所未有的。从目前掌握的史料来看,濮阳杜氏的族源则尚有探求的余地。一个最大的可能是,濮阳杜氏系由少数民族改姓而来。众所周知,《新唐书·宰相世系表》,对大凡改为河南望的姓氏,一般都要做一些说明,如北魏时徙河南的刘氏河

---

① 杨炎《安州刺史杜公神道碑》作"杜嘉",孙逖《故滕王府谘议杜公神道碑》与《元和姓纂(附四校记)》作"杜伽"。

② 关于究竟谁为杜义宽之父,岑仲勉《元和姓纂(附四校记)》有考,其据《文苑英华辩证》卷三杨炎撰《安州刺史杜公神道碑》、《新唐书·宰相世系表》等,以杜保为是。邓名世《古今姓氏书辩证》也以模生亮、亮生伽、伽生保。然而《新唐书》和邓氏的说法均本自杜鹏举碑。但孙逖《故滕王府谘议杜公神道碑》云保生伽,伽生义宽,与《元和姓纂》同。从时代的先后来看,孙逖是唐初人物,其以杜伽为碑主之父,所依据的史料应该更直接、更可信。另外,林宝《元和姓纂》成书也早于《新唐书》、《古今姓氏书辩证》。因此杜威后濮阳世系应以杜模、杜亮、杜保、杜伽、杜义宽……排序为是。

南望,"本出匈奴之族,汉高祖以宗女妻冒顿,其俗贵者皆从母姓,因改为刘氏"。但在《新唐书》中,却没有杜氏河南望。而在《元和姓纂》所记杜氏14望中,虽然已经包括了北魏孝文帝时期由独孤浑氏改姓而来的"河南望"①,但徒具条目,其下全然没有世系人物。与杜氏其他郡望不同,河南望既无"家状"可依,又无世系可考,这个郡望究竟有何人物,都无从知晓。这个反常的情况似乎也说明杜氏河南望或许有着特殊的来历。

那么,濮阳杜氏是否为独孤浑氏杜氏的后人?也就是说,濮阳望是否就是河南望呢?

独孤浑氏之改杜姓,涉及北朝少数民族的姓氏源流及其变动情况,也是历代史家聚讼纷纭的问题。据《魏书·官氏志》记载:

> 初,安帝统国,诸部有九十九姓。七分国人,使诸兄弟各摄领之,乃分其氏。自后兼并他国,各有本部,为内姓焉。

据此可知,北魏孝文帝改姓之前,皇室诸王有七祖(姓),并有由兼并其他部落而组成的"内姓"共99姓。北魏孝文帝迁都洛阳后,为谋求拓跋氏统治者与汉族士族的合作,积极推行汉化政策,其中,改胡姓为汉姓、重定士族,就是一项重要的内容。太和二十年(496),魏孝文帝下诏:拓跋氏改姓元氏,皇室"七族"及皇叔、疏属也分别改姓,与拓跋氏共为10姓,享有多种政治特权。与此同时,在"神元皇帝时余部诸姓内入者",即99个"内姓",也均改为汉姓。

---

① 《魏书》卷一一三《官氏志》。

冀州刺史申恬于历城，恬击破之。杜骥遣其宁朔府司马夏侯祖欢、中兵参军吉渊驰往赴援，虏破略太原，得四千余口，牛六千头。寻又寇兖、青、冀三州，遂及清东，杀略甚众。

这里的"青州刺史杜骥"，即前述"襄阳杜氏"的代表人物、京兆杜耽之后裔，移民南朝后，与兄弟杜坦长期担任青、冀二州刺史，为南朝戍守北边。虽然拓跋焘此次寻"外家"叙亲未果，且双方还以兵戎相见，但联系主动与杜骥修好的态度及以杜铨为"宗正"等举动来看，此时的拓跋焘对"我外家"京兆杜氏是充满仰慕之情，并设法主动去攀附京兆杜氏的。反之，杜骥的敌视态度也反映出拓跋焘母家这一支杜氏，并未得到其他杜氏房望的认可。总之，迁葬杜豹及迎杜骥事反映出，拓跋焘母家明密皇后杜氏是游离于京兆杜氏之外的代北胡族，这一支的本宗极有可能是鲜卑独孤浑氏，只是其改姓杜氏的时间还要早些。

其次，永嘉之乱后，北方大姓纷纷举族南迁，尤其是原在豫、鲁南及苏北，处于后赵、前燕等少数族统治区以南的大族，如琅琊王氏、高平郗氏、陈郡谢氏、彭城刘氏等家族，都在这个时期南渡。濮阳地处豫鲁交界处，为南北争战之地。当时汉魏大族背井离乡，像杜耽之后杜坦、杜骥先流落西凉，后刘宋平定关中，又毅然定居南朝。但濮阳杜氏却没有像一般汉魏大族那样选择南迁，反而因缘际会，获得了在濮阳称雄一方的良机。

第三，拓跋焘神䴥四年（431），曾下诏求贤，大举征召汉族士人参预朝政。据《魏书·高允传》，此次应征者共35人，"皆冠冕之胄，著闻州邦"。其中的杜氏人物，有中书郎、新丰侯京兆杜铨，郡功

附录一:濮阳杜氏:一个由胡姓演变而来的杜氏郡望

> 谓司徒崔浩曰:"天下诸杜,何处望高?"浩对京兆为美。世祖曰:"朕今方改葬外祖,意欲取京兆中长老一人,以为宗正,命营护凶事。"浩曰:"中书博士杜铨,其家今在赵郡,是杜预之后,于今为诸杜之最,即可取之。"诏召见。铨器貌瑰雅,世祖感悦,谓浩曰:"此真吾所欲也。"以为宗正,令与杜超子道生迎豹丧柩,致葬邺南。铨遂与超如亲。超谓铨曰:"既是宗近,缘何复侨居赵郡?"乃迎引同属魏郡焉。

这条材料中,杜豹卒于濮阳,原因是其曾在濮阳居住还是在濮阳为官,不得而知;杜超则是杜豹之子,即明密皇后的兄长、拓跋焘的舅父,官至北魏阳平公、驸马都尉、行征南大将军,深得拓跋焘重用。迎葬外祖杜豹事,应发生在拓跋焘在位期间(424—451)。值得注意的是,拓跋焘母系既为杜氏,却不了解"京兆望高",且要向崔浩请教,也从一个侧面反映出明密皇后一支与其他杜氏郡望的疏远关系。而据姚薇元氏研究,在魏孝文帝以前,皇后大多为胡族,因此明密皇后杜氏也应是独孤浑氏出身[①]。另外,《宋书·索虏》还记载了拓跋焘寻"外家"一事:

> 太原民颜白鹿私刑入荒,为虏所录,相州刺史欲杀之,白鹿诈云"青州刺史杜骥使其归诚"。相州刺史送白鹿至桑干,焘喜曰:"我外家也!"使其司徒崔浩作书与骥,使司徒祭酒王琦赍书随白鹿南归,遣从弟高梁王以重军延骥,入太原界,攻

① 姚薇元:《北朝胡姓考》。

改从其姓"①。可见,宇文泰这一措施,并没能完全恢复北魏旧有的"内姓"。但经过这一次反复,使本已错综复杂的北朝胡汉姓氏更难辨别。因此,北朝以来诸史,大多采用孝文帝改姓后的新姓,例如,魏收撰《魏书》,"尽用新姓,后世仍之;于是新旧淆乱,真赝莫辨"②;《资治通鉴》记南北朝史事时,亦尽用新姓而未注明其所从来③。这样一来,更使周隋以后北方士族的姓氏问题错综复杂,以至于究竟孰为由胡姓改变而来,已极难辨别了。

二、濮阳杜氏的政治生涯

杨炎《安州刺史杜公神道碑》有云:濮阳杜氏"自魏七代,以方岳登闻;在唐两朝,以台衡致理",简要勾勒出北朝至唐以来,濮阳杜氏由地方强宗逐渐演化为中枢重臣的政治生涯。所谓"自魏七代",是指从碑主杜鹏举上溯,至北魏濮阳太守杜模,共历七代。从杜模开始,杜氏在濮阳扎下根基。杜模之后,其子杜亮为北魏陈留太守。魏分东西后,杜保为北齐胶州刺史;保子伽,入隋后为雁门

---

① 《资治通鉴》卷一六五梁元帝承圣三年(554)二月:"魏太师泰(宇文泰)废魏王,置之雍州,立其弟齐王廓,去年号,称元年,复姓拓跋氏,九十九姓改为单者,皆复其旧。"

② 姚薇元云:"以唐世姓学之精湛,而姓书于胡姓犹多纰缪。宋代司马光之淹博而《通鉴》于胡姓亦鲜考证。下迨有清,乾嘉诸儒,考据鼎盛,而于姓氏之学,独称衰微。诸家考史,罕有涉及姓氏者。"见《北朝胡姓考·绪言》,第4页。

③ 《资治通鉴》卷一一九宋武帝永初三年(422)五月:"是时,魏之群臣出于代北者,姓多重复,及高祖迁洛,始皆改之。旧史恶其烦躁杂难知,故皆从后姓以就简易,今从之。"

另外,羯鼓是出自龟兹的一种打击乐器,自北魏以来在北方流行[1],而杜鸿渐"亦能羯鼓"。代宗永泰中,鸿渐为西川节度使,与从事杨炎、杜亚等登驿楼,望江月。鸿渐"命家僮取鼓与板笛,以所得杖酬奏数曲。四山猿鸟皆惊,飞鸣嗷嗷"。鸿渐还能"以疾徐高下"的鼓点引导群羊,"及止鼓,羊亦止;复鼓之,亦复然"[2]。

濮阳杜氏家族的婚姻材料极其有限。但其与少数民族通婚的情况较引人注目。如杜鹏举妻、杜鸿渐母,即是唐初大将尉迟敬德孙女、邛州刺史尉迟瑰之女[3]。另外,杜义宽曾孙杜镇,娶李庭训女为妻,而李家出自陇西成纪,为北朝著姓,亦为西凉王室后裔。但李氏卒后,"权安于旧邑,终俟返于故乡"[4],后归葬河南府洛阳县"乡原",似乎也是以洛阳为故里的代北胡人。

综上所述,濮阳杜氏应即代北独孤浑氏的后裔。《元和姓纂》中的濮阳望、河南望,实际上是杜氏的同一郡望。至于北朝以来的历史文献,何以没有明确记录这个时期胡汉姓氏变易的详细情况,恐怕有如下原因:首先,西魏恭帝拓跋廓元年(554),宇文泰曾一度恢复胡姓,"复姓拓跋氏,九十九姓改为单者,皆复其旧"。但由于北魏初年包括独孤浑氏在内的99个"内姓",在改汉姓后"多绝灭",不可尽复,因此,"泰乃以诸将功高者为36姓,所将士卒,亦

---

[1] 向达:《西域传来之画派与乐舞》,载《唐代长安与西域文明》,三联书店1990年版。
[2] 《羯鼓录》,《文渊阁四库全书》本。
[3] 《太平广记》卷三〇〇杜鹏举条。
[4] 周绍良主编:《唐代墓志汇编》(下)天宝167《唐故济南郡禹城县令李府君墓志铭并序》。

对不允许同音同义的。但从杜鹏举三子的名字来看,长子灵琼,陈州太康主簿,早卒;次子奉遥①,亦早逝。三子鸿渐,其名之义正与父名"鹏举"相对,且"鸿"与"鹏"字俱从"鸟"。有关鸿渐名字之特殊来历,唐末韦绚《刘宾客嘉话录》有如下说明:

> 杜相鸿渐之父名鹏举,父子而似兄弟之名,盖有由也。鹏举父尝有所之,见一大碑,云是宰相碑。已作者金填其字,未作者刊名于上。杜问曰:"有杜家儿否?"曰:"有。"任自看之。记得姓下是鸟偏旁曳脚,而忘其字,乃名鹏举,而谓之曰:"汝不为相,即世世名鸟旁而曳脚也。"鹏举生鸿渐,而名字亦前定矣,况其官与寿乎!

这里,且撇开神碑金字等不经之事不论,值得注意的是,唐人也以鹏举、鸿渐父子之名"似兄弟之名"。其实,所以会出现这种情况,或许是民族习惯使然。在某些少数民族中,如突厥、吐蕃、南诏等,往往都有父子名字同音、同字现象,② 钱大昕《廿二史考异》二十八有"魏宗室多同名"条,列举魏宗室同名者凡59人,有同父而同名者,如景穆子阳平、济阴二王,俱名新成,至称济阴为小新成以相区别。又如陈垣《史讳举例》"南北朝父子不嫌同名"也指出,《魏书·安同传》中"同父名屈,同长子亦名屈"③。

---

① 《新唐书》卷七二《宰相世系表》作"凤举",今从杨炎《安州刺史杜公神道碑》。
② 《新唐书》卷二一五《突厥》、卷二一六《吐蕃》、卷二二二《南蛮》。
③ 陈垣:《史讳举例》"南北朝父子不嫌同名",《励耘书屋丛刻》第二集,北京师范大学出版社影印本,1982年。

曹、长乐杜熙,却没有濮阳杜氏人物。杜铨身世已见前文,出自京兆;杜熙为长乐郡人,为冀中名士。倘若濮阳杜氏果真是"世居濮阳"的杜威之后,似乎也应该出现在拓跋焘征召士人的名单上。事实上,在35名士之中,来自濮阳的只有"濮阳太守、真定子常山许琛"。这些信息说明,至少在此时,濮阳杜氏还不在"冠冕之胄,著问州邦"的地方望族之列,其社会地位还不能与典型的中原士族相比肩。

此外,唐代濮阳杜氏虽然自称濮阳或"东郡"人,也攀附京兆,将自己视为京兆的附庸,如前揭义宽碑、鹏举碑都有依托京兆的内容。然而事实上,北朝以来,濮阳杜氏一直处于一种相对孤立的状态。本章篇头所引孙逖撰杜义宽神道碑铭云:"在濮之阳,居河之浒。昀昀原隰,济济榛楛。别业年深,先茔地古。"① 即表明濮阳杜氏历代的坟茔地都在濮阳或洛阳附近。北魏孝文帝迁都洛阳后,曾规定"迁洛之民,死葬洛阳,不得还北。于是代人南迁者,悉为河南洛阳人"②。与京兆杜氏不同,濮阳杜氏死后总要归葬河南,如杜鹏举死后,子孙"遵遗命",将其葬在位于洛阳西南的"寿安之南原";杜义宽亦葬在故里"濮阳叠城之旧原"的家族墓地。由此推测,即使到唐代,濮阳杜氏家族仍旧保留着"迁洛之民,死葬河南"的传统。

此外,在生活习惯等方面,濮阳杜氏还保留了一些胡族传统。例如,唐士族阶层颇重礼法,讲究避讳,父与子在名字上一般是绝

---

① 《文苑英华》卷九〇三孙逖《故滕王府谘议杜公神道碑》。
② 《魏书》卷七《高祖纪下》。

赫连。据《周书·赫连达传》："达，字朔周，盛乐人，勃勃之后也。曾祖库多汗，因避难改姓杜氏。"赫连达少从贺拔岳征讨，后在迎立周太祖宇文泰时有功，"杜朔周冒万死之难，远来见及，遂得共尽忠节，同雪仇耻。虽藉众人之力，实赖杜子之功"，因而深受太祖赏识，遂以达为济州刺史，诏复其旧姓赫连氏。赫连为匈奴人。赫连库多汗改杜姓后，三代以来一直是以杜氏为姓，直至赫连达才恢复其匈奴旧姓。

由此看来，在代北诸胡姓中，不光鲜卑独孤浑氏改姓杜氏，还有匈奴人赫连氏也曾改姓杜氏。而以赫连达曾祖赫连库多汗的时代推算，其改姓的时间当在北魏孝文帝改姓之前。这说明，孝文帝改姓是有着广泛的社会基础的，并非纯粹基于个人意志的偶发事件。因为在此之前，有许多胡姓已经基于不同原因改为汉姓了。

那么，杜模是否也是北魏鲜卑"内姓"独孤浑氏之后呢？

濮阳在东晋十六国时期，行政归属变动频繁。北魏统一北方后，"其始也，公卿方镇皆故部落酋大，虽参用赵魏旧族，往往以猜忌夷灭"。[①] 因此濮阳太守杜模出自鲜卑是有可能的。做此判断，主要依据以下事实：

首先，北魏外戚杜豹卒于濮阳。杜豹一族，似乎也是代北独孤浑氏改姓而来。据前曾援引的《魏书·杜铨传》记载：北魏明元皇帝拓跋嗣之妻拓跋焘母明密皇后姓杜，其父杜豹卒于濮阳后，世祖拓跋焘欲葬杜豹于邺，曾与当时的大臣崔浩有一段对话：

---

① 刘邠等：《旧本魏书目录序》，载《魏书》。

而排序在上述99姓之末的独孤浑氏,在此时改为杜氏①,这就是《元和姓纂》中杜氏河南望的由来。

然而除独孤浑氏之外,北朝还有一些胡族曾经改姓杜氏,如:

吐斤。据《梁书·侯景传》:

> 又有柔玄镇兵吐斤洛周,率其党复寇幽冀。与修礼相合众十余万。后修礼见杀,部下溃散,怀朔镇将葛荣攻杀吐斤洛周,尽有其众。

按此事又见《魏书·肃宗纪》,略云:

> 孝昌元年八月,柔玄镇人杜洛周率众反于上谷。

又同书卷七四《尔朱荣传》亦云:

> 时杜洛周陷中山。

可见,《梁书》中的"吐斤洛周"即《魏书》中的"杜洛周"②。吐斤为代北胡姓③,但其何时何地、因何缘故而改杜姓,却已无从知晓。

---

① 《魏书》卷一一三《官氏志》。
② 《魏氏补正》,《丛书集成初编》本。
③ 关于吐斤究为何族姓氏问题,因载籍不详而众说纷纭。姚薇元认为,吐斤"即独孤浑之省译"(《北朝胡姓考》,科学出版社1958年版)。周一良据《魏书》卷三八《王慧龙传》,认为吐斤或许为以地名为姓的塞北高车人(《北朝的民族问题与民族政策》,载《魏晋南北朝史论集》)。另外还有人认为吐斤为匈奴人。此外,北魏拓跋焘部将有吐伐斤,不知是否即吐斤(《宋书》卷九五《索房传》)。《北史》另外还有吐万、吐突等姓,也是代北胡人。

太守。由于数代出任地方官,即所谓"以方岳登闻",濮阳杜氏逐渐具备了地方强宗的社会声望,隋朝时杜伽出任濮阳郡中正一职就是明证。虽然隋朝的中正只是因袭北朝的旧制,不再具有品定人士之权,也不再能垄断地方之辟举权力,但作为一种荣誉,仍然是地方强宗的身份性标志。总之,从北魏中后期到隋朝,经过几代人的经营,濮阳杜氏家族开始具有了地方强宗的特点,并拥有了某种意义上的门阀贵族身份,从而确立了其在当地的社会地位,成为对一方政治、民风均有强大影响力的家族。

濮阳位于今豫东北,古濮水之北。东晋十六国民族政权更迭频繁时期,濮阳先后属后赵、前燕、前秦、后燕、东晋、北魏、东魏、北齐。从地域联系和文化背景来看,汉魏以来,濮阳受当时政治文化中心洛阳和邺都的影响较大,也属于文化发达的地区,有所谓"冠带衣履天下","士庶传习其风,莫不矜于功名,依于经术,阔达多智,志度舒缓"之"泱泱乎大国"之称①。

北魏孝文帝迁都洛阳及其一系列改革,加速了北方少数民族与汉族的融合,北方胡族后裔的文化教育得到进一步的普及和提高。经过漫长的家族文化的积累过程,周、隋以后,濮阳杜氏已成长为富有文化传统的家族,其文化传承的特点为经学、礼法、医学和佛学。

北朝统治者重视儒学,而濮阳所在的豫鲁交界地区又以儒学发达见称。濮阳杜氏中杜义宽"童而典学,冠而好古",自幼受到很

---

① 《隋书》卷三〇《地理中·河南郡》。

好的教育。在隋末,义宽曾"东涉汶泗,北登邹峄,讲周公之德,观孔氏之艺",对《易》之变,《诗》之风,《乐》之和,《礼》之节,《书》之政,《春秋》之理",均有深厚造诣①。

濮阳杜氏为北魏民族融合大潮所裹挟,于北魏中后期开始在濮阳扎下根基,并逐渐演化为依血缘关系维系的地方强宗。可以说濮阳杜氏是鲜卑贵族汉化而成为中夏士族的典型代表。

三、从东郡走向长安

在隋末群雄逐鹿之际,濮阳杜氏家族宗长杜义宽(584—655),还只是州县曹吏——河东郡法曹参军。但其在李世民与王世充激战洛阳时,曾助李世民一臂之力,据孙逖《故滕王府谘议杜公神道碑》:

> 已而隋氏弗纲,王充窃命,我太宗文武圣皇帝是以有陕东之师。公转饷如役,赢粮从径。军无后虞,士有余勇。郑是以陨,唐是以兴。帝将策勋,公乃辞赏。既不获命,请从叙迁,因授虞州司仓参军。

此处的王充,即已经建立的伪郑政权、与李氏父子争夺天下的王世充。众所周知,由"三崤之道,千里馈粮",最终逼迫王世充降唐,是

---

① 《文苑英华》卷九〇三孙逖《故滕王府谘议杜公神道碑》。

李世民决胜的关键①,杜义宽"转饷如役,赢粮从径"的作用显然是不能低估的。

唐人柳芳在《姓系论》中曾将韦、裴、柳、薛、杨、杜等大姓作为关中郡姓的代表②。濮阳杜氏虽是杜氏的一个郡望,但却很难将其划入"关中集团"的势力范围。前述杜亮、杜保及杜伽在濮阳、胶州和陈留等地为官的具体时间史籍虽无明确记载,但就地域而言,均属广义的山东地区。陈寅恪在《论隋末唐初所谓"山东豪杰"》一文中指出:"此'山东豪杰'者,乃一胡汉杂糅,善战斗,务农业,而有组织之集团,常为当时政治上敌对两方争取之对象。"③ 据陈氏考证,这一集团中的主要领袖人物及谋划之士如窦建德、徐世勣、李密、尉迟敬德、魏徵、杜正伦等,大多具有胡族血统,为北魏六镇戍屯营户的后裔。在隋末唐初之际,这部分力量分散于青、齐、徐、兖以及洛阳周围,李唐所以能戡定内乱,实与此集团之相助密切相关。联系诸多史实,濮阳杜氏无论从民族抑或从地域上看,大体可以划入隋末唐初的"山东豪杰集团"之属。

入唐以后,京兆杜如晦、杜淹、洹水杜正伦等杜氏的其他郡望,已先后进入中央权力枢轴,与之相比,濮阳家族之定居两京的时间并不晚于其他杜氏族支。据孙逖《故滕王府谘议杜公神道碑》,杜义宽隋大业九年(613)孝廉高第,入唐为普州安康令、雍州高陵令,

---

① 《旧唐书》卷五四《王世充传》。
② 《新唐书》卷一九九《儒林·柳冲传》。
③ 陈寅恪:《金明馆丛稿初编》,第98页。

永徽六年(655)卒于苏州司马兼滕王府谘议职上①。但义宽子孙在仕宦方面多为低品卑职,仕途上的发展并不顺利。只有杜惟志在武则天朝出任吏部侍郎,开始进入郎官行列,但不久即为酷吏迫害而辞官②。濮阳杜氏的政治地位仍没有实质性的改变。此后,杜惟志孙杜鹏举曾与卢藏用隐居白鹿山③,试图由此邀取时誉,通过"终南捷径"平步青云。此后,杜鹏举又两次通过献诗赋接近睿宗、玄宗父子,如开元初,玄宗行幸河堤,酒酣过乐,鹏举"献赋以讽,于是有采章之锡,迁著作左郎、太子赞善大夫"。在唐人笔记小说中,有关杜鹏举仕宦经历的奇闻逸事很多,如称鹏举在韦后当权时,"一夕暴卒",在"冥司"得到了"相王(即睿宗李旦)当继皇位"的神谕。数日后鹏举复苏,遂将梦中所得谶语传扬出去。此后相王果然登极,鹏举因此得到玄宗的擢拔④。剔除故事中的神怪成分,不难看出杜鹏举与玄宗政治确实存在着某种特殊关系,即在睿宗、玄宗与韦、武势力争夺皇位的斗争中,杜鹏举态度鲜明地站在睿宗、玄宗父子一边,并为李唐从韦、武势力手中夺回皇权制造了有利的舆论。

然而濮阳杜氏的真正崛起,还是从杜暹(?—740)开始的。

---

① 《文苑英华》卷九〇三。
② 《旧唐书》卷九八《杜暹传》作"承志",见岑仲勉《元和姓纂(附四校记)》。又《新唐书·宰相世系表》称惟志官监察御史,但不见载于孙逖《故滕王府谘议杜公神道碑》及《唐御史台精舍题名考》。备考。
③ 《新唐书》卷一二六《杜鸿渐传》。
④ 《太平广记》卷三〇〇"杜鹏举条"有如下的记载:景龙末,鹏举为济源县尉,一夕暴卒。在冥司,为人"引入一院,题云户部。房廊四周,簿帐山积",有皇籍、宰相籍。"因引诣杜氏籍。书签云濮阳房。有紫函四,发开卷,鹏举三男,时未生者,籍名已具……"。此事又见《太平广记》卷一三五"唐相王条"。

入唐后,随着科举制的发展和完善,士族子弟纷纷通过科举考试进入仕途。濮阳杜氏家族顺应了这种时代潮流,逐渐地从相对封闭的地方强宗演化为位居宰辅的权力核心人物。大约在武则天时期,杜暹开始改变家族以门荫入仕的传统,举明经,由此进入仕途,历任州参军、县尉、大理评事①。开元初,由于刚刚结束韦氏干政局面,太平公主等异己势力也被清除,玄宗急于重建政治秩序,吸收各方人才充实权力中枢,于是,既有张说、张九龄、李元纮等"词臣"之用,又有杜暹等将材之受擢拔。

早在武则天后期,唐朝边疆问题开始突出,尤其是西北边形势因吐蕃的崛起和西突厥势力的壮大而危机重重。自太宗灭高昌后,安西四镇在抚慰西突厥、保护中西陆上交通要道、巩固唐朝西北边防等方面,都起过十分重要的作用。武则天以后,安西四镇时置时罢。天授三年(692),唐朝又从吐蕃手中夺回四镇,并派遣重兵常驻碛西。玄宗开元初年,西域形势更加复杂。一方面,唐朝刚刚在景龙三年(709)以金城公主和亲吐蕃,吐蕃又乘得到河西九曲之地为汤沐邑的良机,频繁攻扰唐朝陇右地区,并在开元二年(714)向唐朝提出了议定两国疆界的要求。另一方面,在安西四镇,"安西副都护郭虔瓘与西突厥可汗史献、镇守使刘遐庆等不叶,更相执奏",唐朝在西域的统治出现了危机。② 在此情况下,玄宗遂以杜暹为监察御史,深入碛西,"按其事实"。杜暹"因入突骑施,以究虔等犯状",成功地在西突厥众首领间斡旋,及时消弥了诸方

---

① 《旧唐书》卷九八《杜暹传》。
② 同上。

的矛盾。此次碛西之行,使杜暹声誉鹊起,"蕃人服其清慎,深思慕之"。总之,唐朝西北边疆形势突变,为杜暹投身边塞、施展抱负提供了良机。当开元十二年(724)安西都护易人之际,玄宗遂以杜暹兼安西副大都护。杜暹于是单骑跋涉,再赴碛西。翌年,于阗王尉迟眺勾结突厥及诸蕃国图为叛乱,"杜暹密知其谋,发兵捕而斩之,并诛其党与五十余人,更立君长,于阗遂安"[1]。由于杜暹在西域的突出表现,《新唐书》作者将杜暹列入安西都护中"以政绩称华狄者"之列[2]。此后杜暹入朝,在开元十四年至十七年间(726—729)执相权,以清廉闻名朝野。后因与李元纮势不两立而同被罢相。

肃、代时期杜鸿渐的崛起,又标志着濮阳杜氏的发展进入了一个新时期。

玄宗天宝十四年(755),安史之乱爆发,唐朝统治遭受沉重打击,而濮阳杜氏的政治生涯却由此获得了新的转机。天宝末年,杜鸿渐为朔方留后、支度副使,实际上掌握着朔方军的领导权。玄宗时期,朔方节度使主要担负抵御突厥的任务,其治所在灵州(灵武郡,今宁夏灵武西南),统辖经略军、丰安军、定远军、东受降城、西受降城、安北都护府、单于都护府,有兵员6000多人。由于这支军队的兵员大多具有胡人血统,带有胡人武装性质[3],故成为唐朝西北边实力最强的军镇之一。在长安、洛阳沦陷后,肃宗虽坚持留在关中,组织抵抗,但"未知所适",一时找不到可以信赖的武装力量。

---

[1] 《旧唐书》卷九八《杜暹传》。
[2] 《新唐书》卷二二一《西域上》。
[3] 参阅陈寅恪:《唐代政治史述论稿》下篇。

在此关乎国家危亡的重要时刻,杜鸿渐勇敢地担负起了拥戴皇室、兴复社稷的重任。由于他对"朔方天下劲兵,灵武用兵之处"的有利条件有清醒认识,并与部下提出了迎立肃宗,在灵武建立以朔方军为核心的战时指挥中枢的战略设想:

> 今胡羯乱常,二京陷没,主上南幸于巴蜀,皇太子理兵于平凉。然平凉散地,非聚兵之处,必欲制胜,非朔方不可。若奉殿下,旬日之间,西收河、陇,回纥方强,与国通好,北征劲骑,南集诸城,大兵一举,可复二京。①

此后事态的发展,完全如杜鸿渐所设计,肃宗在灵武即位,并借助回纥骑兵收复了两京。对杜鸿渐的拥立之功,肃宗予以了高度评价:"灵武我之关中,卿乃吾萧何也。"②

安史之乱后,杜鸿渐先后任河西节度使、荆南节度使,后入朝为尚书右丞、太常卿,充礼仪使。代宗广德二年(764),又以兵部侍郎同中书门下平章事,登上相位。杜鸿渐热心提携杜氏其他郡望的人物,如在河西节度使职上时,杜鸿渐就将杜亚"辟为从事";在蜀时,又以杜亚为幕府,为杜亚日后在德宗朝的政治活动铺平了道路③。在荆南时,杜鸿渐幕府中有杜韶、杜颖、杜观等杜氏子弟④。

---

① 《旧唐书》卷一○八《杜鸿渐传》。
② 《新唐书》卷一二六《杜鸿渐传》。
③ 《旧唐书》卷一四六《杜亚传》。
④ 《杜工部集》卷一四《季夏送乡弟韶陪黄门从叔朝谒》、卷一七《远怀舍弟颖、观等》。

又如京兆杜黄裳,也为杜鸿渐深所器重,宪宗朝成为宰相①。由于杜鸿渐的提携,一时间形成了杜姓人物声振朝野、凝聚力空前增强的局面,在中唐政治生活中产生了一定影响,直接或间接地带动了其他杜氏郡望的人物进入政治舞台。

玄、肃、代三朝,随着杜遑、杜鸿渐先后步入权力中枢,濮阳杜氏的政治地位不断提升,濮阳望的社会声望也大大提高。可以说,只有从杜遑、杜鸿渐开始,在"婚宦"、"人物"方面一直缺少影响力的濮阳杜氏,才真正称得上"郡望"。

四、宗族生活与宗教信仰

对濮阳杜氏的宗族生活,由于史料的缺乏,尚无法作具体的描述。据《旧唐书·杜遑传》:"自遑高祖至遑,五代同居,遑尤恭谨,事继母以孝闻。"遑"孝友,爱抚异母弟昱甚厚"②。按杜遑高祖即杜保,为北齐胶州刺史。杜保至杜遑百余年间,濮阳杜氏家族一直"五代同居",以礼义孝悌闻名于时,宗族成员具有很强的凝聚力。这种聚族而居的生活方式,既是北朝以来的社会遗风,又是大地主土地占有生产关系下宗族经济生活的特有方式。《文苑英华》卷九〇三孙逖《故滕王府谘议杜公神道碑》也提到濮阳杜氏的宗族关系和在当地的影响:

---

① 《旧唐书》卷一四七《杜黄裳传》。
② 《旧唐书》卷九八《杜遑传》。

> 尔其乡党之行,闺门之德,孝乃天继,仁为己任。蒸尝尽敬,宴喜无荒。禄利必赒于外姻,谦让不行于私属。故子弟趋教,州里向风。虽有严刑峻法,不如公之潜道也。

可见濮阳家族之倡导"仁孝德行",实际上反映的是一种"禄利"同享、财产共有的家族成员之间的经济关系,而后者是前者的经济基础,这大概也是濮阳杜氏拥有强大的宗族凝聚力的主要原因。隋末战乱后,"时更大乱,室无遗堵",杜义宽遂在废墟上组织宗族重建家园:

> 公因谓所亲曰:"吾之世业,为郡中正。遗爱不泯,阴德在人。施于子孙,必有兴者。于公高门之事,可不务乎?"用是改卜鲜原,大起层构。垣墉既曼,栋宇斯飞。轮焉奂焉,爰笑爰语①。

从"大起层构"来看,濮阳杜氏家族的经济实力相当雄厚,在当时的地方环境中,拥有社会地位和经济力量方面的优势。

唐中叶后,随着社会环境和政治地位的改变,濮阳的经济生活中心也转移到了长安。为奖赏杜暹在安西都护期间的功绩,玄宗特在长安赐豪宅一区。在杜氏聚居的城南杜曲一带,杜鸿渐的别墅风光旖旎,是宗族子弟读书和官僚宴游的绝佳去处。钱起《题樊

---

① 《文苑英华》卷九〇三孙逖《故滕王府谘议杜公神道碑》。

川杜相公别业》诗,可略现鸿渐别业之面貌:"数亩园林好,人知贤相家。结茅书阁俭,带水槿篱斜。古树生春藓,新荷卷落花。"①在长安长兴里,杜鸿渐的宅第为达官贵人社交生活的中心,"入并蝉冠影,归分骑士喧"②,"馆宇华靡,宾僚宴集"③。代宗初,濮阳杜氏可谓盛极一时。

濮阳杜氏的家学传统还是儒学。濮阳所在的豫鲁交界地区向以儒学发达见称。濮阳杜氏中杜义宽"童而典学,冠而好古",自幼受到很好的教育,并于大业九年,以孝廉高第。隋末年间,杜义宽"东涉汶泗,北登邹峄,讲周公之德,观孔氏之艺",他对"《易》之变,《诗》之风,《乐》之和,《礼》之节,《书》之政,《春秋》之理",均有深厚造诣。④虽然碑文或许难免有溢美之词,但杜义宽在素有儒学传统的邹鲁民间授徒讲学一事,透露出濮阳杜氏之家学所宗也是汉魏传统儒学。

然而濮阳杜氏同时也有信仰佛教的传统。从地理环境上看,濮阳地处北朝以来佛教的两个中心——邺城和洛阳近畿,是佛教传播的社会基础雄厚之地⑤。北魏太武帝拓跋焘,于太延五年(439)灭掉了位于敦煌的佛法之国北凉沮渠氏。据《魏书·释老志》记载:"凉州自张轨后,世信佛教。敦煌地接西域,道俗交得其旧式,村坞相属,多有塔寺。太延中,凉州平,徙其国人于京邑。沙门

---

① 《钱仲文集》卷六,《文渊阁四库全书》本。
② 《刘随州集》卷五《奉和杜相公新移长兴宅呈元相公》,《文渊阁四库全书》本。
③ 《新唐书》卷一二六《杜鸿渐传》。
④ 《文苑英华》卷九〇三孙逖《故滕王府谘议杜公神道碑》。
⑤ 参阅汤用彤:《汉魏两晋南北朝佛教史》,北京大学出版社1997年版。

附录一：濮阳杜氏：一个由胡姓演变而来的杜氏郡望　335

佛事皆俱东，象教弥增矣。"就在被北魏由敦煌掳至平城(北魏旧京，今属山西)的沙门中，有知名高僧玄高、昙曜等人。玄高，俗姓魏，本名灵育，冯翊万年人。年仅12即坚求出家，潜心于佛教，后改名玄高①。玄高先后在中常山(或即终南山)、麦积山等地修法，成为北魏初期享誉西北的名僧和禅学宗师。而当时与玄高同赴平城的，正是出身独孤浑杜氏的北魏明密太后之兄、魏太武帝拓跋焘的舅父、被封为阳平王的杜超。这一层特殊的关系，不仅对北魏皇室的佛教政策，而且也对濮阳杜氏的佛教信仰有深刻的影响。玄高随杜超入宫后，大弘佛法，据称有僧徒百余人。因太子拓跋晃亦师从玄高，热衷于礼佛，故玄高被尊为太子师②。但不久太子为谗言所害，玄高因此受到牵连，于太平真君五年(444)去世。此后北魏皇室一度抑佛崇道，但至少在相当长的时期内，独孤浑杜氏与佛教发生了密切的关系。

隋唐以后，濮阳子弟中仍不乏佛教信徒，如先天二年(713)以"手笔俊拔，超越流辈科"及第的杜昱③，自称大智禅师弟子，与僧尼交往密切。他所撰《唐故大智禅师塔铭》、《薛氏故夫人实信优婆夷未曾有功德塔铭并序》，表现出深厚的佛学造诣，对佛教源流和学派纷争，都有深刻的认识。杜鸿渐(709—779)更是虔诚的佛教徒，堪称中唐时期士大夫中的宗教领袖。肃、代以来，中原地区禅宗内部曾出现了激烈的分化，而在蜀中，则形成了禅宗的一个独立

---

① 《高僧传》卷一一《习禅·宋伪魏平城释玄高》。
② 同上。
③ 《唐会要》卷七六《贡举中》。

分支——保唐宗,它的创立者是成都保唐寺的无住和尚。无住在蜀传禅的时间,大约在永泰二年(766)到大历九年(774)之间,时安禄山之乱甫定,国内秩序稍安,而适逢杜鸿渐出任四川节度使,他对无住深加礼敬,据《五灯会元·五祖下四世·益州无相禅师法嗣》记载:

> 唐相国杜鸿渐出抚坤维,闻师名,思一瞻礼,遣使到山延请。时节度使崔宁亦命诸寺僧徒远出迎引至空慧寺。时杜公与戎帅召三学硕德俱会寺中。致礼讫,公问曰:"弟子闻今和尚说无忆、无念、莫妄三句法门,是否?"师曰:"然。"公曰:"此三句是一是三?"师曰:"无忆名戒,无念名定,莫妄为慧。一心不生,具戒定慧,非一非三也。"公曰:"后句'妄'字,莫是从心之'忘'乎?"曰:"从'女'者是也。"公曰:"有据否?"师曰:"《法句经》云:若起精进心,是妄非精进。若能心不妄,精进无有涯。"公闻,疑情荡然。

这里的"坤维",据说出自《周易》,指西南之卦,这里代指西川;"师"则指无住禅师。无住(717—774),俗姓李,凤翔郿县(今陕西眉县)人,属禅宗五祖弘忍下第四世。此事发生在杜鸿渐出任剑南西川节度使时期,表现了杜鸿渐敬奉无住,向无住虔心探讨佛理的经过。此外,敦煌发现的佚书《历代法宝记》,旨在宣传以唐成都保唐寺为中心的禅宗派系,并视保唐宗为正统,是保唐寺无住禅师于大历九年(774)去世后由其弟子编纂而成的,它使今人得以了解杜鸿渐与无住和保唐宗的真实关系①。无住和尚对杜鸿渐的佛教信仰影响至深,而后者作为一方节度使对保唐宗的大力扶植,在蜀中禅宗的发展与传播过程中也有着重要的作用。

入朝为宰相后,杜鸿渐与宰相王缙(诗人王维之弟)、元载都虔诚事佛,而鸿渐热衷于兴造寺庙,修功德。永泰初,剑南西川兵马使崔旰为乱,代宗命鸿渐为剑南西川节度使以平定叛乱,鸿渐"酷好浮图道,不喜军戎,既至成都,惧旰雄武,不复问罪"②,甚至"饭千僧,以使蜀无恙故也"③。由于当朝三相(杜、王、元)都佞佛,他们的宗教意识和情感渗透到政治生活中,一时间,"中外臣民承流相化,皆废人事而奉佛,政刑日紊"④,极大地影响了代宗朝政和社会风气。杜鸿渐晚年曾作《百家岩寺碑》,其中"乐于静退"的思想十分突出⑤,精神更深为宗教情感所羁绊。鸿渐临终前,果然"令僧剔顶发","遗命其子依胡法塔葬,不为封树,冀类缁流"⑥。

综上所述,伴随着北朝以来民族融合和社会进步的历史步伐,周隋以后的濮阳杜氏不仅已经门阀化,而且已经知识化,逐渐成长为以经学礼法持家、富有文化传统的名门望族。隋唐以后,其所以

---

① 佚名氏撰《历代法宝记》,又名《师资血脉记》、《定是非摧邪显正破坏一切心传》或《最上乘顿悟法门》,历代《大藏经》未收录,久已失传。敦煌存写本8件。其中S.516和P.2125为《大正新修大藏经》收录。参考杨富学:《敦煌本历代法宝记弘忍传考论》,《华林》创刊号,中华书局2001年版。
② 《全唐文》卷三六四,《旧唐书》卷一〇八《杜鸿渐传》。
③ 《资治通鉴》卷二二四唐代宗大历二年(767)八月条。
④ 《资治通鉴》卷二二四唐代宗大历二年七月条。
⑤ 《旧唐书》卷一〇八《杜鸿渐传》。
⑥ 同上。

能从东郡一隅走向长安,逐渐地将家族根基转移到了首都长安,从相对封闭的地方强宗演化为位居中央宰辅的权力核心人物,逐渐成长为身居政权中枢的冠冕之家,文化优势显然是一个重要因素。如杜鹏举青年时期曾"以母疾,与崔沔同授医兰陵萧亮,遂穷其术"①。在医学之外,鹏举同时也长于诗赋,曾先后两次献赋丹墀,深得唐玄宗赏识。濮阳杜氏中的主要人物,除杜鹏举以门荫入仕外,杜暹以明经,活动于玄宗时期的杜华,虽不明是否科举出身,但也在诗坛负"才子"盛名,与岑参等诗人有唱和②,杜昱以制举③,杜鸿渐以进士,总之,大多通过科举考试进入仕途。至于杜鸿渐,"素习帝王陈布之仪,君臣朝见之礼",在朝礼仪章方面有很深的造诣,在肃宗即位灵武的礼仪设计和肃、代父子泰、建二陵制度的创意中,"采摭旧仪,绵蕝其事",受到朝野上下的好评④。尽管与京兆杜氏等源远流长的汉魏旧族相比,濮阳杜氏没有经历从汉末大姓到魏晋势要的历史演变过程,而是一个在周隋以后逐渐成长起来的以经学礼法持家、富有文化传统的名门望族。杜暹、杜鸿渐在玄、肃、代三朝的政治活动,对正在开始发生变化的中唐政治产生了一定的影响。濮阳杜氏家族的历史变迁说明,经过南北朝、隋唐数百年的民族同化与融合,胡汉文化上的畛域已经逐渐淡化,正如胡三省所慨叹的:"自隋唐以后,名称扬于时者,代北之子孙,十居

---

① 《新唐书》卷一二六《杜鸿渐传》。
② 《唐才子传》卷一王翰条云:"翰工诗,多壮丽之词,文士祖咏、杜华等尝与游从。"《岑嘉州诗集》卷一有《敬酬杜华淇上见赠兼呈熊耀》,《四部丛刊》本。
③ 《唐会要》卷七六《制科举》:"先天二年,手笔峻拔、超越流辈科杜昱等七人及第。"
④ 《旧唐书》卷一〇八《杜鸿渐传》。

六七矣。士族之辨,果何益哉!"①

濮阳杜氏世系表:

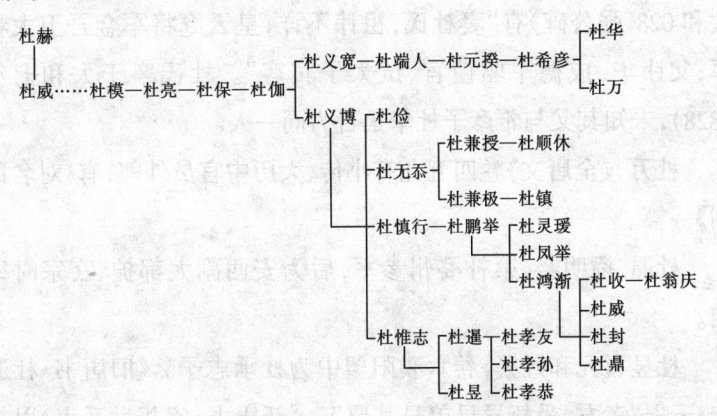

```
杜赫
 │
杜威……杜模─杜亮─杜保─杜伽─┬─杜义宽─杜端人─杜元揆─杜希彦─┬─杜华
                          │                              └─杜万
                          └─杜义博─┬─杜俭
                                   ├─杜无忝─┬─杜兼授─杜顺休
                                   │       └─杜兼极─杜镇
                                   ├─杜慎行─杜鹏举─┬─杜灵瑷
                                   │               ├─杜凤举
                                   │               └─杜鸿渐─┬─杜收─杜翁庆
                                   │                         ├─杜威
                                   │                         ├─杜封
                                   │                         └─杜鼎
                                   └─杜惟志─┬─杜遥─杜孝友
                                           │     ─杜孝孙
                                           └─杜昱─杜孝恭
```

关于濮阳杜氏世系表的说明

濮阳杜氏世系表主要依据《元和姓纂》、《新唐书·宰相世系表》及有关人物的传记。其中较为重要的人物或史籍记载有歧异的人物有:

杜惟志,武则天时监察御史、吏部员外郎,《元和姓纂》为杜承志,据《故滕王府谘议杜公神道碑》改。

杜义宽,大业九年孝廉高第。入唐为县令、王府谘议官。永徽六年卒,年72。据《故滕王府谘议杜公神道碑》。

杜华,杜希彦子,见《太平广记》卷一四七引《定命录》。岑仲勉氏认为,《定命录》所述杜华,应与该书作者天宝秘书监赵自勤为同时人(《元和姓纂(附四校记)》)。又据岑参《敬酬杜华淇上见赠兼

---

① 《资治通鉴》卷一〇八晋孝武帝太元二十一年(396)七月胡注。

呈熊耀》:"忆昨癸未岁,吾兄向江东"句①。按癸未为天宝二年(743),可见杜华确为天宝时人。另外,周绍良《唐代墓志汇编》下大和028《强公碑》有"妻杜氏,祖讳不详,皇云麾将军金吾卫大将军;父讳华,成德军驱使官、试太子宾客"。杜氏卒于大和七年(828),未知其父与希彦子杜华是否为同一人。

杜万,《全唐文》卷四五九有小传,大历中官员外郎,有《对名田判》一篇。

杜暹,擢明经,第补婺州参军,后为安西副大都护、玄宗时宰相。

杜昱,《元和姓纂》卷六濮阳望中为杜承志子。《旧唐书·杜暹传》云暹"孝友,爱抚异母弟昱甚厚"。《新唐书·宰相世系表》以杜昱为杜暹次子,显误。又《唐代墓志汇编》下《唐故大智禅师塔铭》、《薛氏故夫人实信优婆夷未曾有功德塔铭并序》作者杜昱,开元年间历太仆少卿、朝议大夫,守河南少尹。

杜镇,杜无忝孙。据《唐代墓志汇编》天宝167《唐故济南郡禹城县令李府君墓志铭并序》,天宝中为朝议郎、行右羽林军胄曹。

杜鹏举,高宗、武则天时期初隐山林,后献诗赋,官至王友、右拾遗。有三子:

长子杜灵琼,《新唐书·宰相世系表》作"灵瑗",今从杨炎《安州刺史杜公神道碑》。杜鹏举长子,陈州太康主簿,早卒。

次子杜奉遥,《新唐书·宰相世系表》作"凤举",今从杨炎《安州刺史杜公神道碑》。奉遥亦早逝。《唐五代人物传记资料索引》云:

---

① 《岑嘉州诗集》卷一,《四部丛刊》本。

"沈炳震《新唐书宰相世系表订讹》云:'举字疑讹。'沈氏未言其故。按,据《表》所载,杜鹏举有子数人,如灵璙、凤举、鸿渐等。唐人礼法极重,父子名中不应有字相重,此处杜凤举之举字当讹,备考。"按《索引》未注意到杨炎《安州刺史杜公神道碑》中杜鹏举次子名"奉遥",故有是疑。

季子杜鸿渐①,解褐王府参军为太常卿,充礼仪使,秦、建二陵制度皆以鸿渐综正,封卫国公。

杜收,杜鸿渐子,户部郎中;杜威、杜封,亦杜鸿渐子②。又韩愈《顺宗实录》有杜封"故相鸿渐之子,求补宏文生"云,亦可资证明。

---

① 《文苑英华》卷九二三杨炎《安州刺史杜公神道碑》。
② 《新唐书》卷七二《宰相世系表》。

附录二：
《元和姓纂》之杜氏郡望史料刍议

　　林宝《元和姓纂》是目前存世的惟一以姓、望、房三级结构条贯姓氏、家族以及人物的唐代官修谱牒。晚近以来，敦煌文书谱牒资料如国家图书馆藏位字79号《贞观氏族志残卷》（"北8418"）、S.2052号文书《新集天下姓望氏族谱》残卷等的发现，为唐代谱牒研究提供了新鲜资料。然而，此类文献只记载了当时"姓望"在各个地区的分布和排序，没有涉及"姓望"之下的房支和人物，与《元和姓纂》的形式、内容都迥然有别，因而无法取代后者所具有的独特价值。不过《元和姓纂》"至宋已颇散佚"，至清更是"绝无善本，仅存七八"①，清人孙星衍、洪莹以及近人罗振玉在辑佚、校勘方面用力甚勤，对《元和姓纂》宗旨亦有所涉及。② 岑仲勉参核历代史传并征引出土碑志，作《元和姓纂四校记》，在是书的纂修缘起、卷数、体裁、世系叙次特点等方面均有深入阐发，堪称此类研究之集大成者。此后王仲荦先生作《元和姓纂四校记书后》，对岑氏所"未

---

① 《四库全书总目》卷一三五《子部·类书类一》。
② 孙星衍、洪莹整理的"录本"于嘉庆七年刊行。后又有洪莹的金陵书局"局本"于光绪六年刊行。罗振玉就局本作《校勘记》二卷。

详及者"又有所补益。① 本文仅在前人研究的基础上,结合今本《元和姓纂》中"占篇幅稍多、幸得不坠"之杜氏郡望史料②,试从一个侧面揭示《元和姓纂》的特点及其史料价值。

一、《元和姓纂》记杜氏郡望周详、准确

以姓、望、房结构条贯姓氏、家族、人物,对姓氏渊源、支系流变以及在房望兴衰过程中起过重大作用的人物均予记述,是《元和姓纂》的一大特点。以杜氏为例。杜乃汉魏大姓,宗族历史源远流长,支系众多。然而关于杜"姓"之下究竟包含了多少郡望,谱系文献中的记载歧异甚多,如《新唐书·宰相世系表》记杜氏京兆、襄阳、濮阳、洹水四望;邓名世《古今姓氏书辩证》略同于《新唐书·宰相世系表》③。陈彭年《广韵》记杜氏京兆、濮阳、襄阳三望。④ 马永卿《嬾真子》引《杜氏家谱》称杜氏凡京兆、杜陵、襄阳、洹水、濮阳五"房"(此处"房""望"同义)⑤。在《元和姓纂》中,林宝条列杜氏共14望,即京兆、襄阳、中山、濮阳、洹水、陕郡、安德、扶风郿县、偃师、成都、河东、齐郡、醴泉、河南,是目前所见文献中记载杜氏郡望数量最多、分布地域最广者,为了解汉魏以至隋唐杜氏家族之繁衍分化提供了宝贵的线索,其所具有的史料价值无疑是相当高的。

---

① 王仲荦:《蜡华山馆丛稿》,中华书局 1987 年版。
② 岑仲勉:《元和姓纂四校记自序》云:"若今本韦、杜、刘、陆诸姓,占篇幅稍多,幸得不坠者,或因与传录人有关,未可定矣。"见《元和姓纂(附四校记)》。
③ 见《古今姓氏书辩证》卷二四。
④ 此杜氏三望见于宋陈彭年《广韵》卷三"十姥·杜姓"。
⑤ 《丛书集成初编》本。

除去郡望数量多之外,《元和姓纂》对郡望的记载大多脉络清晰,详赡可信,与史传基本吻合。比如,关于陕郡杜氏,其他谱系资料阙如,惟《元和姓纂》有记载:

> 后魏广武太守杜德,云当阳侯之后。曾孙贡陁,生善贤、善意。善贤,绵州刺史。善意,涪州刺史。

杜德事迹,见于《魏书·献文六王上·咸阳王禧》、《魏书·樊子鹄传》及《北史·文成五王·咸阳王禧附子树》:北魏太昌初,宗正卿元树奔梁,数为梁将领,侵扰魏境。魏孝武诏徐州刺史、大都督杜德出击,德擒树送京师。杜德为广武太守或在此前后。杜善贤则见于《太平广记》二五四所引《启颜录》,为长安令。《全唐诗》有刘行敏《嘲李叔慎贺兰僧伽杜善贤》。① 又据《新唐书·诸帝公主》,杜善贤同僚贺兰僧伽尚李渊女房陵公主,据此可知杜善贤为唐初人物。总之,《元和姓纂》记陕郡望虽寥寥数语,但其中所记人物、年代却都能在史传中找到依据。

又如关于杜氏襄阳望的归属问题,有关文献也存在很大分歧:《新唐书·宰相世系表》以玄宗名臣杜希望、德宗宰相杜佑父子一支为襄阳望,《元和姓纂》则以杜佑为京兆望,以诗人杜审言、杜甫祖孙一支为襄阳望。那么,两者究竟孰是孰非呢?

考诸史传,杜佑出自杜预次子杜尹之后。永嘉乱时,杜尹为西

---

① 《全唐诗》卷八六九。

晋弘农太守,因率部伍退守洛阳一泉坞,为乱兵所害。① 南北朝时期,杜尹子孙淹留北土,尹六代孙杜颙,有名于史传。② 至唐初,颙裔孙行敏名闻一时,是为杜佑曾祖;行敏生崇愨,为杜佑祖父;崇愨生希望,玄宗时陇右节度使,希望生佑。自杜颙开始,这一支子孙即以京兆之少陵为家族墓地,世世代代归葬少陵。③ 总之,杜尹后人并无属籍襄阳的历史,而在唐代文献中,如权德舆所作杜佑遗爱碑及墓志铭,均称杜佑出自京兆杜陵;④ 杜佑孙杜牧以及武宗朝做过宰相的杜悰,都自称"杜陵"人或被称作"京兆"人,而绝无以其为襄阳望者。可见《新唐书·宰相世系表》将杜佑归属襄阳望显然是缺少史实依据的。

反观《元和姓纂》所记,襄阳望出自杜预少子杜耽。西晋永嘉之乱后,杜耽后裔随宋武帝刘裕南渡,其后子孙繁衍滋盛,形成了庞大的襄阳杜氏宗族,包括宋边将杜骥、杜坦兄弟房支、梁地方豪强杜怀瑶房支以及杜甫先祖杜叔毗房支,他们均与襄阳有过特殊因缘,因此在唐代人士心目中,真正的襄阳杜氏是杜审言、杜甫一支。⑤ 至于《新唐书·宰相世系表》缘何致误,恐怕与杜佑父祖曾受

---

① 《晋书》卷六三《魏浚传》。
② 《魏书》卷四五《杜铨传附杜颙》。
③ 《樊川文集》卷十《自撰墓志铭》。
④ 《权载之文集》卷一一《岐公淮南遗爱碑铭并序》、卷二二《唐故金紫光禄大夫守太保致仕赠太傅岐国公杜公墓志铭(并序)》。
⑤ 如宋之问在与杜审言的送别诗《三月三日于灞水曲饯豫州杜长史别昆季序》中称:"言辞灞浐,将适荆河。恋旧乡之乔木,藉故园之芳草。"显然是把"荆河"看作杜审言的"故园"的;又如高宗时杜易简与吏部侍郎李敬玄失和,李称易简为"襄阳儿"。杜怀瑶后裔杜文范也被时人称作"襄阳人"。

封襄阳县男、襄阳公有关①。又因《新唐书》只取宰相房望入《世系表》，而杜审言等家族未曾出过宰相，因此《新唐书·宰相世系表》一方面没有收录杜审言、杜甫一系，另一方面又将杜希望的封爵等同于郡望，遂误以京兆为襄阳。

相对而言，《元和姓纂》对杜氏房望关系的记载较为全面、准确，且大多与史传记载相吻合，清人洪莹称《元和姓纂》"载列唐人世系，元元本本，尤为详核"②，可谓确论。其实不惟杜氏一姓，他如关于郑氏荥阳望之下的房支，也有类似的情况，据《新唐书·宰相世系表》郑氏条：

> （郑）晔生中书博士茂，一名小白，七子：白麟、胤伯、叔夜、洞林、归藏、连山、幼麟，因号"七房郑氏"。

但《元和姓纂》卷九"郑氏荥阳开封"云：

> ……（郑）晔号北祖，恬号中祖，兰号南祖。晔七子，白麟、小白、叔夜、洞林、归藏、连山、幼麟，因号"七房郑氏"。

据《金石录》卷二一后魏《郑胤伯碑》及荥阳后裔郑樵的考证，③白麟为小白兄，胤伯为小白子，可见《元和姓纂》所记与史传吻合，而

---

① 《权载之文集》卷一一《岐公淮南遗爱碑铭并序》。
② 洪莹：《校补元和姓纂辑本后序》，载《元和姓纂（附四校记）》。
③ 郑樵：《荥阳谱序》，载《樵月斋郑氏宗谱》，清咸丰十一年刻印。

《新唐书·宰相世系表》却有明显纰缪,难怪招致郑樵的讥讽①。《新唐书·宰相世系表》与《元和姓纂》在襄阳杜氏、荥阳郑氏记载上的歧异也说明,岑仲勉氏"《新表》(《新唐书·宰相世系表》)乃《姓纂》(《元和姓纂》)之嫡子"的结论,恐怕不够准确,至少具体到杜氏、郑氏的郡望,《新唐书》与《元和姓纂》就很不相同。

二、《元和姓纂》杜氏郡望史料的价值

众所周知,宪宗朝编修《元和姓纂》的直接原因,是元和七年朝廷加封边将爵位,有司误将出自天水望的朔方帅阎某"建苴茅之邑于太原列郡",阎对"封乖本郡"大为不满,于是上书陈述原委。宪宗痛感"有司之误不可再也",遂诏"通儒硕士辨卿大夫之族姓者,综修《姓纂》",使"条其原系,考其郡望"②。由此可见,在唐后期,官方对郡望之别已不甚了了,以致专司此职的人员张冠李戴,误将天水作太原。足见《元和姓纂》的修纂,在当时是一项相当紧迫的任务。

那么,郡望之别为什么会如此混乱呢?唐自中叶以后,郡姓的变动呈现出两大特点,一是郡姓数量有大的增加,二是同姓之下郡望的界限趋于模糊。据北京图书馆藏位字79号敦煌文书氏族谱残卷、伦敦大英博物馆藏《新集天下姓望氏族谱》残卷的不完全统

---

① 郑樵:《荥阳谱序》云:"今《唐书》但取其宰相世系而录之,且既曰世系,则其所系当概举,岂可偏录。如三代时国家相传,贵贱有定分,故取其世适。三代之法既远,不过于众姓之中,骤贵者则为宰相,又何必黜彼而取此?"

② 林宝:《元和姓纂原序》,载《元和姓纂(附四校记)》。

计,唐安史之乱前,全国85郡中共有398个郡姓;到德宗以后,郡姓数量则成倍增加,在全国91郡中,已有777个郡姓。其中除去部分魏晋旧望得以保留外,还包括许多新兴的庶族官僚姓望,以及一些少数民族首领姓望。再有,在科举制日益发展和完善以后,士族子弟主要通过科举途径进入仕途,他们纷纷脱离原籍,荟萃两京,而这种士族大迁徙的高峰,出现在高宗、武后及玄宗时期。据有关学者对清河崔氏、博陵崔氏、范阳卢氏、陇西李氏、赵郡李氏、太原王氏等10姓13家所作的统计调查,自隋初迄于唐末,上述大士族之主要人物从幽冀、陇西、吴会等地汇聚京、洛,他们定居两京地区,以便在政治文化的中心地带寻找仕进之机①。而伴随着士族的重新流动,唐初山东士族那种"每姓第其房望,虽一姓中,高下悬隔"的情况已有所改变②,士族的地域意识逐渐淡化,同一姓氏内部的房郡高下之分实际上已不那么分明。

仍以杜氏家族为例。从唐初开始,杜氏襄阳、洹水、濮阳等郡望也相继迁往两京,其著名人物大都跻身于显宦行列。在玄宗天宝时期,杜氏尚且分为京兆、襄阳、濮阳三望③。但在德、宪后的谱牒文书《新集天下姓望氏族谱》中,杜氏仅见于"雍州京兆郡出卅姓"下④,而濮阳、襄阳、洹水、中山等望已不见记载。另在反映代

---

① 参阅毛汉光:《从士族籍贯迁移看唐代士族之中央化》,载《中国中古社会史论》。
② 《新唐书》卷九五《高俭传》。
③ 《广韵》本出于唐天宝时人士孙愐之《唐韵》,其中有关郡望的史料基本上可视作唐代中叶郡望分布的客观记录。参考池田温:《唐代の郡望表(上)——九·十世纪の敦煌写本を中心として》,《东洋学报》1959年,第42卷。
④ 参阅王仲荦:《新集天下姓望氏族谱考释》,载《㟃华山馆丛稿》。

宗大历后郡姓分布情况的《太平寰宇记》中,杜氏也只出现在"关内道雍州京兆郡八姓"中①。杜氏郡望渐趋划一的过程,开始于唐代中叶,即《新唐书·高俭传赞》所云:"至中叶,风教又薄,谱录都废,公靡常产之拘,士亡旧德之传。言李悉出陇西,言刘悉出彭城。悠悠世祚,讫无考按。冠冕皂隶,混为一区。"在此背景下,《元和姓纂》记载了汉魏以来大姓之下的众多郡望,及时描摹下了一幅正在消失或已经消失了的中古士族郡望房支全图,不啻"抢救"出了一笔财富,其重要意义是不言而喻的。

　　清人孙星衍说:"姓氏与郡望相属,乃知宗派所出。"② 扼要概括出郡望与宗族的关系。在中古士族形成和发展的历史过程中,郡姓下的房支是士族家族研究的核心内容,离开房支这一基本环节谈论士族只能流于空泛。《元和姓纂》中的杜氏郡望、房支史料,对于深入探讨杜氏家族的发展历史,具有重要价值,这主要体现在:

　　首先,杜氏14个郡望清晰勾画出了杜氏本宗和支系的发展脉络。杜氏先祖汉时已定居在南阳杜衍。先是杜周一房于汉武帝初年迁至茂陵,至杜延年时又迁居杜陵。经过大约三代人的经营,"杜陵杜氏"(亦即日后的京兆杜氏)成为远近闻名的世家。到魏晋之际,以杜畿、杜恕、杜预为中心,杜氏家族更加繁盛,成为四海望姓。西晋永嘉之乱,杜姓分化为南北两个系统,十余个郡望,而洹水、中山、襄阳等郡望大都是此时由京兆本宗分化出来的房支,以

---

① 参阅王仲荦:《唐贞观八年条举氏族事件残卷考释》,载《蜡华山馆丛稿》。
② 孙星衍:《校补元和姓纂辑本序》,载《元和姓纂(附四校记)》。

后逐渐发展为独立的郡望。但在正史中,很难找到这些房望关系演变的记载。因此,根据《元和姓纂》所提供的郡望史料按图索骥,往往会在探寻姓氏流变方面有大的收获。

从地理分布上看,《元和姓纂》杜氏十余郡望散处关中、河南、河北、山东以及江汉、蜀川等地。这表明,经过魏晋南北朝时期的社会动荡,杜氏房望关系变动剧烈,杜氏后裔遍布四方,如杜预四子中杜锡后人南渡建康;杜耽一支南渡襄阳,成为侨姓士族中的一员,在南朝政治舞台上充当了重要角色,渐渐独立为襄阳望。他们的活动和影响已经远远超出了"关中"的范围。《元和姓纂》保留下来的郡望史料,极大丰富了杜氏研究的时空内涵,为探求汉唐数百年间杜氏家族的兴衰历史提供了宝贵的线索。正如岑仲勉氏所说:"有能继轨六朝,网罗百姓,书虽残缺,大致犹具者,于今唯唐林宝之《元和姓纂》,岿然尚存,非氏族学者所亟宜攻治之书乎!"《元和姓纂》中有关郡望的史料,在今日仍不乏其珍贵的价值,对此学者应予以高度的重视。

主要参考书目

一、古籍部分

(汉)司马迁:《史记》(以下二十四史部分均为中华书局标点本)。
(汉)班固:《汉书》。
(宋)范晔:《后汉书》。
(晋)陈寿:《三国志》。
(梁)沈约:《宋书》。
(梁)萧子显:《南齐书》。
(唐)房玄龄等:《晋书》。
(北魏)魏收:《魏书》。
(唐)李延寿:《南史》。
(唐)李延寿:《北史》。
(唐)姚思廉:《梁书》。
(唐)姚思廉:《陈书》。
(唐)李百药:《北齐书》。
(唐)令狐德棻等:《周书》。
(唐)魏徵等:《隋书》。
(后晋)刘昫:《旧唐书》。
(宋)欧阳修、宋祁等:《新唐书》。
(宋)薛居正等:《旧五代史》。
(宋)欧阳修:《新五代史》。
(元)脱脱等:《宋史》。
(清)张廷玉等:《明史》。

《左传》,《文渊阁四库全书》本。
《国语》,《文渊阁四库全书》本。
(汉)应劭:《风俗通义》,《四部丛刊》本。
(汉)王符:《潜夫论》,《四部丛刊》本。
(汉)刘歆撰、(晋)葛洪辑:《西京杂记》,《文渊阁四库全书》本。
(晋)常璩:《华阳国志》,《文渊阁四库全书》本。
(北魏)郦道元:《水经注疏》,江苏古籍出版社1989年版。
(刘宋)刘义庆撰,刘孝标注:《世说新语》,《文渊阁四库全书》本。
(梁)慧皎:《高僧传》,中华书局《中国佛教典籍选刊(第一辑)》。
(隋)颜之推:《颜氏家训》,《文渊阁四库全书》本。
(唐)长孙无忌等:《唐律疏议》,中华书局1983年版。
(唐)徐坚:《初学记》,《文渊阁四库全书》本。
(唐)张说:《张说之文集》,《四部丛刊》初编本。
(唐)杜甫:《杜工部集》,商务印书馆1957年影印本。
(唐)李白:《李太白文集》,《文渊阁四库全书》本。
(唐)权德舆:《权载之文集》,《四部丛刊》初编本。
(唐)陆贽:《陆宣公翰苑集》,《四部丛刊》本。
(唐)韩愈:《朱文公校昌黎先生文集》,《四部丛刊》初编本。
(唐)杜佑:《通典》,中华书局1988年版。
(唐)林宝等:《元和姓纂(附四校记)》,中华书局1994年版。
(唐)李吉甫:《元和郡县图志》,中华书局1983年版。
(唐)道宣撰:《续高僧传》,上海古籍出版社1990年版。
(唐)元稹:《元氏长庆集》,《文渊阁四库全书》本。
(唐)杜牧:《樊川文集》,《四部丛刊》初编本。
(唐)皮日休:《皮子文薮》,《文渊阁四库全书》本。
(唐)孙光宪:《北梦琐言》,《文渊阁四库全书》本。
(唐五代)韦庄:《浣花集》,《文渊阁四库全书》本。
(唐)钱起:《钱仲文集》,《文渊阁四库全书》本。
(唐)刘长卿:《刘随州集》,《文渊阁四库全书》本。
(五代)王溥:《唐会要》,中华书局1955年版。

(五代)王定保:《唐摭言》,《文渊阁四库全书》本。
(宋)邵思:《姓解》,中华书局《丛书集成初编》本。
(宋)李昉:《太平广记》,《文渊阁四库全书》本。
(宋)司马光:《资治通鉴》,中华书局点校本。
(宋)陈彭年:《广韵》,中国书店1982年影印本。
(宋)钱俨:《吴越备史》,《文渊阁四库全书》本。
(宋)王谠:《唐语林》,《文渊阁四库全书》本。
(宋)马永卿:《嬾真子》,《文渊阁四库全书》本。
(宋)洪适:《隶释·隶续》,中华书局影印本。
(宋)王明清:《挥麈录》,《文渊阁四库全书》本。
(宋)姚铉编:《唐文粹》,《文渊阁四库全书》本。
(宋)张礼:《游城南记》,《文渊阁四库全书》本。
(宋)欧阳修:《文忠集》,《文渊阁四库全书》本。
(宋)张方平:《乐全集》,《文渊阁四库全书》本。
(宋)韩元吉:《南涧甲乙稿》,《文渊阁四库全书》本。
(宋)苏洵:《嘉祐集》,《文渊阁四库全书》本。
(宋)苏舜钦:《苏学士集》,《文渊阁四库全书》本。
(宋)陈傅良:《止斋文集》,《文渊阁四库全书》本。
(宋)胡寅:《斐然集》,《文渊阁四库全书》本。
(宋)李廌:《济南集》,《文渊阁四库全书》本。
(宋)江少虞:《事实类苑》,《文渊阁四库全书》本。
(宋)陈耆卿:《赤城志》,《文渊阁四库全书》本。
(宋)邓名世:《古今姓氏书辩证》,《文渊阁四库全书》本。
(宋)郑樵:《通志》,《文渊阁四库全书》本。
(宋)赞宁撰:《宋高僧传》,中华书局《中国佛教典籍选刊(第一辑)》。
(元)马端临:《文献通考》,《文渊阁四库全书》本。
(元)袁桷:《延祐四明志》,《文渊阁四库全书》本。
《岘北杜氏宗谱》,上海图书馆藏。
(明)陈士元:《姓觿(附校勘记)》,《丛书集成初编》本。
(清)黄宗羲著,全祖望补修:《宋元学案》,中华书局1986年版。

(清)吴任臣:《十国春秋》,中华书局1983年版。
(清)徐松:《登科记考》,中华书局1984年版。
(清)徐松:《唐两京城坊考》,中华书局1985年版。
(清)孙诒让:《籀庼述林》,1916年刊本。
(清)王鸣盛:《十七史商榷》,中国书店1987年版。
(清)赵钺、劳格:《唐尚书省郎官石柱题名考》,中华书局1992年版。
(清)赵钺、劳格:《唐御史台精舍题名考》,中华书局1997年版。
(清)顾炎武:《亭林文集》,《四部丛刊》本。
(清)严可均辑:《全上古三代秦汉三国六朝文》,中华书局1999年版。
(清)董诰等:《全唐文》,中华书局1983年影印。
《全唐诗》,《文渊阁四库全书》本。

二、近现代著作(以出版时间为序):

郑鹤声:《杜佑年谱》,商务印书馆1933年版。
岑仲勉:《隋唐史》,高等教育出版社1955年版。
赵万里:《汉魏南北朝墓志集释》,科学出版社1956年版。
姚薇元:《北朝胡姓考》,科学出版社1958年版。
皮锡瑞:《经学历史》(周予同注释),中华书局1959年版。
唐长孺:《魏晋南北朝史论丛·续编》,三联书店1959年版。
岑仲勉:《唐史餘瀋》,中华书局1960年版。
任继愈:《中国佛教思想论集》,三联书店1963年版。
金发根:《永嘉乱后的北方豪族》,中国学术著作奖助委员会,1964年。
毛汉光:《两晋南北朝士族政治之研究》,中国学术著作奖助委员会,1966年。
缪钺:《杜牧传》,人民文学出版社1977年版。
岑仲勉:《唐人行第录》(外三种),上海古籍出版社1978年新版。
〔英〕艾伯莱:《早期中华帝国的贵族家族——博陵崔氏个案研究》(*The Aristo-cratic Families of Early Imperial China: A Case Study of the Po-ling Tsui Family*),剑桥大学出版社1978年版。
胡如雷:《中国封建社会形态研究》,三联书店1979年版。
韩国磐:《隋唐五代史》,人民出版社1979年版。

韩国磐:《隋唐五代史论集》,三联书店 1979 年版。
陈直:《汉书新证》,天津人民出版社 1979 年版。
王仲荦:《魏晋南北朝史》,人民出版社 1979 年版。
王仲荦:《隋唐五代史》(上),上海人民出版社 1979 年版。
陈寅恪:《隋唐制度渊源略论稿》,上海古籍出版社 1980 年版。
陈寅恪:《金明馆丛稿初编》,上海古籍出版社 1980 年版。
余英时:《中国知识阶层史论·古代篇》,台湾联经出版事业公司 1980 年版。
傅璇琮:《唐诗人丛考》,中华书局 1980 年版。
梁方仲:《中国历代户口、田地、田赋统计》,上海人民出版社 1980 年版。
缪钺:《杜牧年谱》,人民文学出版社 1980 年版。
傅璇琮主编:《唐五代人物传记资料索引》,中华书局 1982 年版。
汤用彤:《隋唐佛教史稿》,中华书局 1982 年版。
陈贻焮:《杜甫评传》,上海古籍出版社 1982 年版。
陈垣:《励耘书屋丛刻》,北京师范大学出版社 1982 年影印本。
罗振玉:《三代吉金文存》,中华书局 1983 年版。
《美国家谱学会中国族谱目录》,台湾成文出版社 1983 年版。
唐长孺:《魏晋南北朝史论拾遗》,中华书局 1983 年版。
汤用彤:《汉魏两晋南北朝佛教史》,中华书局 1983 年版。
王仲荦:《魏晋南北朝史》(下),人民出版社 1984 年版。
吕思勉:《中国制度史》,上海教育出版社 1985 年版。
黄留珠:《秦汉仕进制度》,西北大学出版社 1985 年版。
陈寅恪:《唐代政治史述论稿》,上海古籍出版社 1986 年版。
傅璇琮:《唐代进士与文学》,陕西人民出版社 1986 年版。
严耕望:《唐交通图考》,(台湾)《历史语言研究所专刊》之八十三,1986 年。
张国刚:《唐代藩镇研究》,湖南教育出版社 1987 年版。
郭绍林:《唐代士大夫与佛教》,河南大学出版社 1987 年版。
刘汝霖:《汉晋学术编年》,中华书局 1987 年版。
陈寅恪:《魏晋南北朝史讲演录》,黄山书社 1987 年版。
王仲荦:《𡿖华山馆丛稿》,中华书局 1987 年版。
苏绍兴:《两晋南北朝的士族》,台湾联经出版事业公司 1987 年版。

王西平、张田：《杜牧评传》，陕西人民出版社1987年版。
郁贤皓：《唐刺史考》，江苏古籍出版社1987年版。
任继愈主编：《中国佛教史》，中国社会科学出版社1988年版。
岑仲勉：《金石论丛》，上海古籍出版社1988年版。
毛汉光：《中国中古社会史论》，台湾联经出版事业公司1988年版。
《宋人传记资料索引》，中华书局1988年影印台湾鼎文书局1977年增订版。
梁启超：《中国文化史》，《饮冰室合集》专集，中华书局1989年版。
冯尔康主编：《中国社会史研究概述》，天津教育出版社1989年版。
任继愈主编：《中国道教史》（修订本），上海人民出版社1990年版。
王仲荦：《隋唐五代史》（下），上海人民出版社1990年版。
向达：《唐代长安与西域文明》，三联书店1990年版。
田廷柱：《隋唐士族》，三秦出版社1990年版。
陈其南：《家族与社会》，台湾联经出版事业公司1990年版。
岑仲勉：《岑仲勉史学论文集·杜佑年谱补正》，中华书局1990年版。
〔美〕许琅光：《宗族·种姓·俱乐部》，华夏出版社1990年版。
甘怀真：《唐代家庙礼制研究》，台湾商务印书馆1991年版。
冯海荣：《杜牧》，上海古籍出版社1991年版。
吴在庆：《杜牧论稿》，厦门大学出版社1991年版。
张承宗、田泽滨、何荣昌：《六朝史》，江苏古籍出版社1991年版。
赵超编：《汉魏南北朝墓志汇编》，天津古籍出版社1992年版。
周绍良主编：《唐代墓志汇编》，上海古籍出版社1992年版。
徐扬杰：《中国家族制度史》，人民出版社1992年版。
邢永川主编：《中国家族谱纵横谈》，广西教育出版社1993年版。
吴宗国：《唐代科举制度研究》，辽宁人民出版社1993年版。
王玉波：《中国古代的家》，商务印书馆1993年版。
万曼：《杜甫传》，河南大学出版社1993年版。
赵和平：《敦煌写本书仪研究》，台湾新文丰出版公司1993年版。
冯尔康、常建华：《中国宗族社会》，浙江人民出版社1994年版。
张国刚：《唐代政治制度研究论集》，台北文津出版社1994年版。
钱杭：《中国宗族制度新探》，香港中华书局1994年版。

张国刚主编:《隋唐五代史研究概要》,天津教育出版社1996年版。
胡如雷:《隋唐五代社会经济史论稿》,中国社会科学出版社1996年版。
田余庆:《东晋门阀政治》,北京大学出版社1996年版。
阎步克:《士大夫演生史稿》,北京大学出版社1996年版。
陈支平:《福建族谱》,福建人民出版社1996年版。
《中国家谱综合目录》,中华书局1997年版。
陈垣:《通鉴胡注表微》,辽宁教育出版社1997年版。
周一良:《魏晋南北朝史论集》,北京大学出版社1997年版。
杨树达:《积微居金文说》(增订本),中华书局1997年版。
瞿林东:《杜佑评传》,广西教育出版社1997年版。
杨际平、郭锋、张和平:《五至十世纪敦煌的家族与家庭关系》,岳麓书社1997年版。
葛剑雄主编:《中国移民史》,福建人民出版社1997年版。
周振鹤主编:《中国历史文化区域研究》,复旦大学出版社1997年版。
赵超:《新唐书·宰相世系表汇校》,中华书局1998年版。
闻一多:《唐诗杂论·少陵先生年谱会笺》,上海古籍出版社1998年版。
费孝通:《乡土中国　生育制度》,北京大学出版社1998年版。
陈爽:《世家大族与北朝政治》,中国社会科学出版社1998年版。
杨鸿年:《隋唐两京里坊谱》,上海古籍出版社1999年版。
郭锋:《唐代士族个案研究——以吴郡、清河、范阳、敦煌张氏为中心》,厦门大学出版社1999年版。
王善军:《宋代宗族和宗族制度研究》,河北教育出版社2000年版。
邢铁:《家产继承史论》,云南大学出版社2000年版。
张国刚:《佛学与隋唐社会》,河北人民出版社2002年版。
〔日〕谷川道雄著,马彪译:《中国中世社会与共同体》,中华书局2002年版。
赵伯雄:《春秋学史》,山东教育出版社2004年版。

三、有关论文(以出版时间为序):

〔日〕池田温:《唐代の郡望表(上)——九・十世紀の敦煌寫本を中心として》,《东洋学报》1959年,42-3号。

〔美〕姜士彬（David G. Johnson）：《一个大族的末日——唐末宋初的赵郡李氏研究》，《哈佛亚洲研究杂志》(*The Last Years of A Great Clan: The Li Family of Chao Chun in Late T'ang and Early Sung*) 37-1, 1977年。
李之勤：《杜佑的历史进化论》，《中国史学史论集》（二），上海人民出版社1980年版。
陈光崇：《杜佑在史学上的贡献》，《中国史学史论集》（二），上海人民出版社1980年版。
葛兆光：《杜佑与中唐史学》，《史学史研究》1981年第1期。
瞿林东：《唐代谱学简论》，《中国史研究》1981年第1期。
瞿林东：《论〈通典〉在历史编纂上的创新》，《中国史研究》1981年第2期。
周一良：《敦煌写本书仪考》（之一），北京大学中古史研究中心编《敦煌吐鲁番文献研究论集》，1982年。
龙显昭：《西晋流民起义中的杜弢》，《中国史研究》1982年第3期。
瞿林东：《论〈通典〉的方法和旨趣》，《历史研究》1984年第5期。
王西平：《杜牧与牛李党争》，《陕西师大学报》1985年第4期。
张邦炜：《试论宋代婚姻不问阀阅》，《历史研究》1985年第6期。
毛汉光：《中古大族著房婚姻之研究——北魏高祖至唐中宗神龙年间五姓著房之婚姻关系》，（台湾）《历史语言所集刊》，1985年12月。
陈其南：《房与传统中国家族制度——兼论西方人类学的中国家族研究》，《汉学研究》3—1〔第5号〕，1985年6月。
叶妙娜：《东晋南朝侨姓士族之婚媾》，《历史研究》1986年第3期。
陈国灿：《唐代的论氏家族及其源流》，《中国史研究》1987年第2期。
吴在庆：《试论杜牧的党派分野》，《人文杂志》1987年第2期。
梁文忠：《略谈杜甫的死因及平江杜墓》，《草堂》1988年第3期。
魏承思：《唐代宗族制度考述》，《史林》1987年第3期。
隋唐佛教学术讨论会编著：《隋唐佛教研究论文集》，三秦出版社1990年版。
陈琳国：《论南朝襄阳的晚渡士族》，《北京师范大学学报》1991年第4期。
张鑫琦：《〈杜氏家谱〉浅探》，《杜甫研究学刊》1992年第2期。
刘玉峰：《略论杜黄裳在元和削藩中的作用》，《渭南师专学报》1992年第4期。
龚鹏程：《唐宋族谱之变迁》，载《中国家族谱纵横谈》，广西教育出版社1993

年版。

刘静夫:《京兆杜氏研究——魏晋南北朝士族门阀个案研究之二》,《许昌师专学报》1993年第3期。

周征松:《河东裴氏研究》,《山西师大学报》1994年第2期。

王永平:《隋代江南士人的浮沉》,《历史研究》1995年第1期。

华林甫:《论唐代宰相籍贯的地理分布》,《史学月刊》1995年第3期。

王连儒:《东晋陈郡谢氏婚姻》,《中国史研究》1995年第4期。

孟繁治:《论魏晋南北朝时期的阮氏家族》,《历史教学问题》1995年1—6期。

韩树峰:《河东裴氏南迁述论》,《中国史研究》1996年第2期。

容建新:《80年代以来魏晋南北朝大族个案研究综述》,《中国史研究动态》1996年第4期。

常建华:《中国社会史研究十年》,《历史研究》1997年第1期。

黎小龙:《论中国封建义门同居大家庭的产生》,《山东师范大学学报》1997年第4期。

毛汉光:《关中郡姓婚姻关系之研究》,《唐代文化研讨会论文集》,台湾文史哲出版公司1997年版。

冻国栋:《隋唐时期的人口政策与家族法》,《唐研究》第四卷,1998年。

张国刚:《墓志所见唐代妇女生活探微》,《中国社会历史评论》第1卷,天津古籍出版社1999年版。

袁义达等:《宋朝中国人的姓氏分布与群体结构分化》,《遗传学报》1999年第2期。

常建华:《二十世纪的中国宗族研究》,《历史研究》1999年第5期。

韩树峰:《河东柳氏在南朝的独特发展历程》,《中国史研究》2000年第1期。

王颂:《关于杜顺初祖的考察》,《世界宗教研究》2000年第1期。

王三庆:《杜家立成杂书要略及其相关问题研究》,《新国学》第二卷,巴蜀书社2000年版。

后　　记

本书是数年前我的博士毕业论文的修订稿。

对杜氏这个古老关中世家的兴趣，应该说萌生于20多年前。1982至1984年间，我在河北师院历史系跟随胡如雷先生读隋唐史硕士研究生，终日埋头于旧籍，为准备硕士论文的素材而翻检唐人文集。至今仍记得初读杜牧《樊川文集》时，一展卷即被吸引的感觉。而在翻阅了杜甫、杜佑等杜姓人物的著作后，内心不禁对这个杜姓家族产生了向往之情，并萌生了进一步了解和研究这个家族的想法。然而，硕士研究生毕业后，因工作需要，我的主要精力曾集中在唐代漕运史的研究方面，后来又有了工作上的变动，诸事倥偬，一直没有条件和精力来考虑杜氏家族的问题。直到1996年秋，我有机会攻读博士学位，在考虑博士毕业论文选题时，遂偿此夙愿。在那异常忙碌的五年间，我的主要精力都用在了寻找旧籍中一切与杜氏家族有关系的史料上。然而，尽管中国古代典籍汗牛充栋，但要从中找到有关一个家族及其各郡望、房支的系统而详尽的材料，并非易事。回想起来，梳理那些漫无头绪的人物关系，编制郡望和房支世系表的过程，真是异常枯燥和艰难。就目前而言，我也只能说自己非常认真地描画了杜氏家族及其各支系的大致轮廓，尝试着勾勒出杜氏家族千年变迁的轨迹。也许学术研究与写作有时也同绘画一样,有工笔,也有写意,方法与风格各异。我是用"工笔"来描画杜氏家族的。但这个家族"绵历千祀",不仅时间跨度大,且人物辈出,群星灿烂,在研究过程中,所遇到的、必须说明的问题,不仅包括了对杜氏家族族源的追溯,人物仕履功业的稽考、评述,还涉及汉唐间历史演变大局以及学术文化各领域。如此看来,中国古代的家族研究确实是一个包罗宏富的选题,自然要求研究者学问功底深厚,视野开阔,同时又有总揽全局的能力。在写作过程中,我常感捉襟见肘,甚至有蚊蚁负山之感。尽管这几年我一直在工作和教学之余修改旧稿,但目前这部《中古杜氏家族的变迁》仍留有很多遗憾,谬误和需要改进之处在所不免。我期待学界同仁多给予批评指正。

在拙作即将付梓之际,谨向业师张国刚先生表示深深的谢意。张老师十分赞同我的杜氏家族选题,在学业上也给我很多帮助,他对家族与社会问题的深刻见解,给我不少启发。难忘 2001 年盛夏,大学时代曾引导我走上史学之路的北京师范大学瞿林东教授,偕同中华书局柴剑虹编审、清华大学葛兆光教授,不辞酷暑,来到南开大学参加我的论文答辩,对我的论文给予了热情的肯定,并提出了宝贵的意见。南开大学历史学院博士生集体指导小组成员冯尔康教授、刘泽华教授、李治安教授,以及同事常建华教授、王利华教授,对我的论文设计方案及写作提出过富有建设性的意见并给予了多方帮助,在此,我要对他们表示由衷的谢意。此外,南开大学古籍所赵伯雄教授在本书涉及的先秦历史和经学问题上给我许多指点,在此我也要表示深深的谢意。

本书的责任编辑丁波博士为此书的编辑付出了许多辛苦的劳

动,他的敬业精神令我钦佩,在此谨致谢忱。

我的研究生姜海军等同学为我复印资料、校对原稿,我也谢谢他们的帮助。

王力平谨记

2005年7月于南开大学

补记:

2005年暑假,书稿的修订已基本完毕,笔者头顶西北8月的骄阳,又一次来到长安城南,探访杜氏家族的发祥地杜陵与樊川。汽车离开曲江,沿着宽阔的公路南行,很快就驶入了樊川——樊川南倚终南山,北临少陵原,早在秦汉之际就有"鄠杜竹林,南山檀柘,号称陆海,为九州膏腴"之誉。当喜欢狩猎的汉宣帝在杜鄠一带纵情游乐时,杜氏家族已经是这里的主人了。如今这里的山野仍格外葱茏,林木繁茂,远处的神禾原在朦胧的雾气中延伸,给宁静的山川增添了些许神秘气息。"余之思归兮,走杜陵之西道。岩曲天深,地平木老。陇云秦树,风高霜早。周台汉园,斜阳暮草。寂寥四望,蜀峰联嶂,葱茏气佳,蟠联地壮"。杜牧《望故园赋》中所描写的樊川,如今仍带着深沉的历史感和活跃的生机,令人沉醉。潏水潺潺,逶迤如带,应该是"杜城郊居"的主人、宰相杜佑轻舟缓棹,邀邻家老农畅饮之处。而登少陵原,访杜公祠,不免怀想杜甫困居长安的艰难时光;到华严寺访杜顺遗迹,深感自己对这个出生在城南杜光村的少年何以成为华严宗的初祖,还应该做更多的研究。……樊川承载着古老的历史与文化,到处有杜氏家族活动的踪迹。在香积寺凭栏远眺终南山，近两千年的光阴仿佛在眼前倏然而过，令人不禁生出无限感慨。北宋浙右儒生张礼曾慕名来游城南，其时去唐末不过百年，而许多风景池亭、旧家门坊已漫不可考。如今又一个千年过去了，现在的长安县治所韦曲，汉以来就与杜氏齐名的韦氏家族的桑梓田园，已完全城市化，高耸的电视塔与科技园区的幢幢高楼分外惹眼，让人感到现代化的脚步是否过于匆忙地来到了这块古老的土地。"沧桑易变，陵谷难常。"愿樊川的青山碧水常在；也愿我这本书能让更多的人了解杜氏家族，了解他们在中古历史上曾经有过的辉煌业绩，特别是他们留下的丰富的精神遗产。倘如此，本书的写作又是很有意义而令人欣慰的。

2005 年 9 月

图书在版编目(CIP)数据

中古杜氏家族的变迁/王力平著.—北京:商务印书馆,2006
(中国社会历史与文化研究丛书)
ISBN 7-100-04789-7

Ⅰ.中… Ⅱ.王… Ⅲ.家庭-史料-中国-中古
Ⅳ.K820.9

中国版本图书馆 CIP 数据核字(2006)第 133398 号

所有权利保留。
未经许可,不得以任何方式使用。

中国社会历史与文化研究
中古杜氏家族的变迁
王力平 著

———————————————————————
商 务 印 书 馆 出 版
(北京王府井大街 36 号 邮政编码 100710)
商 务 印 书 馆 发 行
北京市白帆印务有限公司印刷
ISBN 7-100-04789-7/K·894
———————————————————————

2006 年 6 月第 1 版　　　开本 850×1168　1/32
2006 年 6 月北京第 1 次印刷　印张 11¾
印数 4 000 册

定价:20.00 元